本书系长春理工大学基地扶持专项研究成果
本书出版获美亚联创研究院专项基金资助

城市居民
参与社区治理的社会工作支持研究

邸焕双　等著

中国社会科学出版社

图书在版编目（CIP）数据

城市居民参与社区治理的社会工作支持研究 / 邸焕双等著. —北京：中国社会科学出版社，2023.8
ISBN 978 - 7 - 5227 - 2576 - 5

Ⅰ.①城… Ⅱ.①邸… Ⅲ.①社会工作—社区治理—研究—中国 Ⅳ.①D632

中国国家版本馆 CIP 数据核字（2023）第 169924 号

出 版 人	赵剑英
责任编辑	孔继萍
责任校对	王佳玉
责任印制	郝美娜

出　　版	中国社会科学出版社
社　　址	北京鼓楼西大街甲 158 号
邮　　编	100720
网　　址	http://www.csspw.cn
发 行 部	010 - 84083685
门 市 部	010 - 84029450
经　　销	新华书店及其他书店
印　　刷	北京君升印刷有限公司
装　　订	廊坊市广阳区广增装订厂
版　　次	2023 年 8 月第 1 版
印　　次	2023 年 8 月第 1 次印刷
开　　本	710×1000　1/16
印　　张	22
插　　页	2
字　　数	339 千字
定　　价	118.00 元

凡购买中国社会科学出版社图书，如有质量问题请与本社营销中心联系调换
电话：010 - 84083683
版权所有　侵权必究

目 录

第一章　绪论 …………………………………………………………（1）

第二章　城市居民友善价值观培育的社会工作支持 ……………（8）
　第一节　城市居民友善价值观培育的现状分析 …………………（9）
　第二节　城市居民友善价值观培育的社会工作实践 ……………（23）
　第三节　城市居民友善价值观培育的社会工作实践评估 ………（45）
　第四节　结论与讨论 ………………………………………………（61）

第三章　城市居民志愿精神培育的社会工作支持 ………………（64）
　第一节　城市居民志愿精神现状分析 ……………………………（65）
　第二节　城市居民志愿精神培育的社会工作实践 ………………（75）
　第三节　城市居民志愿精神培育的社会工作实践评估 …………（98）
　第四节　结论与讨论 ………………………………………………（108）

第四章　城市居民社区公共事务参与动力提升的社会工作支持 ……………………………………………………………………（111）
　第一节　城市居民社区公共事务参与现状分析 …………………（112）
　第二节　城市居民社区公共事务参与动力提升的社会工作实践 ……………………………………………………………（124）
　第三节　城市居民社区公共事务参与动力提升的社会工作实践评估 ……………………………………………………（141）

第四节　结论与讨论 …………………………………………（151）

第五章　商品房社区邻里关系改善的社会工作支持 ……………（157）
　　第一节　商品房社区的邻里关系现状分析 ………………（158）
　　第二节　商品房社区邻里关系改善的社会工作实践 ……（167）
　　第三节　商品房社区邻里关系改善的社会工作实践评估 …（186）
　　第四节　结论与讨论 …………………………………………（201）

第六章　城市居民垃圾分类行为养成的社会工作支持 …………（204）
　　第一节　城市居民垃圾分类行为现状分析 ………………（206）
　　第二节　城市居民垃圾分类行为养成的社会工作实践 …（217）
　　第三节　城市居民垃圾分类行为养成的社会工作实践评估 …（240）
　　第四节　结论与讨论 …………………………………………（259）

参考文献 ……………………………………………………………（263）

附　录 ………………………………………………………………（268）

后　记 ………………………………………………………………（349）

第一章

绪　论

一　研究缘起

改革开放以来，党和政府高度重视社会治理的发展，不断寻求社会治理方式的创新。2004年9月召开的中国共产党第十六届中央委员会第四次全体会议通过了《中共中央关于加强党的执政能力建设的决定》，决定中提出了"加强社会建设和管理，推进社会管理体制创新"[1]。2007年党的十七大报告进一步强调"完善社会管理，维护社会安定团结"，提出建立健全党委领导、政府负责、社会协同、公众参与的社会管理格局，健全基层社会管理体制。[2] 2013年11月召开的中国共产党第十八届中央委员会第三次全体会议通过了《中共中央关于全面深化改革若干重大问题的决定》，决定中首次使用"社会治理"概念，提出"最大限度增加和谐因素，增强社会发展活力，提高社会治理水平"[3]。2019年10月召开的中国共产党第十九届中央委员会第四次全体会议通过了《中共中央关于坚持和完善中国特色社会主义制度　推进国家治理体系和治理能力现代化若干重大问题的决定》，决定中提出了"建设人人有责、人人尽责、人

---

[1] 《中共中央关于加强党的执政能力建设的决定》，《人民日报》2004年9月27日第1版。
[2] 孙伟：《加强和创新社会管理（新思想　新观点）》，《人民日报》2012年11月5日第7版。
[3] 《中共中央关于全面深化改革若干重大问题的决定》，《人民日报》2013年11月16日第1版。

人享有的社会治理共同体"①。从社会管理到社会治理的转变,说明了社会治理的必要性和紧迫性,也说明了政府与社会关系模式的转变,对于我国社会发展而言是一次里程碑式的转型。

伴随着社会治理的推进,社区参与逐渐被人们重视起来。社会治理的基点在社区,推进社会治理的关键在于推进各主体有效进行社区参与。从广义上来讲,社区参与是社区发展中的参与行为和参与过程②。参与主体包括政府、社区企事业单位、居民等。从狭义上来讲,社区参与是指居民积极参与社区公共事务的决策、管理和运作③,居民是社区治理的"关键先生",是社区治理的核心。居民作为社区参与的主客体,其社区参与的心理动机是公共参与精神,目标是人和社区的全面发展④,其社区参与程度是社区善治的一个重要评估指标,在社区发展建设中有着极其重要的意义。居民的社区参与主要体现在帮扶救助、治安维护、环境整治等层面,体现在居民社会公德培养、福利事业参与、公共意识塑造等方面。社区作为居民的主要集聚地,多数需求都需要通过与社区互动获得满足,但当前居民与社区的互动状况并不理想,呈现出参与主体分布不均、参与意愿明显不足、参与能力趋于弱化、参与动力持续减弱、参与层次整体偏低等特点,居民社区参与的广度、深度不尽如人意。究其原因,与居民对友善交往的理解程度、对志愿精神的认知程度、对社区事务的关心程度有着直接关系。由于居民对社区参与的认知不足、意愿不强、动力不足,使得居民的社区参与行为并不积极,而不积极的社区参与行为又使得居民缺少对社区的积极认知,居民与社区间的交流与互动越来越少,居民更加不愿参与社区公共事务,形成了一种恶性循环。居民社区参与的缺位不仅会影响社区治理的效果,更会制约社区治理的进程。居民的社区参与程度是衡量社区治理效果的重要尺度,缺少居民

---

① 《中共中央关于坚持和完善中国特色社会主义制度 推进国家治理体系和治理能力现代化若干重大问题的决定》,http://www.xinhuanet.com/politics/2019-11/05/c_1125195786.htm,2019年11月5日。
② 王骥洲:《社区参与主客体界说》,《山东行政学院学报》2002年第5期。
③ 陈雅丽:《社区参与:社区发展的内在动力》,《党政干部论坛》2002年第11期。
④ 徐永祥:《社区发展论》,华东理工大学出版社2000年版,第46—50页。

的有效参与,社区建设难以有效进行。因此,如何提升居民社区参与的意愿、能力、动力是改变当前现状的基础和根本,是有效推进社区治理的重要突破点,是创新社会治理的关键点。

社会工作以其独特的价值理念、工作领域和方法技巧为服务对象提供专业服务,以促进社会正义、追求社会进步为终极目标,这与社会治理的目标相契合。本书从社会工作的专业服务出发,以居民社区参与为切入点,以促进、推动居民积极参与社区治理为目标,在基层社会治理中发挥专业社会工作的优势,在创新社会治理体制中发挥专业社会工作的功能。这种专业社会工作服务优势和功能的发挥就是要发挥社会工作的专业价值观、专业方法、专业精神,主要体现在以下两个方面:一是通过专业理论的指导为居民提供专业服务,以需求评估为基础,了解社区及居民的需求和困境,分析问题的成因,了解并链接能够运用的社区资源,通过专业服务活动协助社区及居民纾解困境,挖掘服务对象潜能,进而提升居民社区参与的动力、能力;二是对社区参与状况进行整体性关注,充分发挥社会工作专业在政策倡导方面的功能和作用,通过微观实践的经验总结提出对策建议,以推进社区治理的完善和稳定发展。

二 研究内容

本书以现代社区的核心理念"参与"为出发点,探讨专业社会工作服务促进城市居民参与社区治理的可能、可行,以实现居民积极参与社区公共事务,推进基层社区治理。同时,通过不同层面的专业社会工作服务的具体实践,总结专业社会工作服务参与社区治理的有效路径和实践模式。

本书主要内容如下:

(1) 城市居民友善价值观培育的社会工作支持。积极培育和践行友善价值观对于个体发展、社会进步和国家振兴具有重要意义。但受培育环境和居民认知等因素的影响,社区友善价值观培育工作仍存在实效性较差、培育途径和方式单一及培育内容与居民需求不符等问题,居民仍存在友善价值观认知模糊、片面以及友善行为失调等问题。本书基于对社会治理的思考,从社会工作视角出发,依托于 S 市 C 社区,对居民友善价值观培育问题进行探讨。首先，通过文献梳理及实地调研，了解居民友善价值观培育现状及存在问题；其次，在社会工作理论和方法的指导下，从理解认知、价值认同和行为践行三个层面对居民友善待人、友善待己、友善待物三个维度开展社会工作实务服务。通过对服务的评估和总结，探究社会工作参与居民友善价值观培育的实践经验；最后，基于实践经验，思考创新社区治理的路径和方法。研究结果如下：一是社会工作作为服务提供者和行为倡导者，通过具体的、可操作性的专业服务，能够提升居民对友善价值观的理解认知、价值认同和行为践行，切实改善居民友善价值观培育现实困难；二是社会工作能够作为政策影响者和倡导者，从宏观层面为友善价值观培育工作提供经济保障、道德约束激励制度保障及教育引导等多重制度保障，通过规范社会宣传、树立社会榜样营造良好的社会氛围；三是社会工作通过转变培育思路、创新培育方法和路径，从居民日常生活场域出发，充分调动居民参与友善价值观培育的积极性和主动性；四是社会工作通过参与居民友善价值观培育，转变了传统单向化的治理思路，为居民搭建参与社区治理的实践平台，引导居民参与到社区治理中，促进了社区治理创新体系的发展。

（2）城市居民志愿服务能力提升的社会工作支持。随着社会的进步和发展，作为公众参与的一种重要方式，志愿服务在社会治理中发挥着越来越重要的作用。在基层社区治理的过程中居民通过志愿服务参与社区公共事务已然成为一种常态，但受文化背景、社区环境、居民认知等多方面因素的影响，居民对志愿服务的理解还存在认识不清、与己无关、少担责任、不愿奉献等问题，一定程度上阻碍了居民参与志愿服务的行为。本书从社会工作专业服务的视角出发，以 TC 市 × 社区为调研与实践实施单位，对居民进行志愿精神培育。首先，通过调研了解社区居民志愿精神现状以及社区培育现状，总结归纳具体现实问题。其次，通过实施专业的社会工作服务，将志愿精神培育分为居民增强认知和社区营造环境两个维度。在居民增强认知方面，主要从互助、友爱、奉献、进步四个层面展开，以促进居民对志愿精神的认知、认同、践行；在社区环境营造方面，主要是在社区营造良好的志愿服务环境。通过总结和评估，探索社会工作参与居民志愿精神培育的实践经验。最后，通过对实践活动的经验总结，提出社会工作关于居民志愿精神培育的思考。研究结果如下：一是在居民志愿精神的培育领域社会工作专业服务具有积极意义，能够从主观上增强居民对于志愿精神的认知，提升认同感，增强居民积极性和主动性，推动居民对志愿精神的践行；二是社会工作能够为志愿精神的培育提供相关政策倡导、环境营造等，为志愿精神的落地提供大环境保障，在社会上形成了良好的志愿服务的风气；三是总结了社会工作促进居民志愿服务能力提高的可行性和实践经验，在一定程度上能够助力基层社区治理，探索社区治理新路径。

（3）城市居民社区公共事务参与动力提升的社会工作支持。社会治理有效推进的关键在于居民社区参与，社区居民能否积极有效地参与社区建设是衡量社会治理效果的重要标准。但是，由于居民受到主客观因素的综合影响，在社区治理中存在参与动力不足的问题，主要表现为居民对社区参与认知较为浅显、居民社区参与意愿不足、居民社区参与层次较低等。本书从社会工作专业服务出发，依托 SZ 市 LG 区 ZC 社会工作服务中心，对城市社区居民社区参与动力问题进行探析，并在认知行为理论和社会生态系统理论的指导下，通过三个方面展开研究：一是通过相关研究方法的运用，对居民社区参与现状、原因及相关诉求进行探析；二是进行社会工作的实务探索，通过社会工作相关服务的提供，增强居民对社区参与的认知，提升居民社区参与的意愿，转变居民社区参与的行为，进而提高居民社区参与的动力；三是对社会工作专业服务进行评估和总结反思，探讨提升居民社区参与动力的行动路径。研究表明：运用社会工作专业服务能够有效提升居民社区参与动力，居民对社区参与的认知、社区参与意愿以及社区参与行为都有了非常积极的改善和转变；通过社工服务使居民与社区建立了联结纽带，促进了居民参与社区的建设与发展；虽然社区治理问题解决的关键在于促进居民有效进行社区参与，但是造成居民参与不足的因素还包括制度、文化等层面的影响，改善当前居民社区参与的现状还需要在多个方面进行持续改善。

（4）城市居民邻里关系改善的社会工作支持。随着社区空间形态的转变和社区异质性的增强，邻里交往逐渐减少，邻里关系淡漠的特征愈加明显。本书依托社会工作专业价值观和专业方法的优势，通过专业服务的提供，探讨有效联结邻里、改善邻里关系的社区实务经验。主要有三方面内容：一是通过前期问卷调查与社区人物访谈了解当前社区邻里关系现状，深入分析商品房社区中邻里关系的现状及存在的问题；二是以社会工作服务项目为载体，在地区发展模式的指导下提出服务策略，尝试从邻里意识强化、邻里互动平台搭建、邻里互助资源整合等层面探索社会工作参与邻里关系改善的服务路径，提出"暖心同行""家园欢聚"和"红色暖流"计划，并对服务效果进行评估与反思；三是根据服务经验的总结，探讨社会工作参与邻里关系改善的策略。社会工作实践表明，在地区发展模式和社会支持理论的指导下，社会工作服务能够在政策支持下，链接社区党委、社区社团的支持，有效地分析、整合社区资源，在邻里意识强化、邻里互助平台搭建、邻里互助资源整合的过程中发挥专业作用，扮演使能者、引导者、中介者的角色，促进人际互动，重建社区邻里支持网络，培养居民之间的信任感、激发居民互助意愿；同时，在商品房社区邻里关系改善行动中，要充分发挥社会工作专业力量、社区党委体制优势以及政府层面的支持作用。社会工作者要秉持平等与尊重的价值理念，发挥社会工作专业性；社区党委要转变治理理念，将邻里关系服务纳入日常事务性管理；政府需细化相关政策指引，保障资金配套措施的落实。

（5）城市居民垃圾分类行为养成的社会工作支持。垃圾分类有利于实现垃圾减量化、资源化、无害化，是环境治理和环境保护的重要手段。居民作为垃圾分类的主体，其分类行为的养成对社区垃圾治理、环境保护工作具有一定的促进作用。本书运用社会工作的相关理论与方法，以垃圾分类试点社区为例，探索居民垃圾分类行为养成的可能。主要内容如下：一是通过问卷法、访谈法和观察法了解城市居民垃圾分类的现状及需求。目前，社区居民对垃圾分类的认知和参与程度一般，并且社区对垃圾分类的管理存在漏洞，对居民的垃圾分类行为缺少监督，这就造成了社区和居民在垃圾分类方面具有意识提升、管理优化和监督加强的需求；二是在社会工作理念及方法的指导下开展社会工作服务项目，以探索社会工作服务对于城市居民垃圾分类行为养成的促进作用。运用社会学习理论从主观上提升居民的垃圾分类意识，促进居民垃圾分类行为的持续性与准确性。客观上通过居民议事会增进居民与社区的沟通，优化社区管理，并通过组建垃圾分类志愿队伍，加强对居民垃圾分类行为的监督，多措并举，促进居民垃圾分类行为习惯的养成。研究结果表明，社会工作理论与方法的运用在居民垃圾分类行为养成方面具有一定效果。通过开展专业化的社会工作服务，不仅可以使居民分类意识提升和分类行为养成，还能使社区管理方式优化和社区自治水平提升，但在垃圾分类治理方面，不能只依靠社会工作服务，政府、社区、居民也应做出各自的努力；通过政府立法和政策保障、社区本土化支持、社会工作自身建设和服务提供等使社会工作嵌入社区治理，以促进社区治理的有效、有序。

第二章

城市居民友善价值观培育的社会工作支持

友善是指人在互动过程中相互尊重、宽容、互帮互助[1]。从道德层面讲，友善是个体在与人、事、物进行交往时履行的价值准则，主要表现为友善爱人、友善爱己和友善爱物；从品德层面讲，友善是个体自身对待人、事、物的品格，包括自身对友善的认知、对友善的情感和对友善的意志[2]。作为个体道德与社会公德的有机契合点，友善可以为弘扬积极向上的社会风气提供指引。对居民进行友善价值观的培育，不仅有利于提升居民道德素质、促进居民友善行为，而且有利于调解邻里关系、提升公共意识、弱化社会矛盾，这正是社区治理之所需。社区作为社会治理的基层单位，在友善价值观的培育方面取得了一定成绩，但暂未达到预期效果，存在培育途径和方式单一、培育内容与居民需求不符等现实问题。社区居民时常出现心理协调失衡、人际关系冷漠、助人行为缺失、公共意识淡漠等现象。这些行为或现象的出现不仅影响个体人际关系的和谐，也影响居民参与社区公共事务的积极性。本书从专业的社会工作服务出发，基于社会工作助人自助理念和专业的方法技巧，突破传统的宣传动员、理论灌输等单向性的培育方式，关注居民日常生活和社会功能的改变，构建培育者与居民间平等、双向的互动模式，让居民真正理

---

[1] 吴东华、吴宁：《社会主义友善价值观的根本性质及培育探析》，《理论学刊》2019年第4期。

[2] 张婷：《论友善》，《延边党校学报》2015年第2期。

解友善价值观,在日常生活中积极、主动践行友善价值观。同时,探索社会工作参与居民友善价值观培育的实践经验和有效路径,丰富社区治理创新的思路和方法,推动社区治理体系的现代化建设。

第一节 城市居民友善价值观培育的现状分析

为获取居民友善价值观培育现状及存在问题的真实状况,本书依托 S 市社会工作服务中心,深入 S 市 C 社区进行实地调查。

一 样本选取

(一)选取方法

本书主要通过查阅社区资料、访谈及问卷调查等方式深入 C 社区进行实地调查。首先,查阅了 C 社区近三年服务资料,对该社区以往开展的服务有了大致了解。通过对友善价值观培育相关服务资料的深入研究,基本了解了该社区近三年来友善价值观培育开展的频率、服务形式、服务内容、居民反馈等情况。并在社区党群服务中心同工的协助下,观察社区整体软硬件建设情况,着重观察友善价值观宣传的软硬件设施建设情况。其次,对党群服务中心同工、工作站工作人员和社区居民进行半结构访谈。通过对同工的访谈,了解到社区党群服务中心以往开展服务的基本信息,涉及居民参与服务情况和友善价值观培育工作开展情况;通过对工作站工作人员访谈,了解到社区友善价值观培育相关软硬件支持情况;通过与社区居民进行访谈,了解到居民参与友善价值观培育工作情况、服务反馈及建议需求。访谈对象共计 5 人,包括党群服务中心同工 1 人、社区工作站工作人员 1 人、社区居民 3 人,其中社区居民为随机抽样获取。最后,为了更为清晰、准确地了解社区居民友善价值观培育情况,采用了随机抽样方式,线上和线下同时发放调查问卷。其中线上调研 95 份,线下调研 55 份。共发放问卷 150 份,有效回收问卷 147 份,回收率达 98%。根据前期文献研究所得,对 C 社区居民友善价值观培育情况调查问卷包括调查研究对象基本情况、居民友善价值观认知践行情况和社区友善价值观培育建设情况三个部分。第一部分涉及社区居民的性别、年龄、文化程度、职业、入住社区时间等个人基本信息。第二部分依据友善价值观内涵的剖析，将友善待人、友善待己和友善待物量化成具体指标，从理解认知、价值认同和行为践行三个层面调查居民友善价值观认知践行情况，其中从尊重、宽容、助人三个方面探究居民友善待人的实际情况。第三部分对社区居民友善价值观培育服务的开展频率、服务内容、服务方式、服务效果等方面了解居民友善价值观培育服务建设情况。

（二）样本描述

C 社区属于商住一体的混合型社区，由 5 个花园小区和 3 个城中村小区构成。根据 2019 年人口统计，社区总人口 33464 人，共 14459 户住户，其中在住户籍人口 3108 人，流动人口 31233 人。社区内共有 10 家工厂，1142 间商业门店，共有 731 栋楼房，其中 700 栋私宅，31 栋花园小区。社区人口密集，居住区较为分散，居民人口异质性和流动性较大，居民收入水平中等偏低，收入来源多样化。C 社区辖区包含学校、医院、交通、商超等生活、娱乐必要设施，地理位置优越、交通便利。社区拥有 1 个社区公园、多处社区健身设施等户外设施，可满足社区工作站、社区党群服务中心、社区居民休闲、健身、娱乐、开展活动等需求。社区工作站作为政府派出机构，为社区居民提供行政服务和开展社区管理工作；社区党群服务中心由政府统一购买社会工作服务中心的专业服务，为居民提供日常基础服务和专项特别服务。由此可以看出，C 社区是典型的城市社区，具有普遍性和代表性。

根据与同工的访谈及问卷调查了解社区居民的基本情况（见表 2.1，访谈 1），其中接受调查的女性居民占 70.7%，男性居民占比 29.3%，调查中明显的性别差异现象，与在调查对象选取过程中没有考虑男女比例有关，也与主要参与社区活动或接受服务的性别差异有关，这基本符合 C 社区的男女比例；社区居民以中青年为主，25—45 岁的居民占 58.5%，18 岁及以下居民次之，占 14.2%，56—65 岁居民占 10.9%；社区居民文化水平有限，44.9% 居民拥有高中或中专学历，32.7% 居民拥有初中及以下学历，仅有 22.4% 的居民拥有大专及以上学历；从居民职业分布来看，C 社区 19.0% 的居民处于失业状态，通过访谈 3 得知部分失业女性居民为全职妈妈，主要负责照顾长辈和孩子。在工厂、工地、服务行业人员比重较高，占 18.4%，次之为退休人员占 14.3%，随后为在读学生、个体经营者和市场销售人员，均为 12.9%，从居民从事的职业可以侧面反映出该社区居民收入有限，多数从事收入有限、工种较烦琐的工作；社区居民整体流动性较强，49.7% 的居民居住 3 年及以下，31.3% 的居民居住不到 1 年，32.0% 的居民居住 4—5 年，居住 5 年以上的居民仅占 18.4%。

表 2.1　　　　　　　　样本的基本情况（N=147）

自变量	类别	频次	百分比（%）
性别	男	43	29.3
	女	104	70.7
年龄分布	18 岁及以下	21	14.2
	19—24 岁	7	4.8
	25—45 岁	86	58.5
	46—55 岁	10	6.8
	56—65 岁	16	10.9
	66 岁及以上	7	4.8
学历	初中及以下	48	32.7
	高中/中专	66	44.9
	大专	23	15.6
	本科及以上	10	6.8
职业	体制内人员	4	2.7
	专业技术人员	3	2.0
	私营企业主	2	1.4
	个体经营者	19	12.9
	市场销售等员工	19	12.9
	办公室职员	4	2.7
	林牧渔业劳动者	1	0.7
	工厂、工地、服务行业人员	27	18.4
	在读学生	19	12.9
	无业	28	19.0
	退休	21	14.3

续表

自变量	类别	频次	百分比（%）
在本社区居住时间	1年及以下	46	31.3
	1—3年（包括3年）	27	18.4
	4—5年（包括5年）	47	32.0
	5—10年（包括10年）	15	10.2
	10年以上	12	8.2

注：N为调查样本总数。

访谈1（截取）：

访谈对象：党群服务中心同工。　　访谈地点：社区党群服务中心

社工：请您介绍一下社区居民的基本情况。

同工：C社区属于商住一体的混合型社区，所以很多个体经营户和从事销售行业的人会租住在社区内。花园小区也属于比较老旧的小区，还有3个比较大的城中村小区，房屋租金较便宜，吸引了很多打工的人员租住。据我了解，居民主要从事服务业、销售、工地打工等收入有限的工作，整体的文化水平也不是很高，整体收入水平也不是很好。在×小区有很多低保户和残疾人家庭，这也是我们重点服务的人群。

……

社工：请问居民参与社区活动情况如何？哪类人群比较多呀？

同工：居民参与社区活动的热情很高，像手工类、户外实践类的服务经常名额都不够，经常人数爆满。一般女性参与服务的比较多，她们有些是全职妈妈，时间比较充足，会带着孩子来。青少年参与活动的积极性也很高，暑期夏令营经常青少年一待就是一天。老年人可能根据活动类型，参与热情不一样。

二　现状分析

本书主要从社区和居民两个层面对友善价值观培育的现状进行分析。

(一) 社区培育居民友善价值观的现状

1. 硬件设施

据社区工作站工作人员介绍（详见访谈2），C社区为贯彻落实党中央的政策要求，在社区内各个小区宣传栏、社区工作站宣传栏、党群服务中心宣传栏以及部分主要街道设置关于社会主义核心价值观基础内容的硬件宣传设施。通过实地走访观察到C社区内部及周边宣传栏已陈列各种社会主义核心价值观的宣传标志，社区公园设置了多个中型宣传雕塑，C社区关于友善价值观硬件宣传设施建设基本完善。

> 访谈2（截取）：
> 访谈对象：社区工作站工作人员。　　访谈地点：社区工作站
> 社工：目前C社区在哪些地方设置了价值观宣传标志？
> 社区工作站工作人员：在各个小区的宣传通告栏、工作站的公告宣传栏、党群服务中心的宣传公告栏都有明确写明社会主义核心价值观内核的宣传标志。同时在社区外墙也印有社会主义核心价值观内核。社区公园也设置了好几处比较大的宣传雕塑。

2. 服务基础和人力资源等软件基础

调查数据显示（见表2.2），社区已积极响应党中央的政策号召，积极开展各类友善价值观培育工作，仅6.1%的居民表示社区没有开展过此类宣传、倡导和培育工作。目前社区主要借助社区网站、社区微信公众号、居民网络交流群等网络途径开展宣传工作，通过开展专题讲座、座谈会进行宣传教育活动。同时在与社区工作站人员访谈中（见访谈3），可以发现社区工作站也在与党群服务中心共同合力进行居民友善价值观倡导和培育工作。除积极开展以社会主义核心价值观内核为指导的创建文明城市工作，还不定期在社区微信公众号和居民群进行相关价值观宣传、倡导工作。由此可见，C社区开展过友善价值观培育服务，同时社区工作站也对居民友善价值观培育工作提供支持和帮助。

表 2.2　　　　　　　社区进行友善价值观培育工作的途径

	响应		个案百分比（%）
	频次	百分比（%）	
网络、报纸、微信公示栏等宣传阵地	116	39.1	79.5
专题讲座、座谈会宣传教育活动	83	27.9	56.8
文艺演出、大众健身等文体活动	25	8.4	17.1
参观博物馆、红色旅游等实践参观活动	18	6.1	12.3
文明小区便民服务等公益活动	19	6.4	13.0
志愿实践活动	18	6.1	12.3
社区没有开展过此类活动	18	6.1	12.3

注：此表中"百分比"指各途径频次占总频次的比例；"个案百分比"指选择各途径的人数占样本总人数的比例。此表样本总人数同表2.1，下同。

访谈3（截取）：

访谈对象：社区工作站工作人员。　　访谈地点：社区工作站

社工：工作站开展过哪些价值观宣传工作？

社区工作站工作人员：关于这部分工作，工作站主要以宣传倡导为主。关于价值观培育工作主要依托于创建文明城市的系列活动。友善也是创文工作的重要内容，像之前的家风倡导活动。我们定期也会在社区微信公众号或者是居民群里编辑、转发一些关于社会主义核心价值观的宣传、倡导的文章。在工作站人员和党员学习方面，工作站和党委也会定期开展关于社会主义核心价值观的学习工作。

（二）居民友善价值观的认知践行现状

1. 内涵理解层面

问卷调查结果显示（见表2.3），在问及关于友善价值观概念理解的问题时，39.5%的居民表示能够完全理解友善价值观的概念，但59.1%的居民表示对友善价值观概念的理解较为模糊。通过与居民的访谈得知，部分居民能够大体说出社会主义核心价值观的内核，但对于友善价值观具体内涵的理解并不全面。（详见访谈4）

表2.3　　您能完整地理解友善价值观这个概念吗（N=147）

	频次	百分比（%）
能完全理解	58	39.5
能理解，但概念模糊	87	59.1
理解不了	2	1.4

注：N为调查样本总数。

访谈4（截取）：

访谈对象：社区居民。　　访谈地点：社区健身区

社工：您听说过社会主义核心价值观吗？

居民1：富强、民主、文明、和谐……爱国、敬业、诚信、友善？

社工：那您对其中的"友善"是怎么理解的呀？

居民1：友善呀，就是对人有礼貌，人与人之间和谐共处。

2. 价值观重要性层面

问卷调查结果显示（见表2.4），97.3%的居民表示"友善是居民必备的素质"，仅2.8%的居民认为友善并不重要。在认可友善价值观重要性的居民中，仅有17.0%的居民表示几乎每个人能时刻保持友善，80.3%的居民表示并不是每个人都能时刻做到友善。

表2.4　　您认为友善是不是居民必备的素质（N=147）

	频次	百分比（%）
是，而且几乎所有居民都能够做到时刻友善	25	17.0
是，但很难让每一个居民都做到时刻友善	118	80.3
不重要，可有可无	2	1.4
不是，这是政府需要关注的，与我们无关	2	1.4

注：1. N为调查样本总数。

2. 因为计算过程中采用四舍五入的方法，各分项百分比之和有可能不等于100%，下同。

3. 友善氛围层面

从居民整体友善价值观氛围来看（见表2.5），53.7%的居民认为基本具有友善价值观，但并不强烈；38.8%的居民认为友善价值观比较淡薄。从居民周围的友善氛围来看，40.1%的居民表示自己生活的周围友善氛围较好，但有52.4%的居民表示自己周围的友善氛围并不理想，甚至6.1%的居民表示自己周围的友善氛围较差。由此可见，友善氛围有待提升。

表2.5　　　　居民感知周围友善价值观情况（N=147）

自变量	类别	频次	百分比（%）
您认为居民的友善价值观如何？	十分强烈	11	7.5
	基本具有但不强烈	79	53.7
	比较淡薄	57	38.8
	匮乏	0	0.0
您认为您周围的友善氛围如何？	很好	11	7.5
	较好	59	40.1
	一般	68	46.3
	较差	9	6.1
	很差	0	0

注：N为调查样本总数。

三　存在问题及成因分析

（一）存在问题

1. 社区培育居民友善价值观存在的问题

（1）社区友善价值观培育工作的实效性较差

问卷调查结果显示（见表2.6），仅21.1%的居民在社区培育过程中受益匪浅，22.4%的居民表示并不能从现有的友善价值观培育工作中学习到友善价值观的真谛。社区友善价值观培育情况调查数据显示（见表2.2），目前社区主要通过开展专题讲座、座谈会形式进行友善价值观培育工作。这类单调、过于理论化的讲座式宣传教育活动对居民的吸引力有限，缺少教育者与居民的互动交流，极大地影响了居民学习的积极性。

同时这类讲座式宣传教育活动所传授的内容较为枯燥，居民对这类授课活动表示反感、排斥。活动内容与居民生活需求联系不足，居民对这类讲座式宣传教育活动接受度较低，从而降低了居民将讲座中所传授的友善的思想观念内化为自身的道德准则的可能性。同时通过居民对友善讲授的态度的调查分析（见表2.7）可以看出，36.1%的居民表示不愿意接受这种照本宣科的培育学习，27.9%的居民表示目前的培育方式过于深奥，这将影响居民的学习热情，进而影响居民友善价值观的认同和践行。

表 2.6　您通过社区友善价值观培育是否能学习到友善的精神（N=147）

	频次	百分比（%）
能，而且受益匪浅	31	21.1
或多或少	83	56.5
几乎没有	33	22.4

注：N为调查样本总数。

表 2.7　您对于目前社区开展的价值观培育服务中友善讲解的态度（N=147）

	频次	百分比（%）
愿意听	29	19.7
太深奥，想听但听不懂	41	27.9
照本宣科，不想听	53	36.1
无所谓	12	8.2
从来没有开过	12	8.2

注：N为调查样本总数。

（2）社区培育途径和方式单一

近几年，社区根据实际情况开展了一定数量的友善价值观培育活动，在一定程度上提升了社区居民对友善价值观的认知和认同程度。但由于培育环境、培育人才匮乏等因素的影响，导致友善价值观培育途径和方式陈旧、单一。通过与社区工作站工作人员的访谈（见访谈3）和社区友善价值观培育情况的调查数据显示（见表2.2），目前社区友善价值观培育途径以网络、公告栏宣传和专题讲座宣传为主，这种单向性、概念和理论灌输的培育途径和方式，将严重降低社区居民的学习兴趣，不利于及时、有效地推动居民将友善价值观内化并向实践转化。

（3）培育内容与居民需求不符

通过对比社区目前开展过的友善价值观培育服务活动类型和居民希望社区开展的友善价值观培育服务活动类型（见表2.8）可以发现，大多数居民希望社区开展实践性或公益性活动来进行友善价值观培育工作，而不是仅仅通过宣传和讲座等形式开展服务，这与居民需求产生了一定的差异。同时，目前社区居民关注并期望政府能够真正解决社会问题，切实关注居民的实际需求。只有真正以居民生活为本，切实解决居民的实际问题，居民才能更好地响应国家的号召，深入感受友善价值观的重要意义，进而践行友善。但目前社区以阶段性、短期性的宣传和专题讲座来开展友善价值观培育工作，更多关注于宣传、倡导，仅从理论上、思想上强调培育和践行友善价值观的重要性，脱离了居民的实际需求，这将很难吸引居民参与友善价值观培育活动，进而影响友善价值观培育工作的实效性。

表2.8 社区开展过的活动类型与您希望社区开展的活动类型对比

	社区开展过的活动类型		您希望社区开展的活动类型	
	频次/百分比（%）	个案百分比（%）	频次/百分比（%）	个案百分比（%）
通过网络、报纸、微信公示栏等宣传阵地	116/39.1	79.5	67/11.0	45.9
开展专题讲座、座谈会等教育活动	83/27.9	56.8	50/8.2	34.2
开展文艺演出、大众健身等文体活动	25/8.4	17.1	88/14.4	60.3
开展参观博物馆、红色旅游等实践活动	18/6.1	12.3	101/16.6	69.2
开展文明小区便民服务等公益活动	19/6.4	13.0	116/19.0	79.5
开展志愿实践活动	18/6.1	12.3	101/16.6	69.2

2. 居民友善价值观认知践行存在的问题

(1) 友善认知模糊片面

居民对友善价值观的理解认知较为模糊和片面。从整体来看，主要表现为对友善价值观对象、内容和界限认识不足。调查数据显示（见表2.3），虽仅有1.4%的居民表示不清楚友善价值观的内涵，但仍有59.1%的居民表示对友善的内涵概念认知较为模糊，在与居民访谈的过程中也发现居民对友善的作用价值认识不全面。同时，根据居民对友善行为的选择可以看出（见表2.10），仍有21.1%的居民将友善理解为无差别地对人好，包容他人的任何行为，忽略了友善的原则和界限。

表2.9　　　　　　　　　　您理解的友善对象

	响应		个案百分比（%）
	频次	百分比（%）	
自己	114	18.4	77.6
父母	147	23.7	100.0
认识的人，包括亲朋好友	147	23.7	100.0
陌生人	123	19.8	83.7
自然万物	90	14.5	61.2

从对友善价值观含义的理解认知来看，调查数据显示（见表2.9和表2.10），在友善待人层面，仍有17.3%的居民仅将父母、亲朋好友认知为友善待人的对象，忽略了对陌生人的友善；在友善待己层面，仅有77.6%的居民认为友善的对象包括自己；在友善待物层面，仅有61.2%的居民表示大自然也是友善的对象，65.3%的居民认为爱护大自然，爱护公共设施属于友善行为。可以看出，居民更多地将友善片面理解为友善待人，缺少对友善待己、友善待物层面的理解认知，从而忽视了关注身心健康和爱护自然环境。

表 2.10　　您理解的友善行为

	响应		个案百分比（%）
	频次	百分比（%）	
珍爱生命	121	21.0	82.3
友好待人，乐于助人	147	25.4	100.0
爱护动植物，爱护公共设施	96	16.7	65.3
惩罚打击犯罪分子和邪恶势力	15	2.6	10.2
尊重身边每一个人	147	25.4	100.0
对人无条件地好，包容他人的任何行为	31	5.4	21.1
喜欢的人做错事选择原谅，不喜欢的人不原谅	20	3.5	13.6

（2）友善行为失调

现阶段居民友善价值观认同度较高，但通过调查数据显示居民友善行为处于失调状态，具体表现为友善行为的知行不一，其中"知而不行"和"误知而不行"均会导致居民知行不一。"知而不行"是指居民对友善价值观有正确的认知，但由于主观因素和不良社会风气的负面影响，导致居民不愿践行友善行为。而"误知不行"是指因居民对友善认知的不全面或错误，进而影响其践行友善行为。

根据对友善价值观内涵的理解，将友善待人、友善待己和友善待物操作化为具体指标，其中，友善待人设置尊重、宽容和助人三个指标，由参与调查的居民根据自身实际情况进行选择，情况非常不符合记 1 分，不太符合记 2 分，一般符合记 3 分，比较符合记 4 分，非常符合记 5 分。居民对友善行为践行表现得分的数据显示（见表 2.11），友善待人、友善待己和友善待物各项得分结果的平均值均在 3.5—3.6，处于一般符合和比较符合区间，可见居民在友善待人、友善待己和友善待物等方面的践行情况较为一般。在友善价值观培育过程中，个体的理解认知和价值认同若脱离了相应的行为实践，就不再具备价值观培育的作用和意义。

表 2.11　　　　　　　友善价值观践行的情况（N = 147）

	具体指标	均值得分
友善待人	接受社区服务人员帮助会主动表示感谢，对其态度友善	3.6
	当有人不小心踩到自己，通常一笑了之	3.6
	主动为老弱病残孕等不方便的人让座	3.6
友善待己	能够认识到自己的负面情绪，懂得如何排解负面情绪	3.6
友善待物	在公共场合遇见绿植或宣传栏倒地会主动扶起	3.5

注：N 为调查样本总数。

（二）成因分析

影响居民友善价值观培育的因素是多样且复杂的，本书主要从培育环境和居民自身两大维度加以分析。

1. 培育环境的相关因素

（1）市场经济的负面影响

市场经济体制下，社会资源有限，竞争压力急剧增加，进一步激发了居民趋利避害的行为，居民需要花费一定的时间和精力来谋求自身的利益，甚至有时不可避免地为了自身的私利而损害他人的正当利益。市场经济的功利化在一定程度上导致人际互动关系的冷漠、紧张和功利，这将严重影响我国居民友善价值观的践行。

（2）西方意识形态及其价值观渗透

全球化浪潮将世界各国的文化意识和价值观念带到了居民日常生活中。西方个体主义、功利主义、普世主义等资本主义观念不断冲击着居民的思想观念，多种思想观念并存，居民对于思想观念的鉴别和筛选能力不同，极易误导居民背离主流价值观念，不利于我国友善价值观培育的推动和发展。

（3）媒体舆论引导失范

改革开放以来，社交媒体获得了更加自由的社会话语权，然而部分社交媒体为了增加自身的曝光率和关注度，过度追求流量，缺少对主流价值观的正面宣传。部分社会媒体为了吸引公众目光，报道内容与事实差异较大，断章取义，靠虚假、夸大的标题增加点阅量，严重污染了居民主流价值观宣传环境。甚至存在部分媒体人无视宣传正向、积极的价值理念的社会责任，对社会负面现象大肆渲染，夸大事实，使得部分居民对人际互动持消极态度，这将严重危害社会的和谐发展。

(4) 约束激励机制建设滞后

在当今社会中仍会出现道德失范现象，对于违反友善价值观的不良行为，缺乏有效的约束机制，惩戒力度不足。甚至对于恶意诽谤友善践行者的行为，也没有明确的约束机制，友善行为缺少相应的制度保障，极易影响居民的是非观，进而影响居民友善行为的践行。而对于践行友善行为的居民，缺乏相应的激励机制，这也将直接影响到居民友善价值观践行的积极性。

(5) 社区培育工作者人才匮乏

社区在不断进行硬件设施发展的同时，也需要大量具有社区治理经验的工作人员推动社区发展，更好地为社区居民提供满足其需求的专业化服务。然而现阶段我国社区工作者专业队伍建设缓慢，部分社区工作者没有接受过系统的职业培训，缺少足够的社区培育知识。在部分经济较发达的城市，社区已引进部分专业社会工作人才为社区培育贡献力量，但每个社区配备的专业人员数量较少、薪资水平较低，还要进行大量的日常便民服务、基础服务和心理辅导等服务，在社区培育工作上力量比较薄弱。

2. 居民自身的相关因素

(1) 自我意识膨胀

随着市场机制的发展，生活压力不断增加，居民从集体主义的单位人，逐渐转变为以自我为主的社会人。在这个过程中传统的以血缘为纽带的伦理道德转变为公民间的道德规范，相比之下个体与个体间的亲密度开始降低，人与人之间的不信任感开始上升，居民为了生存，更加关注自身利益，这就导致了自我意识的快速膨胀。自我意识的膨胀在满足个体追求自由、平等的同时，也带来了一系列的社会问题，如人际关系的冷漠、友善行为的推脱。这种过度关注自我、以自我为中心的意识形态会让个体在人际互动过程中不能兼顾友善，这不仅不利于个体良好人际关系的构建，也将让个体无法感受到群体生活的意义和乐趣。

（2）对友善价值观学习的忽视

在社会激烈的竞争和经济压力的双重打压下，家庭和个体都更加注重专业技能的学习和工作能力的提升，忽略了精神层面的追求和包含友善在内的道德学习。一方面，居民原生家庭缺乏对友善行为养成的重视，使得居民从小缺少必要的道德教育，不利于居民友善价值观的养成。另一方面，社会中的居民忙于生计，闲暇时间更多地选择休闲娱乐、放松身心，缺少参与友善价值观培育的主动性和积极性。

第二节　城市居民友善价值观培育的社会工作实践

针对居民友善价值观培育存在的问题，本书运用社会工作专业方法及相关理论参与居民友善价值观的培育，从需求评估、服务设计和服务过程三个方面探索社会工作参与居民友善价值观培育的实践经验和有效路径，以丰富社区治理创新的思路和方法。

一　需求评估

本书从社会工作实务需要出发，主要对社区和居民两个层面，对友善价值观培育的需求进行评估。

（一）社区培育居民友善价值观的需求

1. 落实居民友善价值观培育工作的需求

社区作为社会治理的基层单位，需要重视友善价值观培育和践行工作，使友善价值观融入居民日常生活中，引导居民将友善价值观作为行为指导，进而促进居民践行友善行为。但目前社区友善价值观培育工作仍存在实效性较差、培育途径和方式单一、培育内容与居民需求不符等问题，这均是培育工作不接地气的具体表现。在与社区工作站工作人员的访谈中（详见访谈5），工作人员同样表示，现阶段社区友善价值观培育工作与党中央的要求仍有一定差距，期望开展符合居民现实需求的友善价值观培育工作。

访谈5（截取）：
访谈对象：社区工作站工作人员。　　访谈地点：社区工作站社工：请您总结下目前居民友善价值观培育工作开展情况。

社区工作站工作人员：现阶段友善价值观培育工作以宣传倡导为主。在硬件设施、宣传倡导和活动开展方面都投入了一定的精力，但培育的效果一般，距离党中央的要求仍存在一定的差距。如何将友善价值观培育工作融入居民生活中一直是我们想要攻克的难题，如何将抽象的价值观培育工作真正落地也是我们渴望实现的目标。同时，我们也希望通过培育和践行价值观工作能够创新社区治理路径，实现居民自治，构建和谐友善的社区。

2. 社区治理创新路径探索的需求

培育和践行友善价值观是社区治理的重要任务。现阶段培育途径和方式单一、培育内容与居民需求不符的友善价值观的培育工作并未真正融入居民日常生活中，这将影响居民参与友善价值观培育的热情，进而导致居民缺失参与社区治理的实践机会，不利于社区治理创新路径的探索。在与社区工作站工作人员的访谈中（详见访谈5），工作人员同样表示希望友善价值观的培育工作能够创新社区治理路径，提升居民参与社区治理的积极性，更多地为居民提供参与社区治理的机会，以期能对构建社区治理新格局有所助力。

（二）居民对友善价值观培育的需求

1. 提升友善价值观认知的需求

为了更加准确地了解居民对友善价值观理解认知的情况，本书对居民关于友善对象、友善行为的选择进行考察，其中"您认为的友善对象"问题选项均为正确选项，选择记1分，未选择记0分，满分5分；"您认为的友善行为"问题选项中4个选项为正确选项，选择记1分，未选择记0分，3个选项为错误选项，选择记-1分，未选择记0分，满分4分；综合得分为前两者得分合计，满分9分。居民友善价值观理解认知得分情况统计显示（见表2.12），关于友善对象的满分概率仅为52.4%，关于友善行为的满分概率仅为34.7%，综合得分的满分概率仅为30.6%，由此看出，目前居民对友善价值观的理解认知存在偏差，需要进一步提升居民对友善价值观的理解认知。同时，在对"您希望社区开展哪些内容的友善价值观培育服务"的调查分析中（见表2.13），88.4%的居民希望社区能够开展友善价值观内涵趣味讲解活动，说明居民渴望能够深入了解友善价值观的真谛。

表2.12 居民友善价值观理解认知得分情况（N=147）

	得分	频次	百分比（%）
您认为的友善对象	2	7	4.8
	3	30	20.4
	4	33	22.4
	5	77	52.4
您认为的友善行为	1	11	7.5
	2	25	17.0
	3	60	40.8
	4	51	34.7
综合得分	3	5	3.4
	4	5	3.4
	5	15	10.2
	6	20	13.6
	7	25	17.0
	8	32	21.8
	9	45	30.6

注：N为调查样本总数。

表2.13 您希望社区开展的友善价值观培育服务内容

	响应		个案百分比（%）
	频次	百分比（%）	
内涵趣味讲解活动	130	18.1	88.4
身边榜样征集活动	121	16.8	82.3
心理调适或压力释放活动	139	19.3	95.6
人际互动技巧学习活动	115	16.0	78.2
邻里助人活动	104	14.4	70.4
环境改善活动	111	15.4	75.5

2. 巩固友善价值观认同的需求

居民对友善价值观认同度的问卷调查结果显示（见表2.4），97.3%的居民对友善价值观持有正面认同态度，其中17.0%的居民表示几乎每个人都能时刻保持友善，80.3%的居民表示并不是每个人都能时刻做到友善，现阶段居民对友善价值观整体的认同度良好，为了更好地促进居民践行友善价值观，仍需要持续巩固、提升居民对友善价值观的重要性的认同度。同时，调查数据显示（见表2.13），82.3%的居民希望社区能够开展关于身边榜样征集的活动，居民对现实生活场域内友善的感知欲较强，渴望通过了解、宣传身边友善榜样的活动，强化居民对友善价值观的价值认同，打造和谐友善的社区环境。

3. 践行友善价值观的需求

根据居民具体友善行为的践行情况分析（见表2.8），可以发现居民仍需要提升对友善行为的践行。对居民希望社区开展关于友善价值观培育的活动的调查显示（见表2.14），79.5%的居民希望开展"文明小区"便民服务等公益活动，69.2%的居民希望社区开展实践活动，这说明居民对于友善价值观践行活动的需求较大，希望参与到社区治理的队伍中。

表 2.14　您希望社区开展哪种类型的活动来培育友善价值观

	响应		个案百分比
	频次	百分比（％）	（％）
通过网络、报纸、微信公示栏等宣传阵地	67	11.0	45.9
开展专题讲座、座谈会等教育活动	50	8.2	34.2
开展文艺演出、大众健身等文体活动	88	14.4	60.3
开展参观博物馆、红色旅游等实践活动	101	16.6	69.2
开展文明小区便民服务等公益活动	116	19.0	79.5
开展志愿实践活动	101	16.6	69.2
设置居民守则规章制度等	86	14.1	58.9

从具体的友善价值观践行内容来看，首先，在友善待人方面，居民普遍反映现在邻里关系疏离、人与人之间缺乏友善的互动，导致自身不知如何与邻居、他人进行友善的互动交流，只能选择同样疏离、冷漠、逃避的互动方式（见访谈6）。因此，急需为社区居民搭建人际互动的交流平台，满足居民进行良好人际互动的需求。其次，在友善待己方面，前面对社区基本概况和样本描述中，发现C社区居民多为外地人口，从事销售、个体经营、服务业、建筑工等工作烦琐、压力较大、收入有限的职业，面对工作、生活和家庭的多重压力，需要适当释放自身压力，合理协调自身情绪。同时，在与同工的访谈中（见访谈7），了解到社区居民对以往开展的压力释放、情绪调节类服务评价较高。在居民对希望社区开展的友善价值观培育服务的内容的调查分析中（见表2.13），95.6%的居民希望社区多开展情绪调节技巧服务。从居民实际情况和居民对以往服务的反馈中可以发现社区居民对压力释放、自我情绪协调服务的需求较大。最后，在友善待物方面，C社区因属于商住一体社区，日常人流量较大，社区内部存在诸多待解决的环境治理问题。在居民对希望社区开展的友善价值观培育服务的内容的调查分析中（见表2.13），75.5%的居民希望社区开展环境改善活动，体现出社区居民对改善社区环境的渴望，希望能够在整洁的社区生活，同时表示愿意参与社区环境治理。由此可以看出，居民对于参与社区环境治理需求较大。

访谈6（截取）

访谈对象：社区居民。　　访谈地点：社区党群服务中心

社工：您感觉现在的社区氛围怎么样？邻里关系怎么样？

社区居民：现在大家住在一个小区都不太认识，除了几个认识的人还相互打个招呼说说话。说实话，有的人眼熟一点知道是一个小区的，有的人根本不知道是不是这个小区的，好多一个小区的人，从来都没见过，更不用说打招呼说话了。大家相互之间都不理睬。你也不知道怎么和人家拉近关系呀。

社工：那您会主动向您的邻居寻求帮助吗？像帮忙搬个东西什么的？

社区居民：这个嘛，一般不会。一般我能自己解决就自己来，实在不行就自己找朋友。当然要是邻居主动找我帮忙一些小事，我没事会帮他的。

……

社工：您希望邻里之间是怎样的氛围呀？

社区居民：邻里之间能够和谐相处，见面打个招呼，笑一笑，别相互之间冷着脸。

访谈7（截取）

访谈对象：社区党群服务中心同工。　　访谈地点：社区党群服务中心

社工：社区之前开的哪些内容或形式的服务受居民喜爱呀？

社区党群服务中心同工：像是瑜伽、电子琴、手工这些趣味性强的服务最受欢迎，以前开的专注力能力提升、减压小组、人际沟通互动小组居民参与热情也比较高，这些都能学到一些知识。像公益便民活动义工参与得比较多，有些居民也会主动报名。一般讲座什么的居民不太喜欢。

二　服务设计

（一）服务目标与策略

1. 服务目标

根据前期调研与分析，本书认为，居民友善价值观培育的问题、成因和需求受社区和居民双向影响。但由于研究时限和篇幅限制，本次服务实践主要以社区居民为服务对象，通过提升居民对友善价值观的理解认知、价值认同和行为践行，进而改善社区友善价值观培育工作的现实状况，探究社会工作参与居民友善价值观培育的实践经验，进而探讨创新社区治理的路径和方法。

（1）过程目标：一是提升居民对友善价值观的理解认知，帮助居民形象地了解"友善"的内涵和外延，能够清楚地分辨生活中友善的对象及友善行为；二是提升居民对友善价值观的价值认同；三是促进居民践

行友善行为，引导居民将友善外化为实际行动，并在日常生活中践行友善。

（2）结果目标：通过社会工作参与居民友善价值观培育服务，改善居民友善价值观培育的现实困境，探究社会工作参与居民友善价值观培育的实践经验。最后，通过实践服务探究社区治理创新的思路和方法。

2. 服务策略

（1）以班杜拉社会学习理论作为理论指导

班杜拉社会学习理论突破了传统的行为主义的理论架构，认为社会学习是环境、个体认知和行为相互作用、相互影响的综合过程。个体的行为、观念在三者的交互作用下得以习得和生成[①]。社会学习理论认为，个体通过观察和模仿社会生活中榜样的行为，能够间接地强化个体行为[②]。同时个体在其生活的场域下受到来自社会的直接或外部的强化，也能让个体逐步在观察学习和强化过程中完成道德学习[③]。班杜拉还强调人的主观能动作用。个体通过对行为的观察，根据自己的价值观念和思维方式进行自我判断从而产生积极或消极的自我体验，通过预期和现实的对比进而调节自我行为[④]。

在培育服务过程中，为居民树立平民化、生活化的榜样，引导居民在观察学习的过程中，强化其对友善的价值认同，进而促进居民践行友善行为。为居民提供友善的践行平台，使居民在对友善行为的自我调节过程中，调动居民的主观能动性，进而在实践过程中做出正确的社会行为。同时在服务过程中社会工作者以平等对话的沟通方式，与居民相互沟通互动，摒弃传统强制、灌输的培育方式，以激励居民对各种价值取向和价值规范进行分析、比较，自主选择符合时代要求的友善价值观念。根据居民的现实需求，从现实生活出发，以生活化的语言，引导居民反

---

① 褚照楠、林希玲：《社会学习理论视域下社会主义核心价值观的培育》，《保山学院学报》2018年第4期。
② 谢添：《榜样教育在青少年思想政治教育中的有效运用》，《学理论》2018年第4期。
③ 唐小华、李玲、周连香：《基于社会学习理论的社会主义核心价值观培育》，《教书育人（高教论坛）》2016年第24期。
④ 李晶晶：《班杜拉社会学习理论述评》，《沙洋师范高等专科学校学报》2009年第3期。

思生活、总结经验、凝练价值，发挥社工和生活环境对其践行友善行为的外部强化作用，引导居民将友善作为行为的价值指导，并在生活中践行友善行为。

（2）主要运用小组工作和社区工作方法开展社会工作实践

社区工作主要利用微信公众号这一线上平台开展社区活动，澄清友善价值观的内涵和作用，提升居民对友善价值观的理解认知和价值认同。对社区居民开展小组活动，提升居民对友善待人、友善待己、友善待物三个层面的理解认知、价值认同和行为践行。最后根据社区的现实需求，通过开展社区活动，在改善社区环境的同时再次为社区居民提供践行友善待物行为的实践平台。通过小组工作和社区工作的结合，在进行具体友善价值观培育服务的同时，加大了对整个社区的影响力，辐射到更多的居民。

（3）社会工作者作为服务提供者为社区居民提供专业的友善价值观培育服务

社会工作者作为居民践行友善行为的倡导者，以社区居民为直接服务对象，以满足居民现实需求为前提，在开展服务过程中，社会工作者与服务对象共同对友善进行客观、全面的分析，引导服务对象发现友善价值观的重要性，理智分析采取友善行为带来的变化，在积极倡导、鼓励服务对象的同时，引导服务对象践行友善行为。

（二）服务方案

在正式开始社会工作专业服务前，进行服务前期调研、活动策划、活动宣传和组员招募等前期准备工作。一方面，社会工作者采用访谈、问卷调查等方法了解居民关于友善价值观培育服务的需求，并向社区居民宣传友善价值观培育服务，做好招募工作准备。另一方面，策划服务方案，招募服务对象。服务对象的招募一部分从调查、访谈人员中选取，一部分利用微信公众号发布招募海报，从其余社区居民中选取。

本次服务主要分为三个阶段。服务前期主要通过开展社区活动，澄清居民对友善价值观模糊和片面的理解认知，提升居民对友善价值观的价值认同。在服务中期，通过开展小组工作，将友善价值观操作化具体指标，提升居民对友善待人、友善待己、友善待物的理解认知、价值认同和实际践行。在服务后期，回应居民和社区对改善社区环境的需求，主要通过开展社区活动，促进社区居民践行友善待物。

具体服务内容：

（1）"友善知多少"——友善价值观线上宣传活动

活动通过党群服务中心微信公众号、居民微信群和居民QQ群等线上途径进行活动招募和宣传。计划邀请100位社区居民参与，通过观看友善价值观宣传视频、参与友善价值观知识问答等环节让社区居民了解友善价值观内涵和重要性，澄清居民以往对友善价值观模糊和片面的认知，完善居民对友善价值观的理解认知。

（2）寻找身边的友善之星活动

活动通过党群服务中心微信公众号、居民微信群和居民QQ群等线上途径进行活动招募和宣传。计划通过观看友善价值观宣传视频、由居民自行推荐身边的友善之星（以视频、照片加以文字介绍等形式）等环节，进一步推动社区居民间的友好互动；以有奖互动的方式，引导居民根据对友善的理解和认知，寻找身边的友善之星，提升对友善价值观的价值认同，学习榜样身上的友善，树立贴近居民生活的友善榜样，营造生活化的友善学习氛围。

（3）"友善大作战"——居民互动学习小组

小组活动的目的：帮助居民对友善价值观形成全面的理解认知，提升居民对友善价值观的价值认同，提升居民自我情绪调节能力、人际交往能力和环境改善意识，促进友善待人、友善待己和友善待物的行为践行。

小组活动的目标：一是提升居民对友善价值观全面化的理解认知；二是提升居民对友善价值观的价值认同；三是促进居民友善价值观的践行。

小组活动的内容：通过党群服务中心微信公众号、居民微信群和居民QQ群等线上途径进行活动招募和宣传。计划邀请社区内12位社区居民参与，通过社工引导组员认识、理解友善的内涵及外延；将友善价值观操作化为多个指标，融入自身情绪协调、人际交往互动、社区环境互动的过程中，让组员逐渐认识到友善价值观的重要意义；由组员制订适合自身家庭的友善行为打卡目标，相互监督，记录自己的友善行为，养成友善的行为习惯。

本次小组活动共分为八次，根据目前居民存在的友善认知模糊、片面和友善行为失调等问题，结合居民对自我情绪协调、人际交往互动和社区环境改善等友善价值观培育需求，根据班杜拉社会学习理论的指导，通过社工与居民双主体的平等沟通互动，以现实生活作为实践课堂，通过模仿学习和实践探讨，树立生活化友善榜样，提升居民对友善待人、友善待己、友善待物的理解认知、价值认同和行为践行。

第一次小组活动通过介绍活动目标、组员介绍、破冰游戏和制定小组契约，帮助组员对整个小组活动形成整体认知，熟悉小组成员，拉近组员距离，规范小组服务。通过布置小组作业预告下次小组内容。

第二次小组活动通过讲述故事、观看友善解析视频，引导组员对友善内涵和具体的非友善行为进行交流分析，澄清组员对友善片面和模糊的认知，完善组员对友善价值观的理解认知。通过布置小组作业预告下次小组内容。

第三次小组活动开始根据居民对友善价值观三层含义的具体需求分别进行小组服务。第三次小组通过引导组员学习识别自身情绪和情绪调节技巧，布置为期一周的情绪检测打卡任务，增强组员对自身情绪的感知、掌握和调适能力，提升组员对友善价值观重要性的认同度，居民践行友善待己。

第四次小组活动通过人际互动情境扮演、人际互动行为情感色彩排序和布置与亲朋好友友善互动的阶段任务，增强组员人际互动能力，提升组员对友善的价值认同，通过布置小组作业，引导组员践行友善待人。

第五次小组活动通过信任拐杖游戏、分享友善带来的改变和寻找友善榜样等环节，缓解组员对人际交往的不信任，促进组员间相互信任、友善相处，树立生活化学习榜样，巩固组员对友善价值观的理解认知，提升组员对友善价值观的价值认同，促进组员践行友善行为。同时，布置观察日常不爱护环境、公共设施的行为的小组作业，预告下次小组内容。

第六次小组活动通过引导组员分享非友善待物行为，分享节约资源的生活妙招和布置使用节约资源生活妙招的小组作业,增强居民节约资源、爱护环境和公共设施的意识,促进居民友善待物的践行。

第七次小组活动通过邀请组员制定友善打卡目标,分享组员的友善打卡目标和布置为期一周的打卡任务,巩固组员对友善的理解认知,引导组员践行友善行为。

第八次小组活动通过引导组员分享友善打卡情况和自身感受,对组员进行奖励,巩固已取得的友善培育效果,促进组员继续进行友善行为的践行。同时通过组员间互送祝福卡,建立组员间的社区邻里支持网络,营造和谐友善的社区氛围。

(4)"守护我们的美好家园"——社区治理先锋活动

活动通过党群服务中心微信公众号、居民微信群和居民QQ群等线上途径进行活动招募和宣传。社区治理先锋活动共分为两次,分别针对C社区存在的健身器材清洁和小广告清理的社区环境治理需求,邀请居民参与到健身器材清洁或小广告清理志愿活动中,改善社区环境,促进居民友善待物的践行。

三 服务实施

(一)服务前期

为了扩大本次服务的影响力和宣传度,服务前期主要开展"友善知多少"——友善价值观线上宣传活动和寻找身边的友善之星活动,以期提升居民对友善价值观的理解认知和价值认同,为后续服务的开展打下一定基础。

1."友善知多少"——友善价值观线上宣传活动

根据社区居民的调查数据,本社区内仍有部分社区居民存在对友善价值观认知模糊和片面的问题,这不利于居民深入发现友善价值观对生活的重要性,进而影响居民友善行为的践行。因此,开展为期7天的"友善知多少"——友善价值观线上宣传活动,通过线上观看友善价值观宣传视频、参与友善价值观知识有奖问答等环节,提升居民对友善价值观的理解认知。

因本次活动适逢疫情防控特殊时期,利用微信公众号平台和线上答题等线上互动平台开展友善价值观线上宣传活动。活动主要分为线上观看友善价值观宣传视频和线上进行友善价值观知识有奖问答两个环节。社工发布社区党群服务中心微信公众号，内容包括友善价值观线上宣传活动目的、友善价值观宣传视频及友善价值观有奖知识问答链接、活动环节说明、规则介绍和奖品展示。在友善价值观宣传视频的选择上，社工选取了趣味性较强、通俗易懂的友善动画，以满足不同年龄段和不同文化水平居民的理解需求。在友善价值观有奖问答题目的设置上，社工根据宣传视频的内容和友善价值观的含义，设置通俗易懂、生活化的题目，在引导居民认真观看宣传视频的同时，帮助居民更加具象化地理解友善价值观。整个线上宣传活动需历时7天，社工不定时在居民微信群和居民QQ群进行活动宣传招募，对于不清楚活动内容或参与方式的居民及时进行线上答疑。同时社工向社区工作站、社区党委、社区物业寻求帮助，邀请社区其他力量协助活动宣传招募，扩大宣传深度和广度。在活动结束后，社工根据答题情况整理获奖名单，利用微信公众号和居民群发布获奖名单及奖励领取时间。

在历时7天的活动过程中，友善价值观宣传视频观看量达197次，线上有奖问答答题人数达123人。参与活动的居民表示友善价值观宣传视频较为生动、易懂，儿童也能理解，并愿意看完整个视频。大部分的组员表示通过宣传视频的观看和线上答题的巩固，自身对友善价值观有了更加清晰、全面的认识。

2. 寻找身边的友善之星

通过社工观察和居民反映，现实生活中仍有部分居民未做到践行友善。生活场域内存在非友善行为，这将降低居民对友善价值观的价值认同，进而影响居民友善行为的践行。因此，开展为期5天的寻找身边的友善之星活动，通过线上观看友善价值观宣传视频和征集友善之星等环节，在巩固居民对友善价值观的理解认知程度的基础上，引导居民发现身边友善行为，树立生活化的友善学习榜样，通过榜样示范提升居民对友善价值观的价值认同，进而影响更多的居民践行友善。

活动也利用微信公众号平台和线上居民群等线上互动平台开展友善之星征集活动，主要分为线上观看友善价值观宣传视频和线上征集友善之星两个环节。社工发布社区党群服务中心微信公众号，内容包括友善之星征集活动目的、友善价值观宣传视频、寻找友善之星征集环节说明、规则介绍和奖品展示。再次使用友善价值观宣传活动中所用的友善宣传动画，巩固以参与前期活动的居民对友善价值观的理解认知的同时，扩大友善宣传动画的传播度，帮助第一次观看宣传动画的居民更加具象化地理解友善价值观。在友善之星征集环节的规则设定上，社工强调了友善之星必须是身边能够真实接触到的人，同时要讲述其友善故事，引导居民在寻找身边的友善之星的同时，主动观察其友善行为。利用榜样个体的人格魅力诠释友善价值观的真谛，对社区居民进行替代强化，进而提升居民对友善价值观的认同，吸引更多的居民模仿学习友善行为。整个线上宣传活动需历时5天，社工不定时地在居民微信群和居民QQ群进行活动宣传招募，对于不清楚活动内容或参与方式的居民及时进行线上答疑。社工寻求社区工作站、社区党委、社区物业的协助，扩大活动宣传的深度和广度。在线上征集活动结束后，社工整理友善之星资料，为提供友善之星资料的居民进行奖励，同时借助微信公众号和居民群向社区居民宣传友善之星事迹，进行社区友善榜样行为的宣传，扩大榜样的影响力。

在历时5天的活动过程中，友善之星征集共5人。参与活动的居民表示宣传视频生动有趣，不枯燥乏味，宣传视频能够引导自身发现生活中的友善行为。部分居民还表示通过居民介绍的友善之星，发觉到生活中有很多友善的好邻居，希望社工能多宣传社区内部的好人好事，引导更多的居民模仿和学习友善行为，共同构建和谐互助的社区环境。

（二）服务中期

根据居民存在的友善认知模糊和片面、友善行为失调等问题，结合居民对自我情绪协调、人际交往互动和社区环境改善等友善价值观培育的需求，结合班杜拉社会学习理论，开展本次"友善大作战"——居民学习互动小组，为居民搭建友善价值观学习践行平台。通过社工与居民双主体的平等沟通互动，以现实生活作为实践课堂，树立生活的友善榜样，在实践中模仿学习，以提升居民对友善待人、友善待己、友善待物的理解认知、价值认同和行为践行。

1. 第一次小组活动

第一次小组服务的主要目标是组员间初步认识，帮助组员初步建立信任关系。首先，社工介绍工作人员和小组的整体计划，及时回答组员对小组计划和内容的疑惑。为了更快地让组员相互了解，邀请组员画出自己最喜欢的动物，并轮流进行自我介绍，借助绘画强化组员间的认识。社工发现组员初期沟通相对拘谨，倾向于与自己以往熟识或邻近的组员交流。为了进一步拉近组员间的距离，社工将组员画有动物的纸统一收集起来，再随机分发，让组员按拿到的卡片去找相应的组员，并坐在该组员身边。通过破冰游戏增进了组员间的相互认识，拉近了组员间的距离。为了规范小组服务的开展，社工引导组员讨论小组契约。组员初期并未积极展开讨论，主要由社工进行发言。社工适时环视组员，并点名邀请某位组员表达意见。组员李居民回应社工的邀请，表达在组员进行讨论的过程中，希望组员间能够相互尊重，做到不随意打断。社工适时予以回应并主动询问其他组员的建议。组员赵居民提到了在交流过程中希望对方面带微笑，彼此对视。组员们表示了认同。在讨论过程中社工运用专注、肯定、总结、澄清等沟通技巧及时回应组员。社工适时向组员说明，组员目前提到的内容内核就是友善。社工引导组员讨论过后，组员逐渐产生共鸣，组员间的凝聚力得到了提升。通过组间共同讨论，完成小组契约的制定。最后社工布置小组作业：你对友善的理解，选出3个词语，提前预告小节小组内容。

第一次小组活动社工作为引导者，运用专注、倾听、积极回应、适当梳理、及时小结等沟通技巧，引导组员积极参与小组讨论，鼓励组员相互沟通，拉近组间距离。结成契约，建立信任关系，提升小组凝聚力。在本次小组过程中，可以看到组员有参与小组讨论的欲望。组员中李居民较为活跃，有助于活跃小组氛围。因此，在后续服务过程中，可以适当主动邀请李居民在内的活跃组员进行率先分享。

2. 第二次小组活动

本次小组活动的目标是帮助组员澄清自身以往对友善片面和模糊的认知，重新建构对友善的理解认知，提升组员对友善价值观的价值认同。首先，社工设置了具备一定竞争性的热身游戏——手机定时炸弹，将组员分为两组,在规定时间内,两组组员交替传递手机并向对方组员提问,在提问前必须先叫出对方名字,最后手握手机炸弹的组员淘汰。在热身游戏过程中,组员能够进行相互提示,提问不涉及个人隐私,问题尺度比较合适。热身游戏达到了预期目标,小组氛围有一定的提升,激发了组员对后续小组活动的参与热情,拉近了组员的距离。随后,社工用通俗易懂的语言讲述了"三尺之巷"故事,引出小组的主题"友善",引导组员对友善价值观内涵进行感知和讨论。组员对友善的内涵讨论激烈,可见组员们均提前了解了友善价值观的内涵。但现阶段组员更多地关注在友善待人方面,强调尊重、宽容、礼貌、助人等信息点。仅王居民提到了友善待物层面。社工及时捕捉友善待物的信息点,引导组员就友善待物进行讨论,丰富组员对友善价值观内涵的理解。随后,社工总结组员的发言,带领组员观看友善价值观宣传动画,内有较为全面的友善价值观的理解,邀请组员在观看宣传动画后对友善的内涵进行总结,让组员作为教育主体,自行剖析友善,进而重构对友善的理解认知。随后社工引导组员就身边的不友善事件进行话题讨论,组员分别就不珍惜自己的生命、不尊重服务人员、恶意破坏公共设施进行激烈讨论,组员对于非友善行为的反感达成了一定的共鸣,并表示出对友善行为的出现和友善氛围营造的向往,提升了组员对友善重要性的认同度。社工就组员的分享和讨论进行总结,说明友善价值观包含友善待人、友善待己、友善待物三大含义,以及友善对个人、社区和社会的重要意义。组员对此均表示了认同。最后社工布置小组作业:关于友善待己——在日常生活中最常用的情绪调节的方式,以预告下次小组活动内容。

在本次小组过程中,社工通过讲解友善故事引出友善价值观,随后以引导者的身份,引导组员作为培育主体对友善内容进行理解探讨,建构对友善的理解认知,引导组员充分发挥主观能动性。社工以辅助者的身份,就居民生活场域内常见的不友善行为,运用开场、提问、鼓励、沉默、摘述、引导等技巧,以平等对话的方式,引导组员在日常生活的基础上进行具象化的讨论,让组员根据自身经验和认知,进一步完善对友善价值观的理解认知,提升对友善价值观的价值认同。组员较上次小组活动主动性有所增强,有更多的组员在社工的引导下主动参与小组讨论，组员间凝聚力也有所提升。此外，发现小组成员对自身生活场域内的话题讨论回应激烈，参与积极性较高，在此后的小组活动设计中可以考虑增加生活场域的教育比重。

3. 第三次小组活动

本次小组服务的目标是帮助组员增强对自身情绪的感知、掌控和调适能力，促进友善待己的践行。首先，社工与组员共同回顾上次小组关于友善价值观的三重含义的理解，自然引出友善待己的活动内容。社工准备了六套关于情绪的图片，将组员分为三组一起进行连连看游戏。组员们迅速完成了连连看游戏。社工邀请组员介绍图片上的情绪，并说出会产生该情绪的情境，帮助组员识别正面和负面情绪，判断自己的情绪，正确认识自己。组员魏居民表示在辅导孩子作业时，较容易出现愤怒的情绪。有孩子的组员表示认同，并表示还会出现无奈的情绪。社工适时邀请组员分享自己最常用的情绪调节方式。组员魏居民主动分享了深呼吸放松法。组员李居民介绍暂时远离争吵核心地带、各自冷静的情绪缓解方法。部分组员表示回避冷静法会加剧自身的愤怒情绪。社工及时说明不同性格的人在不同的情境下适合不同的情绪舒缓方式，组员可以根据情况和自身性格进行选择。并邀请该组员分享自己的方式，避免组员间的正面冲突。组员继续进行讨论互动，社工在组员基本分享完毕后，及时进行总结，再次说明学会对自身情绪感知、掌握和调控能力对个体的自身身心健康、家庭维系、人际关系和工作压力释放的重要作用。组员纷纷对此表示同意。社工随后介绍了合理宣泄法、情绪转移法、自我赞美法和呼吸练习等情绪调节方法，并逐一引导组员进行练习，提升组员自我情绪调节能力。组员在社工的指导下进行模拟练习，并表示找到了一种或两种最适合自己的方式。小组氛围从讨论时的激烈状态逐渐转变为平静，组员的情绪也从高亢逐渐转变为平和。最后，社工总结本次小组活动内容，布置小组作业：发放情绪记录表，邀请组员记录下一周情绪变化情况以及调节情况。在巩固本次小组成效的同时，引导组员进行自我情绪调节，促进友善待己的践行。

本次小组主要通过游戏互动和情绪调节技巧的讲解，引导组员学习识别自身情绪、判断自己的情绪变化及情绪调节技巧，提升对组员自我情绪的感知、掌控和调适能力。并为组员创造实践平台，促进组员友善待己的践行。本次小组中社工初期作为引导者，通过热身游戏和组间分享，引导组员对自我情绪进行感知和剖析。再以教育者的身份，为组员介绍情绪调节的技巧。最后以回归引导者的身份，引导组员进行友善待己的践行。相鉴于前两次小组活动，组员参与互动的积极性更加强烈，有生活经验的组员更容易发表能引起组员认同的见解，能够弥补社工在生活经验方面的不足。在后续服务中，社工仍需要注意和发挥小组中有生活经验的组员的作用。

4. 第四次小组活动

本次小组的目标是增加组员人际交往互动能力，增强组员对友善价值观的认同，促进组员在日常生活中友善待人。社工先邀请组员分享近期情绪变化情况及自我感受。组员王居民表示在工作不顺心时通过自我赞美法和找朋友聊天能够有效疏散情绪。多数组员表示通过正确的情绪调节方法，自我情绪得到了更好的控制，心理压力也得到适当缓解。由此可见，上次小组目标基本达成。社工对组员友善待己行为适当予以鼓励和正面表扬，并引出本次小组内容。社工通过人际活动情境模拟，邀请组员就生活中邻里见面、邻里求助、乘坐公共交通三种情境分别进行模拟表演，分别以友善和非友善的行为进行展示。以乘坐公共交通为例，组员蔡居民率先以蛮横、不遵守公共秩序的态度，表演了一个插队和靠扶手的乘客，组员李居民以另一位被其不小心踩到脚还没得到道歉的乘客的身份配合模拟，在模拟过程中两人冲突不断。蔡居民在模拟结束后分享感受时表达了对这类行为的厌恶。李居民也表示在模拟过程中持续产生负面情绪，其余组员对此表示认同。随后两位组员以相互友善的姿态进行同种情境的模拟，两位组员均表示面对冲突时双方都以宽容的态度，能够避免冲突的升级，问题解决更为高效，自身也不易产生过多的不良情绪。在整个情境模拟环节，小组氛围比较活跃，组员的参与度得到了很大的调动，组员多次表示感受到友善的力量。为促进组员学习友善的人际互动技巧，增强人际互动能力，社工引导组员思考人际互动中自身感到友善或厌恶的行为表现和语言表达方式，按照情感色彩从重到轻进行排序。其中，尊重、宽容、态度和善等友善待人的行为表现被组员排在前列。最后，社工总结本次小组活动内容，邀请组员分享活动感受。组员章居民肯定了友善对于解决冲突的正面作用，其他参与组员均表示认识到友善的重要性。同时为促进组员友善待人的践行，社工布置小组作业：日后见到邻居、日常服务人员打招呼、微笑，多说谢谢，主动采取助人行为，以友善的姿态对待他人。

本次小组服务中，社工通过真实生活的情境模拟，引导组员感受友善行为和非友善行为带给个体的不同感受，用组员亲历的经验提升组员对友善价值观的认同。让组员在现实生活情境中，学习人际互动的技巧，以小组作业的形式促进组员的行动践行。同时社工积极运用鼓励、及时反馈等沟通技巧，肯定组员的表现和进步，通过正面强化和替代强化，鼓励组员践行友善行为。经过服务，组员提升了对友善价值观的认同，学会了一定友善待人的人际互动技巧。

5. 第五次小组活动

本次小组服务的目标是缓解组员对人际交往的不信任感，促进组员间信任、友善相处，树立生活榜样。社工先与组员共同回忆上次小组关于人际互动技巧的学习，组织组员进行信任拐杖游戏。组员两人一组，一个组员扮演"盲人"，另一个组员扮演"拐杖"，牵着"盲人"跨越模拟障碍物，最终抵达终点。在信任游戏过程中，两个组员相互配合，个别组进程较慢，扮演"盲人"的组员不敢动作幅度过大，部分组前进速度比较快，扮演"拐杖"的组员说明较清晰。在组员分享中，组员王居民表示出于对"拐杖"的安全感和信任感，促进其能够较快地穿越障碍。通过热身游戏，在一定程度上缓解了组员对人际交往的不信任感，促进组员间信任、友善的相处。随后，组员分享上次小组布置的作业，讨论分享友善行为带来的改变，重新审视自身对友善价值观的认知，树立友善待人的理性信念。组员李居民表示通过主动向社区保安打招呼和表示善意的言论，社区保安对她予以同样友善的回应，并在生活中主动予以适当帮助。多数组员表示自己同样因友善对待他人进而影响到他人友善对待自己。在组员分享时，组员的情绪较为高亢，社工适时予以引导和控制。组员在分享过程中，多次肯定了友善的作用，并表示喜欢友善的互动方式，愿意维持友善行为，有效提升了组员对友善价值观重要性的认同度，强化了组员友善行为的践行。社工邀请组员选出友善榜样，并讲述原因。组员积极参与讨论。最终，组员李居民成为友善榜样。组员朱居民表示组员李居民在与人沟通互动过程中态度和善、言语平和，乐于助人。组员对此纷纷表示肯定。在社工的观察中，组员李居民生活经验丰富，善于分享，具备友善榜样的特质。社工向组员表达了对大家选出的友善榜样的认同，并肯定了组员的友善行为，引导组员持续践行友善行为。最后，社工表达出希望组员能避免社会环境的负面影响，持续倡导和践行友善，营造友善的社区氛围。组员表示了认同。最后社工布置小组作业：关于友善待物——观察日常生活中非友善待物行为。

本次小组已经处于小组的中期阶段，组员对小组具有较强的认同感，小组氛围信任且亲密，小组结构逐渐趋于稳定。社工借助组员亲历的成功经验和榜样的替代强化，增强组员的自我效能，提升组员对友善价值观的认同和践行意愿。在社工外部强化和榜样的替代强化的双重鼓励下，强化组员良好的自我体验，促进组员践行友善行为。

6. 第六次小组活动

本次小组服务的目标是增强组员友善待物意识，促进组员践行友善待物。社工先通过分组进行垃圾分类互动游戏，活跃小组气氛，增强组员间的互动交流。因S市仍处于垃圾分类宣传阶段，未开始强制垃圾分类，大多数组员对垃圾分类要求了解程度有限，组员就分类标准进行讨论，社工适当予以引导，避免组员发生激烈冲突。随后，社工邀请组员分享小组作业，组员就日常生活中不爱护环境、公共设施等非友善待物的行为进行讨论。组员王居民表示乱扔垃圾，不爱护社区环境等非友善待物行为，导致社区部分区域环境较差。多数组员对其表示认同。组员还分享了不节约水资源、浪费电、践踏草坪、损坏绿植、不爱护公共设施等非友善待物行为。组员对这类行为均表示了批评，表示资源和社区环境均需要公众关注，肯定了友善待物的重要性。社工对组员的发言予以肯定，并邀请组员分享节约资源的生活妙招。组员分享了抽水马桶水箱如何节约排水、洗菜水浇花、空调如何省电等日常生活小妙招。组员表示有所收获，既能节约日常开支，又能节约资源保护环境。社工在分享环节帮组员整理信息或补充信息，主要由组员进行分享。最后，社工总结本次小组活动，并布置小组作业：参与组员本周至少尝试1种节约资源的生活小妙招，巩固现阶段小组成果，促进组员践行友善待物。

本次小组活动，通过生活的真实案例和生活妙招分享，促进组员们积极参与讨论和互动，通过对现实生活的反思，提升组员友善待物的意识，利用组员对生活妙招学习的需求，促进组员践行友善待物。在垃圾分类游戏互动环节，个别组员就垃圾分类标准进行了短暂的争论，社工需先给组员自行缓和的机会，再介入组员的争执，向组员澄清发生冲突是为了整个小组获得胜利，协助组员解决短暂的紧张情绪。在后续的服务过程中，社工仍需要关注组员间的互动，以包容、冷静和理性的态度协调和处理冲突。

7. 第七次小组活动

本次小组服务的目标是促进组员践行友善行为。社工先邀请组员分享小组作业完成情况、节约资源带来的变化和感受。组员表示感受到友善待物的重要价值。随后，社工邀请组员进行"解人绳"游戏，组员围成一个圈，随意与他人握手，双手不能与同一个组员相握，组成"人结"。组员在不松开双手的情况下通过交换位置、跨越解开"人结"。组员能够进行有序的交流，小组气氛融洽，未出现混乱现象，可见现阶段小组的关系结果趋于稳定，团队配合程度较高。随后，社工邀请组员分享对友善价值观的理解。组员章居民准确总结出友善的三重含义及其内核。组员基本都能全面、准确地概括友善的内涵。社工邀请组员每人选择5—7条友善行为，制作友善行为打卡表，以便进行为期一周的友善行为打卡。组员根据自己的实际情况和对友善的理解制作属于自己的友善行为打卡目标。当有组员制定目标陷入瓶颈时，社工将事前准备的友善打卡目标分享给组员提供参考。社工在组员基本制作完毕时邀请组员进行分享。组员们的友善目标多数集中在自我情绪调节、人际互动、采取助人行为、节约资源、参与公益活动等友善行为。根据组员制定的友善打卡目标可以看出组员对友善已有基本正确、全面的理解认知，并能将其与现实生活行为结合起来。社工向组员说明打卡规定，组员请一位家人监督，每日22时前与监督人共同根据自己实际的友善行为表现情况进行打卡和记录感受，并在小组微信群中汇报打卡。如若两天未进行分享将不能得到最终的奖励。社工向组员特别说明，友善行为打卡的可控性和真实性。组员对社工制定的规则表示认可，并表示愿意参与友善打卡挑战。最后，社工提前告知组员下次小组将是最后一次小组活动，组员表现出适当的不舍情绪。社工对此表示小组活动虽然即将结束，但组员间、组员和社工间建立的互动关系并未结束，日后组员可以经常沟通互动，经常参与社区活动。

作为整场小组服务的后期工作阶段，组员对小组的认同感稳步上升，并且能自主地处理小组内部的问题。小组结构稳定，组员间能够顺畅地进行沟通，相互支持。在本次小组中，社工主要作为信息提供者，适当为组员提供关于友善目标设定的信息，确保目标制订环节的顺利进行。同时以引导者的身份，促使组员设计友善目标，鼓励组员进行友善打卡挑战，促进组员践行友善。

8. 第八次小组活动

本次小组是整场小组服务的最后阶段，小组目标是巩固小组成果，促进组员践行友善，建立组员间的社区邻里支持网络，处理离别情绪。社工先带领组员回顾整场小组活动，从对友善价值观的三重含义和重要性的理解认知、到友善待己中自我情绪的感知、掌握和调适的技巧、到友善待人中人际互动的技巧、再到友善待物中节约资源的生活妙招，通过回顾整场小组服务内容，组员表示已经对友善有了整体的理解，并且深刻感受到友善的重要性。随后，社工邀请组员进行"唱反调"游戏，适当缓解组员们的离别情绪。社工邀请组员逐一分享打卡情况和自身感受。组员李居民表示通过邀请孩子作为监督者，成功引导孩子与自己共同践行友善行为。在打卡期间，自身情绪波动较少，拉近了亲子距离，家庭氛围更加融洽。部分组员表示与李居民情况类似。组员王居民表示因自身践行友善行为，成功带动身边的其他居民。社工再次对组员取得的成就予以外部强化，对完成友善打卡目标的组员予以正面表扬，并发放奖励。仅有两位组员缺席了两次线上分享，全部组员均完成了预期的打卡目标。最后，社工邀请组员将撰写祝福卡，并进行交换，帮助组员延续已形成的交流网络，建立邻里支持网络。在整场小组活动的最后，社工邀请组员填写意见反馈表，宣布小组活动结束，表示了对组员践行友善行为的期许和日后生活的祝福。组员对社工表达了感谢，表示自己通过小组活动有所收获，感受到友善的力量，也学会实用的技巧，改变了对友善行为的态度，愿意践行友善。整个小组活动圆满收官。

本次小组活动作为整个小组服务的最后一次，是提升组员对友善价值观的价值认同，强化组员践行友善行为的重要一节。社工作为引导者，引导组员根据对友善行为进行观察、实践，根据自己内心已有的判断和思维模式对自己的行为进行判断，进一步提升对友善的价值认同。同时利用组员间友善行为的示范、社工对践行友善行为的鼓励以及友善互动的小组氛围，激发组员产生积极的自我体验，从而进一步强化组员践行友善行为。

"友善大作战"——居民互动学习小组共开展了8次活动，共12位成员参与，平均每次服务11人次，每节50分钟，共服务88人次，6.6小时，小组活动整体取得良好成效，参与组员表示通过参与本次小组活动，提升了对友善价值观的理解认知和价值认同，得到了践行友善的平台，养成了部分友善行为习惯，小组目标基本达成。

（三）服务后期

通过对服务中期"友善大作战"——居民互动学习小组的评估总结，发现社区居民在友善待物层面的行为践行仍需进一步提升。同时C社区居民普遍反映社区内存在诸多环境问题，非友善待物行为时常出现。故在服务后期，结合社区居民践行友善待物行为存在的问题需求，开展"守护我们的美好家园"——社区治理先锋活动。

针对C社区现存的社区环境治理需求和居民对践行友善行为的需求，特开展"守护我们的美好家园"——社区治理先锋活动。本系列社区活动共分为2次，分别针对C社区存在的健身器材清洁和小广告清理的社区环境治理需求，邀请居民参与到健身器材清洁或小广告清理志愿活动中，改善社区环境，促进居民友善待物的践行。

第一场社区活动是"守护我们的美好家园"——社区治理先锋健身器材清洁活动。首先，社工于党群服务中心将参与活动的组员集中起来，现场分为4组，分发清洁用品、口罩和义工服等活动物资。4组组员分别由社工带至指定的社区公共健身器材区域。参与组员到达指定区域，现场分工，共同清洁社区公共区域的健身器材，促进居民践行友善待物。

组员主动进行健身器材清洁工作，组员间沟通融洽，活动气氛较为活跃。组员约花费 40 分钟完成指定区域的清洁工作。其次，社工带领所有组员去往社区小广场，进行活动总结和分享志愿服务感受。多数组员表示愿意参与到社区治理中，表达出因参与社区环境治理的喜悦之情，同时建议社工多开展此类社区治理的志愿活动。最后，社工带领参与组员进行拍照，正式宣布活动结束。

第二场社区活动是"守护我们的美好家园"——社区治理先锋小广告清除活动。其内容和流程设置与先锋健身器材清洁活动服务基本一致。由社工分组带领参与组员对社区某区域的小广告进行集中清除活动，活动目标基本达成。

"守护我们的美好家园"——社区治理活动共两场，参与人数合计约 40 人次。社工根据社区治理需求和社区居民对践行友善行为的需求，就社区内现存的社区环境治理问题，为社区居民提供友善待物的践行平台，促进居民友善行为的践行。

第三节　城市居民友善价值观培育的社会工作实践评估

一　服务评估

为检验服务是否达到预期目标，本书主要通过过程评估和效果评估两种形式检验服务效果。

关于过程评估，本书通过观察和访谈的方式，由社工和参与组员对服务过程进行评估。其中社工自评主要通过社工观察成员在活动过程中的状态及反馈，对服务过程中筹备工作、内容/形式/技巧合适度、参与者表现等方面进行评估；参与者评估通过访谈，收集参与者服务感受及建议进行评估。

关于结果评估，本书主要使用访谈、观察和问卷的方式，由社工和参与成员对服务满意度和服务目标达成情况进行评估。其中服务目标完成情况通过服务目标前后测对比、社工自评和参与者自评进行三重评估。

（一）过程评估

鉴于篇幅考虑，本书主要对友善价值观线上宣传活动和居民互动学习小组中第三、四、六、七次的过程评估予以说明。

1."友善知多少"——友善价值观线上宣传活动

（1）社工自评

筹备工作：设计及修改活动方案；提前准备活动物资；活动筹备工作较为完备。

内容/形式/技巧合适度：社工创新了宣传方式，疫情期间主要以线上平台互动的方式，便捷且高效。利用微信公众号发布宣传片方便参与者观看和学习，方便参与者随时停止或事后再次观看；社工借助具有生活气息和趣味性的动画视频讲解友善价值观内涵及重要性，动画内容通俗易懂，有助于不同文化程度、不同理解能力的人群观看；社工发挥了引导者和服务提供者的角色，引导成员认真观看友善宣传片，了解友善的内涵及其重要性，使居民掌握一定友善价值观的知识和技巧。活动内容丰富，形式新颖，符合居民需求，发挥了社工服务提供者和引导者的角色。

参与者表现：因本次活动为线上互动模式，通过观察参与成员宣传片的观看量达197次远高于参与线上答题的123人次，说明大多数参与成员能够在观看宣传视频后进行知识问答，友善价值观宣传达到预期效果，成员能够主动观看宣传视频；80%参与成员答题正确率在80%左右，参与成员参与积极性和正确性较高。

（2）参与者评价

活动感受或建议：参与组员表示微信公众号上发布的宣传片较为生活化，通俗易懂，满足了不同年龄段居民的观看需求；同时部分组员表示日后社区再开展此类活动，还愿意参加，并且愿意发动身边更多的居民参与。

2."友善大作战"——居民互动学习小组

（1）第三次小组过程评估

①社工自评

筹备工作：小组活动物资能按时准备；提前通知小组活动的时间和地点。

内容/形式/技巧合适度：社工初期以引导者的身份，由组员作为主体根据生活的实例列举不同情绪可能出现的情境,引导组员对自己情绪进行认知和剖析。再以教育者的身份,在组员的基础上社工进行总结和补充,为组员介绍情绪调节的技巧,增强组员情绪调适能力。最后借助小组作业引导组员践行友善待己,增强组员的积极性。

参与者表现:整个小组氛围非常活跃,前两次小组活动中表现活跃的组员依旧积极进行分享讨论,组员间多次对生活的实例引起共鸣。

②参与者评价

活动感受或建议:组员表示通过生活举例更能清晰地识别自己情绪变化,喜欢这种生活密切度较高的教授方式,会继续参加小组活动,希望学习到更多能够在现实生活中使用的技巧。

(2)第四次小组过程评估

①社工自评

筹备工作:小组活动物资能按时准备;提前通知小组活动的时间和地点。

内容/形式/技巧合适度:社工通过真实生活的情境模拟,引导组员感受友善行为和不友善行为带给个体的不同感受,用组员亲历的经验来提升组员对友善价值观的认同。让组员在现实生活情境中,学习人际互动的技巧,以小组作业的形式促进组员的行动践行。同时社工积极运用鼓励、及时反馈等沟通技巧,肯定组员的表现和进步,通过正面强化和替代强化,鼓励组员践行友善行为。

参与者表现:小组氛围很活跃,组员更加愿意展现自己,在人际互动情境模拟环节表演欲十足;小组讨论环节,组员能够积极发言。

②参与者评价

活动感受或建议:组员表示人际情境模拟环节设置生动有趣,通过模拟能够更直观感受到友善的重要性;与其他组员交往互动过程融洽。

(3)第六次小组过程评估

①社工自评

筹备工作:小组活动物资能按时准备;提前通知小组活动的时间和地点。

内容/形式/技巧合适度:通过生活的真实案例和生活妙招分享,促进组员们积极参与讨论和互动,通过对现实生活的反思,提升组员友善待物的意识,利用组员对生活妙招学习的需求,促进组员践行友善待物。针对垃圾分类游戏互动环节中个别组员的短暂争论,社工能够正确处理,留给组员自行缓和的机会,再介入组员的争执,向组员澄清发生冲突是为了整个小组获得胜利,协助组员解决短暂的紧张情绪。

参与者表现:组员间熟悉度较高,能够自由、主动地表达自己的观点。小组氛围非常活跃,就生活中的不友善行为,围绕社区的实际问题进行了激烈的讨论,组员凝聚力比较强;组员间能够主动分享生活小妙招。

②参与者评价

活动感受或建议:组员表示从其他组员身上学到很多生活的智慧,以后还要多多进行沟通,相互分享经验。

(4) 第七次小组过程评估

①社工自评

筹备工作:小组活动物资能按时准备;提前通知小组活动的时间和地点。

内容/形式/技巧合适度:在设计友善目标环节,社工主要作为信息提供者,适当为组员提供关于友善目标设定的信息,确保本环节的顺利进行。同时以引导者的身份,促使组员设计友善目标,鼓励组员进行友善打卡挑战,促进组员践行友善。

参与者表现:组员都能在规定时间内制定友善打卡的目标,在有的组员有不清楚的地方,其他组员能够主动予以帮助,组内氛围很融洽。

②参与者评价

活动感受或建议:组员表示发现生活中有诸多友善行为的表现和完成友善打卡挑战的信心。

(二) 结果评估

本次服务的结果评估主要分为服务满意度评估和服务目标达成情况评估。其中,服务满意度评估,将服务的时间安排、形式、内容、工作人员表现以及工作人员态度五个层面整理成满意度调查指标,非常不满意记1分,比较不满意记2分,满意记3分,比较满意记4分,非常满意记5分,由参与者进行评价;服务目标达成情况,分为服务目标达成前后测对比、社工自评目标达成情况和参与者自评目标达成情况由社工和参与者分别进行自评，进行三重评估。其中，参与者自评目标达成情况，通过将服务目标量化为具体评估指标，完全没帮助记1分，比较没帮助记2分，没感觉记3分，比较有帮助记4分，非常有帮助记5分，由参与者进行自评。鉴于篇幅考虑，本书主要对友善价值观线上宣传活动、居民互动学习小组和社区治理先锋健身器材清洁活动进行结果评估。

1. "友善知多少"——友善价值观线上宣传活动

根据线上宣传活动满意度调查数据（见表2.15），参与组员在活动时间安排、活动的形式、活动的内容制定、工作人员的表现和工作人员的态度五项评估结果的平均值均大于4分（比较满意），接近于最大值5分（非常满意），而且每项结果的均值差距在0.3分之内，可见参与成员对本次社区服务整体满意度较高。成员对活动中的工作人员表现和态度的满意度均在前三名，可见在活动过程中社工表现良好，能够以专业的表现和积极的态度开展活动；成员对社区活动的时间安排比较满意，表明本次社区活动时间安排较为合理；组员对整个社区活动具体内容比较满意，表明成员对活动内容的认可，活动内容比较满足成员的需求；组员对活动的形式比较满意，表明本次社区活动形式得到参与成员认可。同时，根据"友善知多少"——友善价值观线上宣传活动过程评估中活动内容/形式/技巧合适度和参与者活动感受及建议的反馈可知，本次活动形式及方法较为新颖，活动内容设置符合居民现实需求，参与成员对社区活动整体满意度较高，有效推动了社区培育居民友善价值观工作的开展。

表2.15　　　　友善价值观线上宣传活动满意度调查（N=20）

评估项目	评估结果（平均值）
活动的时间安排	4.56
活动的形式	4.34
活动的内容制定	4.24
活动中的工作人员表现	4.52
活动中的工作人员态度	4.63

注：N为随机抽取参与活动的组员参与意见反馈表填写的总人数。

为了评估社区活动目标达成情况，主要通过活动目标达成情况前后测对比、社工自评和组员自评三种方式。

第一，通过就社区前期调查中居民友善价值观理解认知的得分和线上知识问答环节参与组员中对应题目的得分情况进行对比（详见表2.16），就友善对象和友善行为问题的综合满分概率由30.6%提升至79.7%，由此得出参与者通过参与本次社区活动提升了对友善价值观的理解认知，本次活动的目标基本达成。

表2.16　　社区活动居民友善价值观理解认知得分前后测对比

	得分	社区前期调查数据 (N=147)		线上知识问答数据 (N=123)	
		频次	百分比（%）	频次	百分比（%）
您认为的友善对象	2	7	4.8	1	0.81
	3	30	20.4	3	2.44
	4	33	22.4	18	14.64
	5	77	52.4	101	82.11
您认为的友善行为	1	11	7.5	0	0.0
	2	25	17.0	4	3.3
	3	60	40.8	11	8.9
	4	51	34.7	108	87.8
综合得分	3	5	3.4	0	0.0
	4	5	3.4	1	0.8
	5	15	10.2	1	0.8
	6	20	13.6	5	4.1
	7	25	17.0	8	6.5
	8	32	21.8	10	8.1
	9	45	30.6	98	79.7

注：N分别为参与居民友善价值观培育调查问卷填写与参与社区线上活动的总人数。

第二，社工通过观察、访谈和问卷调查（见表2.17），参与活动中80%的答题者正确率在80%左右，通过社区活动提升了参与者对友善价值观的理解认知，反映出参与者通过参与本次活动学到了有关友善价值观的知识和精神，本次活动的目标基本达成。

表2.17　　　　　　　　社工记录目标达成情况记录

活动目标	目标达成情况
增进了对友善价值观的理解认知	根据友善价值观线上知识问答得分情况，参与者均至少答对5题以上，80%的答题者正确率在80%左右，可见参与者了解了友善价值相关知识，此目标达成。

第三，为了解参与者参与社区活动中自我感觉目标实现情况，就居民通过活动增加对友善价值观的认识情况整理出自我感觉目标实现情况调查表。根据随机抽取的参与社区活动的20位参与人员的意见反馈调查显示（见表2.18），评估结果为最大值5分，参与成员均表示友善价值观宣传活动的开展对于自身友善价值观的理解认知的学习非常有帮助，参与成员增进了对友善价值观的理解认知，本次活动的目标基本达成。这在另一方面也反映出本次社区活动提高了居民友善价值观培育工作的实效性。

表2.18　　成员参与社区活动自我感觉目标实现情况调查（N=20）

评估目标	评估结果（平均值）
通过活动，我增进了对友善价值观的认识	5.00

注：N为随机抽取参与活动的组员参与意见反馈表填写的总人数。

2."友善大作战"——居民互动学习小组

根据组员对小组服务满意度调查数据显示（见表2.19），各项评估结果的平均值均大于4分（比较满意），可见参与成员对本次互动学习小组整体满意度较高。其中，参与组员对小组活动的内容制定最为满意，即将达到非常满意；对小组活动中工作人员表现和态度满意度也极高，说明社工的工作能力和工作态度得到了参与组员的高度评价；对小组活动的形式和时间安排的满意度相较前三项得分较低，但得分均值高于4分（比较满意）。同时，根据小组活动过程评估中参与者活动感受及建议的反馈可知，小组活动的形式较为新颖，活动内容设置能够满足居民生活需求，参与成员满意度较高。

表 2.19　　　　　　居民互动学习小组满意度调查（N = 12）

评估项目	评估结果（平均值）
小组活动的时间安排	4.25
小组活动的形式	4.17
小组活动的内容制定	4.92
小组活动中的工作人员表现	4.83
小组活动中的工作人员态度	4.83

注：N 为参与小组服务的总人数。

为了评估小组活动目标达成情况，进行服务目标前后测对比、社工和组员分别进行自评。

第一，通过组员在参与小组前对友善价值观理解认知的测评和小组组员意见反馈表中对应题目的得分情况进行对比（详见表2.20），就友善对象和友善行为问题的综合满分概率由8.3%提升至83.3%；通过组员在参与小组前的测评和小组组员意见反馈表中对"您认为友善是不是居民必备的素质"问题的对比（详见表2.21），参与小组活动后的组员均对友善价值观持有正面认同，认为几乎每个人都能时刻保持友善的比例从16.7%提升至91.7%；通过组员在参与小组前的测评和小组组员意见反馈表中对友善行为践行情况的对比（详见表2.22），参与小组活动后的组员在友善待人、友善待己和友善待物各项得分结果的平均值均在4.1—4.5分，从原本的一般符合到比较符合区间提升至比较符合到非常符合区间，其中友善待人行为践行和友善待己行为践行得分的均值为4.5分，非常接近最大值5分，友善待物行为践行得分由3.4分提升至4.1分，相较其他两个方面有待提升，故后期在社区内开展相关友善待物行为践行活动以便进一步促进居民践行友善待物行为。总体可见组员友善待人、友善待己和友善待物的践行情况均有显著提升。因此得出小组活动提升了参与者对友善价值观的理解认知、价值认同和行为践行，本次小组的目标基本达成。

表2.20　小组活动居民友善价值观理解认知得分前后测对比

	得分	小组组员前测数据（N=12）		小组组员意见反馈数据（N=12）	
		频次	百分比（%）	频次	百分比（%）
您认为的友善对象	2	1	4.8	0	0.0
	3	2	20.4	0	0.0
	4	3	22.4	0	0.0
	5	6	52.4	12	100.0
您认为的友善行为	1	1	7.5	0	0.0
	2	2	17.0	0	0.0
	3	5	40.8	2	16.7
	4	4	34.7	10	83.3
综合得分	3	0	0.0	0	0.0
	4	1	8.3	0	0.0
	5	1	8.3	0	0.0
	6	1	8.3	0	0.0
	7	5	41.8	0	0.0
	8	3	25.0	2	16.7
	9	1	8.3	10	83.3

注：N为参与小组活动的总人数。

表2.21　小组活动"您认为友善是不是居民必备的素质"问题的前后测对比

	小组组员前测数据（N=12）		活动后意见反馈数据（N=12）	
	频次	百分比（%）	频次	百分比（%）
是，而且几乎所有居民都能够做到时刻友善	2	16.7	11	91.7
是，但很难让每一个居民都做到时刻友善	10	83.3	1	8.3
不重要，可有可无	0	0	0	0.0
不是，这是政府需要关注的，与我们无关	0	0	0	0.0

注：N为参与小组活动的总人数。

表 2.22　　　　　小组活动友善价值观践行情况的前后测对比

具体指标		组员前测数据 （N=12） 均值得分	活动后意见反馈 （N=12） 均值得分
友善待人	接受服务人员帮助主动表示感谢，对其态度友善	3.3	4.7
	当有人不小心踩到自己，通常一笑了之	3.3	4.5
	主动为老弱病残孕等不方便的人让座	3.3	4.4
	单项总分	3.3	4.5
友善待己	能够认识到自己的负面情绪，懂得如何排解负面情绪	3.6	4.5
友善待物	在公共场合遇见绿植或宣传栏倒地会主动扶起	3.4	4.1

注：N 为参与小组活动的总人数。

第二，社工通过观察、访谈和问卷调查（见表 2.23），通过小组活动，组员对友善价值观的理解认知、价值认同和行为践行都有所提升，本次活动的目标基本达成。

表 2.23　　　　　　　　社工记录目标达成情况记录

活动目标	目标达成情况
1. 提升组员对友善价值观的理解认知	通过观察能够发现小组成员在第二次小组活动总结友善价值观理解的环节，组员对友善的对象、内容和重要性具有比较清晰的认识；组员在第七次友善打卡目标表的制定过程中，组员都能制定出正确的友善打卡目标，可见成员对友善价值观已有清晰准确的认知。
2. 提升组员对友善价值观的价值认同	通过观察、访谈和组员自填意见反馈表，参与者多次表示感受到友善的力量和对生活的重要性，从而提升了组员对友善的价值认同。

活动目标	目标达成情况
3. 促进组员对友善价值观的行为践行	通过访谈、观察和友善打卡表完成情况，组员在分享第三次关于友善待己——自我情绪调节、第四次友善待人——对人友善、第六次友善待物——节约资源的小组作业过程中均表示已进行友善行为的践行，并感受到友善带来的变化；根据友善打卡挑战完成情况，仅有 2 位组员有两天未进行分享，全部组员均完成了为期一周的友善打卡挑战，完成了至少 80% 的每日打卡目标，从而促进了组员友善行为的践行。

第三，为了解组员自我感觉目标实现情况，将小组目标操作化为具体目标（见表2.24），组员均表示小组活动对提升自身对友善价值观的理解认知、价值认同和行为践行比较有帮助，在关于友善待物技巧学习和友善行为践行方面组员均表示非常有帮助。关于提升对友善价值观重要性的帮助相对较低，但该项均值高于 4 分（比较有帮助）。可见本次小组活动能够推动居民友善价值观培育工作，提高友善价值观培育工作的实效性，本次活动的目标基本达成。在日后的服务中社工可以思考如何通过居民喜爱的服务进一步提升居民对友善价值观的价值认同。

表 2.24　成员参与小组活动自我感觉目标实现情况调查（N=12）

评估目标	评估结果（平均值）
通过小组活动，我学会了关于友善的对象、内容和对象的知识	4.75
通过小组活动，我认识到了友善对自己生活的重要	4.33
通过小组活动，我学会了情绪感知、掌握和调适的技巧	4.92
通过小组活动，我学会了人际互动的技巧	4.83
通过小组活动，我学会了节约资源的技巧	5.0
通过小组活动，我养成了友善的行为习惯	5.0

注：N 为参与小组服务的总人数。

3."守护我们的美好家园"——社区治理先锋健身器材清洁活动

根据组员对社区治理活动满意度调查数据显示（见表2.25），各项评估结果的平均值均大于4分（比较满意），打分均值普遍高于4.5分，可见参与成员对本次社区环境治理活动整体满意度较高。其中，参与组员对活动中工作人员表现、活动的内容制定和工作人员的态度满意度分别位列前三，说明社工的工作能力和工作态度得到了参与组员的高度评价，参与者对小组内容也比较满意。同时，根据组员的反馈，本次活动形式和内容满足参与组员的需求，符合参与组员对活动形式和内容的期望。因此，参与成员对本次社区活动整体满意度较高。

表2.25　　　　守护我们的美好家园活动满意度调查（N=20）

评估项目	评估结果（平均值）
活动的时间安排	4.29
活动的形式	4.54
活动的内容制定	4.64
活动中的工作人员表现	4.68
活动中的工作人员态度	4.61

注：N为随机抽取参与活动的组员参与意见反馈表填写的总人数。

为了评估社区活动目标达成情况，本次活动主要通过社工自评和组员自评两种方式。

第一，社工通过观察、访谈和问卷调查（见表2.26），参与活动的组员均进行友善待物行为，通过社区活动促进了参与者友善价值观的行为践行，引导参与者参与到社区治理中，本次活动目标基本完成。

表2.26　　　　　　　社工记录目标达成情况记录

活动目标	目标达成情况
促进参与者友善待物行为的践行	根据社工现场观察和意见反馈表，参与活动的组员均完成至少1处健身区的打扫工作，践行了友善待物行为。根据参与者现场反馈，通过活动，参与者感受到参与社区环境治理的成就感，愿意参加此类活动，可见此目标达成。

第二，为了解参与者参与社区活动中自我感觉目标实现情况，就居民通过活动促进友善行为的践行和通过活动促进了参与社区治理的意愿整理出目标实现情况调查表。根据随机抽取的参与社区活动的20位参与人员的意见反馈调查显示（见表2.27），参与成员均表示活动的开展对于促进自身践行友善行为比较有帮助，同时对于提升参与社区治理的意愿比较有帮助，反映出本次社区活动通过促进参与者践行友善行为进而推动了居民参与社区治理的体系建设，本次活动的目标基本达成。

表2.27　成员参与社区活动自我感觉目标实现情况调查（N=20）

评估目标	评估结果（平均值）
通过活动，我促进了友善待物行为的践行	4.92
通过活动，我更愿意参与社区治理了	4.83
通过活动，我至少完成了1处健身区的打扫工作	5.00

注：N为随机抽取参与活动的组员参与意见反馈表填写的总人数。

二　服务总结与反思

（一）服务总结

本书运用小组工作和社区工作的专业方法，结合居民的现实需求和社区治理的现实需要，通过设计、实施和评估居民友善价值观培育服务，提升了居民对友善价值观的理解认知、价值认同和行为践行，有效地推进了居民友善价值观培育工作的进程。

从培育居民友善价值观工作整体层面上，通过"友善知多少"——友善价值观线上宣传活动和寻找身边的友善之星征集活动，结合党群服务中心、社区工作站、社区党委和社区物业等多方力量，创新价值观培育的途径和方式，扩大了友善价值观的宣传、弘扬力度和辐射范围，在一定程度上提升了居民对友善价值观的理解认知和价值认同，从而完成社区居民友善价值观培育工作；通过"友善大作战"——居民互动学习小组，引导居民深入探究友善价值观的内涵和价值真谛，强化居民对友善待人、友善待己和友善待物的理解认知和价值认同。同时将友善价值观培育与居民现实生活相连接，为居民提供践行友善待人、友善待己和友善待物的实践平台，在一定程度上促进居民践行友善价值观，提升了居民友善价值观培育工作的实效性。最后，根据社区环境治理的需求和居民参与实践公益活动的需求，通过"守护我们的美好家园"——社区治理先锋活动，针对社区现存的环境治理问题，为居民提供友善待物的实践平台，有效地促进了居民对友善待物的行动践行，引导居民参与社区环境治理，充分调动了居民参与社区治理的积极性和主体性，为社区治理现代化建设助力。

从友善价值观的三重含义来看，在友善待人层面，通过社区活动和小组活动，居民扩大了对友善待人对象的认知，通过针对性比较强的小组活动，缓解了居民对人际关系的不信任，提升居民对友善待人重要性的认同。在一定程度上增强了居民人际交往互动能力，为居民创造友善待人的实践机会，促进居民友善待人的行为践行。在友善待己层面，通过社区活动和小组活动，居民强化了对友善待己的理解认知，认识到友善待己的重要性，通过生活化的小组活动，提升居民对自我情绪的感知、判断和调适能力，为居民搭建友善待己的实践平台，促进居民友善待己的行为践行。在友善待物层面，通过社区活动和小组活动，居民认识到友善待物的内涵和重要性，通过居民互动学习小组，居民学会了节约资源的技巧，在社区活动和小组活动的双重服务中，居民参与了友善待物的公益实践活动。

本服务以居民层面的需求为服务重点，一方面，通过提升居民友善待人、友善待己和友善待物的理解认知、价值认同和行为践行，有效地改善了居民友善价值观培育工作的现实困境。另一方面，本服务创新了友善价值观培育的途径和方法，设计了符合居民现实生活需求的内容，为居民搭建践行友善行为的平台，通过居民友善价值观认知践行的总体提升，进而实现落实社区友善价值观培育工作。同时通过为居民搭建践行友善行为的实践平台，有效提升了居民参与社区治理的积极性和主体性，推动了社区治理创新格局的思考。

(二) 服务反思

1. 服务的局限性

由于各种因素的制约，本服务在开展过程中存在一定的局限性。

首先，因能力、资源、时间、社会影响力等方面的限制，社会工作参与居民友善价值观培育服务缺少对政府政策或社会营造等宏观层面的倡导行动，仅从微观层面进行了具体价值观培育服务的研究探讨，对于社会环境层面的影响并未改变，并未发挥社会工作参与居民友善价值观培育的宏观层面的价值。

其次，本服务在开展过程中，受疫情防控、服务资金、居民的积极性、工作人员的专业性等诸多因素的影响，服务的深度和广度受到一定程度的影响。因疫情防控需要，大型社区活动仅能以线上形式开展，导致服务形式、内容和效果等方面受限。而小型社区活动或小组活动在友善价值观培育的广度上有一定限制；因服务资金主要来源于党群服务中心的日常服务资金，资金有限，在一定程度上影响了开展服务的形式、内容、数量和质量；因社区居民多从事基层服务工作，工作时间长、强度大，参与社区服务时间及机会有限。目前参与服务的多为经常参与社区服务的女性居民、未成年人和老年人，导致友善价值观培育工作辐射范围和对象有限；因工作人员中专业社工数量有限，同时并未接受过关于开展价值观培育工作的系统培训，受社工实务能力、实务经验以及对社区培育工作能力有限的影响，其对服务内容选取、服务节奏的把控和技巧的运用等方面能力有限，在服务开展过程中出现了小组氛围活跃和小组成员情绪回应不及时。在服务过程中，因社工沟通表达能力的欠缺导致参与成员对服务环节或规则的不理解，以至于需要花费一定时间对参与成员进行解释，这在一定程度上影响了参与成员参与兴致和价值感培育的效果。

基于对上述问题的反思，为完善居民友善价值观培育服务提供如下调整思路：

首先，通过对本服务的实践分析，仅在某个社区开展单一的培育服务无法真正实现友善价值观培育的最终目标。因此，在进行居民友善价值观培育过程中，需要政府、社会组织和社区共同致力于友善价值观培育体系的建设。同时，在本服务的基础上，社工不仅需要发挥具体服务提供者的作用，也需要发挥政策影响者的作用。社工可以通过在对居民友善价值观培育现状和问题的大量调研的基础上，结合居民的现实需求和友善价值观培育的阶段性政策需求,向政府部分提出建议,制定、修订和完善友善价值观约束激励机制,发挥社会工作更大的专业价值,为居民践行友善价值观建立政策后盾,从政策保障方面促进居民践行友善。

其次,在特殊时期带来的影响方面,社工可以创新服务形式,以线上和线下双重形式,在做好安全防控工作的前提下开展服务;在资金有限带来的影响方面,社工寻求社区工作站、社区组织和社区内商业群体的帮助,提高整合和利用资源的能力,争取多方资金支持投入服务中;在居民的参与积极性有限带来的影响方面,针对不同居民的现实需求,选择恰当的时机,为更多的居民提供更具有针对性的专业服务,从而增强居民对社工服务的认可;在工作人员能力有限带来的影响方面,对工作人员进行团队和个体的系统培训,加强实务锻炼,提升工作人员的实务经验和实务能力。

2. 服务的可持续性

首先,居民友善价值观培育工作的开展需要政府、社会和社区共同参与。社会工作同样承担着日常思想教育的工作,具有社区介入价值观培育的可行性和必要性。本书依托于S市社会工作服务机构,对社会工作参与居民友善价值观培育进行实务服务探索,达到了居民友善价值观培育的预期目标。这说明在一定程度上可以通过社会工作实务介入,为各地区的社区居民设计并开展相关服务,推动友善价值观培育工作的开展与落地,有助于社区治理现代化建设。同时,由于目前社会工作在价值观培育领域的实务应用较少见,因此本服务具有比较好的发展前景。

其次,从服务的可行性与推广性来看,本服务基于对居民友善价值观存在的普遍性问题,对居民现实需求进行评估。在此基础上,结合社区发展需要,设计具有需求化和生活化的服务。通过本服务的执行能够以社区为基本单位,以居民友善价值观的需求为导向,运用社会工作实务方法开展服务并取得一定的效果。因此本服务具有可行性。同时目前社区普遍存在居民友善价值观培育的现实问题,具有一定的普遍性。社区根据其实际情况和居民需求,通过对本服务内容的简单调整,以开展居民友善价值观培育工作,服务具有可推广性。

第四节 结论与讨论

　　友善价值观从公民道德基本规范逐步升级为社会主义核心价值观的重要内核，这种地位的转变，说明了友善对于个体发展、社会进步和国家振兴的重要性。友善价值观只有被公众所理解认知并认同内化，才能成为公众的价值判断标准，并逐步外化到行动中。社区作为肩负落实居民友善价值观培育工作使命的基层单位，受主客观诸多因素的影响，居民友善价值观培育工作仍存在实效性较差、培育途径和方式单一，以及培育内容与居民需求不符等问题，居民仍存在友善价值观认知模糊、片面和友善行为失调等问题。本书根据居民友善价值观的现状、问题与需求评估，设计科学、有效、符合居民需求的服务方案，运用专业方法和技巧进行社工服务的实务探索。在服务过程中，一方面，社会工作者作为服务提供者，为社区居民提供友善价值观线上宣传活动、友善之星征集活动、居民互动学习小组和社区环境治理系列活动等友善价值观培育服务，完善居民对友善价值观的理解认知，为居民提供践行友善的实践平台；另一方面，社会工作者作为行为倡导者，与居民共同对友善进行客观、全面的分析，引导居民发现友善价值观的重要性，理智分析采取友善行为带来的变化，在积极倡导、鼓励居民的同时，引导居民进行友善行为。

　　同时，社工服务项目的实践，证实社会工作参与居民友善价值观培育能够创新价值观培育路径、方式，设计出符合居民需求的培育内容，提高了居民友善价值观培育的实效性，实现了友善价值观培育工作的落地。一是针对现今网络的便利性和居民对网络的依赖性，利用线上和线下双平台互动的形式进行友善价值观培育服务，创新了友善价值观培育路径和方式；二是社会工作者改变了传统单向性的培育观念，注重调动社会工作者和居民的主体性、互动性和整合性，形成社会工作者和居民双方平等互动、观点碰撞的价值观培育方式；三是回应了居民对现实生活的需求，在服务内容设计中更多地关注居民的现实需求，在服务过程中也更加强调居民对现实生活的观察、模仿和行为养成，突出现实生活场域对居民友善价值观培育的重要作用。

社会工作服务项目的实务探索表明，居民友善价值观培育存在的问题可以通过社会工作具体化的实务服务得到一定程度的改善。同时，还可以发挥社会工作的政策影响者、倡导者的功能，从宏观层面的社会政策和社会环境入手，加强居民友善价值观培育。一是倡导政府从经济制度、道德约束激励制度和国民教育体系等方面予以政策保障。要继续深化经济改革，大力发展生产力，为友善价值观培育提供丰厚的经济保障。在推进经济发展的同时，缩小贫富差距，关注弱势群体的发展，切实解决民生问题，保障全体公民尽可能地获取到大致均等化的基本公共服务。同时，加强对社区友善价值观培育或社会工作服务的资金投入。在道德约束激励机制层面，要将友善行为法制化。让友善价值观上升至法律层面，从法律层面鼓励和保障公民践行友善行为，并明确约束不友善行为。对于损害他人利益、不利于社会和谐发展的不友善行为进行严肃惩罚，对于诋毁友善践行者的不道德行为同样予以严惩，为国民践行友善行为提供法律保障；在国民教育体系层面，要明确友善价值观在国民终生教育中的重要地位，明确友善价值观培育工作在国民教育体系中的位置，加强对友善价值观培育工作和实践教育的考察和评估，真正将友善价值观实践培育落在实处。二是倡导社会从规范和丰富舆论宣传，发挥社会榜样作用等方面予以社会环境支持。在舆论宣传方面，网络、新闻和影视作品等社交媒体要树立正确的价值立场，发挥友善价值观宣传主力军的作用，减少夸张化、片面化、虚假化的宣传。在话题选择上，贴近群众生活、贴近现实，关注与人民群众生活切实相关的社会热点事件、社会焦点话题，弘扬社会主义主流价值思想。在进行友善价值观宣传时，媒体应注重以人民群众生活为中心，用通俗易懂的语言，寻找友善价值观与群众生活相契合的地方，从普通人中或日常生活小事中树立榜样，树立经典人物，将友善价值观具象化、生动化，弘扬积极、正向的友善价值观。

社会工作的实践表明，从微观层面的具体化的、可操作的服务到宏观层面的政策影响、社会倡导，社会工作以服务提供者、政策影响者和社会倡导者的身份，解决社区治理中价值观培育的现实问题。社会工作以其专业、务实、科学、高效的服务，转变培育思路，创新培育方法和途径，从居民日常生活的场域出发，充分调动居民参与价值观培育的积极性和主体性，探索出居民友善价值观培育的实践经验。通过参与居民友善价值观培育，助力居民参与社区治理，为居民搭建参与社区治理的实践平台，提升居民参与社区治理的积极性和主体性，弱化社会矛盾、道德失范等问题，营造和谐友善的社区氛围。

第三章

城市居民志愿精神培育的社会工作支持

志愿精神是一种慈善主义与利他主义的精神,是个人或团体依其自愿意志和兴趣,本着帮助他人与服务社会的宗旨,不求私利和报酬的社会理念。① 作为公众参与社会生活的一种重要形式,志愿精神主要体现在以下四个层面:一是奉献。奉献是志愿精神层次中的最高层次,是志愿精神的核心与精髓。这里的奉献是个体不以利己为追求,主动自愿地贡献自己的知识、时间、技能等,为其他社会成员提供帮助,承担社会责任。但这并不意味着奉献者完全的、片面的自我牺牲,而是个体对更高层次需求的追求,在奉献社会的过程中满足自我实现的需要。二是友爱。友爱是志愿精神中的核心思想,友爱是保障社会和谐的重要力量,所涉及的内容范围较为广阔。友爱精神倡导要摒弃个体与个体之间民族、性别、文化、身份等的差异,相互尊重,并在人与人之间以及人与社会之间建立和谐的关系。三是互助。互助是在社会中个体与个体相互联结、相互依存的行为取向,是慈善思想和公民意识在个体身上的体现,其终极目标是达到利人与利己的融合。四是进步。进步是志愿精神的本质要求,公民参与志愿服务行动的动机和根源在于进步,进步既是个体的进步,也是社会的进步。

志愿精神的内涵强调了志愿精神培育的道德教育与引导,通过提高个体认知、增强心理认同、确立坚定信念等帮助公众树立正确的价值观、人生观、世界观,并在社会生活中切实地践行。同时,志愿精神培

---

① 沈杰:《志愿行动:中国社会的探索与践行》,人民出版社2009年版,第23页。

育也是居民参与社区治理的前提条件。志愿服务是居民参与社区治理的主要形式，通过培训，提升居民对志愿精神的认知和理解，提高居民志愿服务水平，形成良性的、可持续的社区志愿服务机制。居民在志愿服务实践过程中，不仅能学习到一定的知识和技能，获得社会实践经验，丰富人生阅历，也能在这个过程中增强人际交往互动能力，扩宽人际交往范围，收获友谊。因此，志愿精神培育在满足居民精神需求的同时，也促进了社区治理的有序发展，达到社会和个体的共同发展和进步。

本书在实地调研的基础上，了解居民志愿服务的参与情况以及居民对志愿精神的理解，并运用社会工作的专业理念、技巧和方法，针对社区培育居民志愿精神的状况开展服务，以提高居民参与志愿服务的主动性，营造良好的社区氛围。同时，总结社会工作参与志愿精神培育的实践经验，探索通过社会工作服务创新社区治理的路径，助力基层社区治理。

第一节　城市居民志愿精神现状分析

一　样本选取

（一）样本选取

太仓市×社区位于江苏省苏州市，总户数1987户，总人口约为7473人。社区拥有商业资源、教育资源、医疗资源、休闲娱乐资源及社区文化设施，其中社区医疗服务中心2个，老年人日间照料中心2个，社会工作服务中心1个，以及自组织6个。该社区居民生活便利，基础设施完备，为开展社会工作服务提供了必需的资源条件和良好的居民基础（详见表3.1）。同时，该社区为商品房社区，获得过各类荣誉称号，例如，江苏省优秀管理城市社区、苏州市文明社区标兵、太仓文明社区等，可以看出，社区管理水平较高，居民素质较高。社区内入驻有专业社工机构，与社区工作人员共同办公。居委会主要负责社区日常行政工作，定期举办一些便民服务活动、各类知识讲座及各种比赛等。日常活动多种多样，居民文化生活较为丰富，居民对社区的认可度较高。例如，社区开展各类特色兴趣讲座，每月至少 2—3 次；开展党员活动，每周 1 次；建立社区日间照料中心，为社区有需要的人提供针对性的生活帮助和日常照料。社工主要负责开展项目同时协助居委会的工作，受到社工机构和居委会的双重管理。

表 3.1　　　　　　　　×社区资源要览

设施类型	设施名称	个数
商业资源	商店	48
	市场	7
	餐馆	78
	超市	9
	银行	8
教育资源	幼儿园	11
	中小学	9
	职业学校	1
	老年大学	1
医疗资源	药房	13
	社区医疗服务中心	2
	医院	4
休闲与娱乐资源	健身场地	3
	社区广场	18
	社区活动中心	2
	图书馆（室）	2
	老年日间照料中心	2
	公园	3
社会与文化设施	理发店	12
	社区服务中心	1
	家政服务中心	2
	物业管理公司	2
	社会工作服务中心	1
	自组织队伍	6

综上所述，×社区是一个典型的城市社区，社区居民素质较高，具有参与社区日常管理的意愿。同时，社区内社会组织较多，社工机构也在此小区有志愿服务相关项目，便于进行志愿精神的培育。工作者在太仓市×社区实习期间，依托于实习机构，对居民志愿精神进行调研。居民的年龄、文化程度、工作状态等都会影响居民志愿精神的培育和志愿服务活动的开展。本次调研样本年龄跨度大，包含各个年龄层。共发放问卷200份，回收有效样本问卷162份，男女比例适当，其中女性102人，男性60人。

（二）样本描述

1. 性别及年龄

此次调查对象26—50岁的居民比例较高，其中31—40岁所占比例最高，为38.3%。而18岁以下社区居民所占比例最小，仅为6.2%（见表3.2）。有研究显示，年龄阶段与个体参与志愿服务的意愿相关，中青年人对于接受新鲜事物的可能性较高。

2. 工作状态

从目前工作状态来看，大部分社区居民为在职人员，共106人，占比65.4%，离退休人员20人，占12.3%（见表3.2）。

3. 文化程度

居民的文化程度与新观念的接受情况成正比例关系，社区志愿服务对于大多数社区居民而言属于新观念，当居民文化程度越高时，接受志愿精神培育及参与社区志愿服务活动的可能性就越高。在162份调研样本中，初中及以下的居民仅有29人，占17.9%；高中及以上学历的调查对象是133人，其中本科及以上学历人数最多，为58人，占35.8%。可以看出，×社区居民文化程度较高，这为志愿精神培育创造了良好的居民条件（见表3.2）。

表3.2　　　　　　　　样本基本信息情况（N=162）

自变量	类别	频次	百分比（%）
性别	男	60	37.0
	女	102	63.0

续表

自变量	类别	频次	百分比（%）
年龄范围	18岁以下	10	6.2
	18—25岁	13	8.0
	26—30岁	19	11.7
	31—40岁	62	38.3
	41—50岁	28	17.3
	51—60岁	18	11.1
	60岁以上	12	7.4
目前状态	学生	17	10.5
	在职人员	106	65.4
	离退休人员	20	12.4
	其他	19	11.7
文化程度	小学及以下	5	3.1
	初中	24	14.8
	高中	34	21.0
	大专	41	25.3
	本科及以上	58	35.8
职业	餐饮酒店	3	1.9
	房地产	1	0.6
	服装	2	1.2
	教育培训	9	5.6
	计算机网络	2	1.2
	批发零售	1	0.6
	医疗服务	6	3.7
	金融行业	3	1.9
	政府机关	12	7.4
	社会工作	2	1.2
	其他行业	121	74.7

注：N为调研样本总数。

4. 收入情况

根据需要层次理论，人们只有在物质需要得到满足时才会追求更高层次的精神需要。调研数据显示，116人收入为4000元以上，占71.6%（见表3.3）。可见，×社区居民收入水平较高，为其参与志愿精神培育提供可能。

表3.3　　　　　　　　　×社区居民收入情况

收入	频次	百分比（%）
2000元及以下	21	13.0
2001—4000元	25	15.4
4001—6000元	103	63.6
6000元以上	13	8.0

二　现状分析

本书主要从居民的认知和践行两个层面分析居民志愿精神状况。

（一）居民志愿精神认知现状

调研数据表明（见表3.4），9.8%的社区居民表示非常清楚志愿精神的内涵；7.4%的居民完全不知道志愿精神的内涵；82.7%的居民感觉自己听过志愿精神的含义，但是具体内容不确定。虽然居民们平时愿意参与志愿服务，也认可志愿服务，但是从根本上他们对于志愿精神的了解是浅显的，大部分居民只是听过志愿精神，对其内涵、意义等并不熟悉。社工在进行问卷调查的同时对居民进行了访谈，了解到一些居民对于志愿精神的认知情况。

表3.4　　　　　　　　　是否了解志愿精神内涵

	类型	频次	百分比（%）
是否了解	是	16	9.9
	否	12	7.4
	听过但不确定	134	82.7
	合计	162	100

访谈 1（截取）：

访谈对象：社区居民。　　访谈地点：社区党群服务中心

社工：请您谈一下对志愿精神的理解。

居民 B：志愿精神我觉得是很重要的，尤其在当前这个社会，比如这个新冠疫情，如果不是志愿者和社区工作者的付出，估计整个小区都要遭殃了，所以这个志愿精神太重要了，应该在平时就加强宣传，不能等真到关键时刻了大家掉链子。

居民 H：这个志愿精神我经常听，而且社区有时候也会在我们小区内招募志愿者，但是关于志愿精神的具体内涵我还真不是特别清楚，我认为就是像雷锋精神之类的吧，无私奉献，现在我们的社会越来越发展，越来越和谐，真的能够感受到社会的进步，我觉得志愿服务是功不可没的，我们社区有时候也会开展志愿服务，我们都是参加的，人嘛，不能只索取不付出，对不对？而且社区开展志愿服务，我们自己有时候也是受益人呀。

（二）居民志愿精神践行现状

1. 参与度

调研数据表明，100%的被调查居民表示愿意参与志愿服务，表明志愿精神已经得到了公众的认可，为后期在社区开展志愿服务活动提供了群众保障（见表 3.5）。

表 3.5　　　　　　　　　　是否愿意参与志愿服务

	类型	频次	百分比（%）
是否愿意参与志愿服务	是	162	100
	否	0	0

在 162 名调查对象中，仅有 24 人没有参与过志愿服务，占总数的 14.8%，其余 138 名社区居民均参与过社区志愿服务，占 85.2%。可以看出，在×社区居民整体思想觉悟较高，为后期活动的开展提供了可能性。同时，居民虽然参与过志愿服务的比例较高，但是参与频率较低，

一年参与1—3次志愿服务活动的人数约占总调查人数的21.6%，21.6%的居民每年参与4—6次志愿服务，29.7%的居民每年参与志愿服务7—10次，而一年内参与10次以上志愿服务的比例仅为12.3%（见表3.6）。通过对社区居民参与志愿服务频率的了解，有利于社会工作者了解目前社区居民参与志愿服务的情况，也有利于在后期开展志愿服务活动前合理安排时间，不影响社区居民的参与热情和积极性，为后期活动打好基础。

表3.6　　　　　　　　　志愿服务参与度及参与频次情况

	类型	频次	百分比（%）
是否参与过志愿服务	是	138	85.2
	否	24	14.8
	总计	162	100
参与志愿服务的频次	没参与过	24	14.8
	一年1—3次	35	21.6
	一年4—6次	35	21.6
	一年7—10次	48	29.7
	一年10次以上	20	12.3
	总计	162	100

通过问卷调查可以看出，城市社区居民参与社区志愿服务的频率一般，大部分社区居民做不到每月一次的社区志愿服务。在×社区的实习过程中，社工发现，社区居民及志愿者在参与社区志愿服务的过程中，绝大多数人并不能按照志愿精神的指导开展服务，存在不遵守精神要求、过于松散的情况。例如，在某次社区活动过程中，前期招募的居民志愿者在活动当天与参与活动的居民发生争执，当时社工及时进行干预并进行了记录和反馈。在另外一次社区垃圾分类宣传活动中，社工招募了4名志愿者来进行签到及维持现场秩序等工作，在活动过程中人员较多，现场混乱，志愿者没能积极开展工作，而是在一旁嬉戏打闹，无视志愿者的工作职责，导致现场效果达不到预期目标。

此类活动过程中居民志愿者虽然为社工开展活动提供了帮助，但是缺乏对志愿精神的正确理解和认识，奉献精神和责任意识欠缺，这些都使社区志愿服务难以达到最佳效果，居民也难以真正投入志愿服务过程中。

2. 参与内容

通过调研发现，在×社区居民参与的志愿服务类型较为集中，主要集中于便民助民、精神文明建设、扶贫济困等方面（见表3.7）。我们可以看出，×社区居民参与的志愿服务种类比较多，涉及社区日常生活的很多方面。但缺少关于志愿精神的培育，很多居民在参与社区志愿服务的过程中缺少专业支持。

表3.7　　　　　　　　居民参与志愿服务主要内容

居民参与项目	居民参与内容
社区垃圾分类活动	居民响应政策号召，学习垃圾分类知识，并参与执行垃圾分类，担任监督者。
扶贫济困活动	居民参与帮助社区内的贫困家庭，为其提供经济援助、就业帮扶、慰问等志愿服务活动。
关爱老年人活动	在社区中建立日照中心，由社区居民实行"一对一"的志愿者关爱模式，为老年人提供日常生活帮助。
社区文体活动	社区内有文艺队，参与社区志愿演出等活动。
社区文明建设活动	居民自发形成矛盾调解队伍等，维护社区秩序，监督居民行为，同时义务参与社区交通的指挥工作。

三　存在问题及成因分析

志愿精神是可以被具体执行的思想实践，在实践过程中很多因素会影响其功能的发挥。通过调查，我们对×社区居民志愿精神状况及志愿服务参与情况有了基本的了解，在此基础上，为了更好地对居民志愿精神进行培育，我们有必要分析目前居民在志愿精神方面存在哪些问题，以及导致这些问题的原因。

（一）存在问题

1. 居民对志愿精神的认知不足

由于不同思想道德基础的人对志愿精神有不同的理解，"志愿精神就是无私奉献"是许多人常有的认知。有的人认为志愿精神是服务社会、充实自己;有的人则认为志愿精神是在服务社会的同时获得回报;而有的人只是为了志愿者补贴。根据表3.4所示,大多数居民并不清楚志愿精神的内涵是什么。

同时在实际开展的工作中,由于很多居民志愿精神缺乏,不了解志愿服务,志愿者的身份有时会被轻视或者不尊重,很多志愿者在提供服务的过程中被当作免费劳动力,这对于志愿者本身的精神动力就是巨大的打击,会导致志愿者开始质疑自我,而志愿组织这时也没有进行及时、科学的反馈,最终导致志愿精神培育的停滞。

2. 志愿精神培育环境欠佳

环境是志愿服务产生与发展的助推器。志愿服务兴起于西方,经过数百年的发展,志愿精神逐渐融入社会文化中,并成为人与人以及人与社会关系的一种道德要求与准则。在我国,普遍存在志愿服务意识淡薄、精神不足的现象,这与我们所处的社会环境密切相关。通过访谈,可以看出目前无论是在宏观、中观、微观层面,都缺乏志愿精神培育的环境(见访谈2)。

访谈2(截取):

访谈对象:社区书记。　　访谈地点:社区党群服务中心

社工:请您谈一下社区对志愿精神的培育状况。

书记:我们平时开展的志愿服务还是挺多的,但是对于志愿精神的培育不多,毕竟精神培育本来就是一个难以衡量的指标,而且现在主要的工作重点在于志愿服务活动,关于志愿精神并没有做过多要求。不管是市里还是社区里,可能更加关注的是参与度,毕竟居民参与进来慢慢地不就培养其志愿精神了嘛。而且,现在居民的思想境界并没有达到那么高的水平,虽然不排除有"活雷锋"的存在,但是他们其中很多参与志愿服务也不是单纯地助人为乐的,也有的是为了积分之类的。

（二）成因分析

1. 志愿精神宣传不足

志愿服务作为非营利的活动，一方面，宣传力度有限，并且在宣传的过程中，媒体大多侧重于活动自身的报道，如活动内容、活动流程等，而对于活动的形式则缺乏关注，对于志愿精神的关注更是微小的，缺乏对于志愿服务相关知识的普及。另一方面，志愿服务有时是针对个案的服务，强调尊重服务对象隐私的原则，所以有时候难以对志愿服务的过程进行详细的宣传报道，只可以概括性地描述。因此，宣传、舆论的不足导致志愿服务整体氛围不足，难以在社区、社会形成良好的环境，不利于志愿精神的培养与志愿服务的发展。

2. 志愿精神教育缺乏

目前我国的教育体系中缺少志愿精神的专门教育，这既是家庭教育的缺位，也是学校教育的缺位。在家庭方面，家庭教育环境对人的影响可以说是起着决定性的作用，在家庭中形成的内在人格极难改变，而在家庭教育中，志愿精神的教育往往被家长们所忽视。在学校方面，学校作为教育单位，承担着学生价值观培养的责任，但是我国目前学生存在很大的升学压力，很少有时间和精力进行志愿精神的培养以及参与志愿服务。

3. 法律环境的缺失

法律对人的行为有着最高的约束力和指导作用。志愿服务在发展过程中需要接触各种各样的社会成员，需要完成多样的社会活动，在这个过程中安全保障是最基本的，既包括人身安全的保障，也包括权利与义务的保障。法律也是一种权威的体现，目前虽出台了一些保障志愿者权益的法规，但是还未实现制度性、全国性、普遍性、标准化的法律政策。并且哪怕是目前已经出台的法规也未能在社会中进行大力的普及和宣传。若法律未能体现对志愿服务及志愿精神的重视，那么在基层社会治理中，对志愿服务的推进将举步维艰。

第二节 城市居民志愿精神培育的社会工作实践

本书的社会工作实践主要从居民和社区两个层面入手。居民层面，通过小组工作对其进行志愿精神教育及实践；社区层面，通过社区工作在社区内营造良好的培育环境。主要是结合社会学习理论和增能理论，运用社会工作的专业方法，在社区内通过开展小组工作和社区工作培育志愿精神。

一 需求评估

通过对×社区志愿精神培育现状及存在问题的分析，可以看出，目前社区居民志愿精神培育主要存在两方面的问题：一是居民自身志愿精神缺乏，二是社区及社会环境不利于志愿精神的发展。因此，本书从社会工作实务角度出发，主要从居民及社区两方面对志愿精神培育进行需求评估。

（一）居民对于志愿精神培育的需求

1. 志愿精神提升的需求

社区工作人员协助社工在社区内对居民进行了随机访谈，居民纷纷表达了自己对于志愿精神的看法（见访谈3）。

> 访谈3（截取）：
> 访谈对象：社区居民。　　访谈地点：社区党群服务中心
> 社工：请您谈一下对志愿精神、志愿服务的看法。
> 居民M：现在我们居民对志愿服务还是比较了解的，社区也经常进行宣传，但是关于志愿精神是什么还真是不清楚，知道个大概，就是雷锋精神嘛，我觉得志愿精神的教育也是很有必要的。
> 居民J：我很支持社区开展志愿精神的培育，只有在思想上提升了，才能更好地做到为人民服务。
> 居民L：在我的理解里志愿精神就是乐于助人，想要做好志愿服务必须要有志愿精神的支持。

居民 H：志愿服务本身当然是好的，但是现在有的志愿者要不就不干实事，要不就服务质量不好，这就对于志愿服务有抹黑的情况了。不过大部分的志愿者还是很热心的。

通过对居民的访谈，社工就目前社区内居民对于志愿精神的看法和态度有了大致的了解，大部分的居民认为志愿精神是非常重要的，做好志愿服务必须要有志愿精神的支持。因此在社区内开展志愿精神培育非常有必要。

另外，调查显示，有84.6%的社区居民肯定了志愿精神的重要性，只有8.6%的居民认为志愿精神是不重要的（见表3.8）。因此，对居民进行志愿精神的培育是大多数居民的意愿，希望能够在志愿精神的指导下投身志愿事业。

表3.8　　　　　　　　　　志愿精神重要性的认知

	类型	频次	百分比（%）
	重要	137	84.6
志愿精神重要性	一般	11	6.8
	不重要	14	8.6

2. 志愿服务能力提升的需求

志愿服务活动是志愿精神的载体，也是志愿精神的具体体现，志愿服务能力的高低在一定程度上体现了志愿精神水平和社会文明程度。调查统计显示，只有6.1%的被调查者认为志愿服务既可以没有相关知识也不需要培训（见表3.9）。因此，对志愿者进行知识和能力上的提升是必要的。同时，只有7.4%的被调查者表示志愿者培训是没有作用的，不会去参与，绝大多数的居民在主观上认为有必要进行志愿者培训（见表3.9）。由此我们可以看出，居民对于志愿服务的培训较为欠缺，有这方面的需求。

表 3.9　　　　志愿者的能力要求和参加志愿者培训的需要

	类型	频次	百分比（%）
志愿者能力要求	必须具备专业知识	38	23.5
	可以不具备专业知识但必须进行培训	114	70.4
	可以不具备专业知识，也不需要进行培训	10	6.1
	合计	162	100
是否需要培训	需要培训	150	92.6
	不需要培训	12	7.4
	合计	162	100

（二）社区对于居民志愿精神培育的需求

1. 营造良好志愿服务环境的需求

通过工作者的调查，发现目前×社区的志愿服务存在片面化、业余性的特征，居民缺乏对志愿精神的了解，缺乏积极性，存在很多有目的的志愿服务情况，不利于社区志愿服务的发展。同时社区志愿者综合能力不足，经常参与志愿服务的人员较为固定，辐射面较小，带动作用不足，没有在社区内形成规模和趋势。

通过工作者与社区主任的访谈，工作者了解到在社区日常工作的开展过程中，时常会出现人员不足或者工作难推进的情况。同时社区中有老年人日间照料中心，为老年人提供餐食、娱乐、保健、教育等方面的活动，内容较为丰富，需要社区发展较多居民参与到社区的志愿服务当中。无论是参与社区日常管理、协调工作还是参与老年人日间照料工作的居民志愿者都需要为其开展相关的培训，这就需要以志愿精神为出发点，对居民进行志愿精神的培育，激发居民对于参与志愿服务的热情和积极性，认识到志愿服务的魅力，主动参与到社区志愿服务队伍中。为社区居民开展志愿精神培育，对于社区居委会而言，能够充分利用和发挥社区潜在资源，调动居民参与社区日常公共事务的管理，增强他们对社区的认同和参与其中的积极性，为良好社区氛围的营造提供助力（见访谈4)。

>访谈4（截取）：
>访谈对象：社区书记。　　访谈地点：社区党群服务中心
>社工：请您谈一下社区志愿服务的开展情况。
>书记：咱们社区目前每周都会开展一些活动，但是人手确实是不够，很多时候是靠社工和志愿者帮忙，我们主要是在微信、志愿平台等进行招募，但是居民对于志愿服务还是认识不够，有的活动也很难招募到志愿者。开展青少年的活动，居民会因为可以给自家孩子争取名额而参加，但是有的活动就比较难招到志愿者，所以还是需要对居民进行志愿精神的教育和培养，在社区里面营造这种奉献的氛围，大家耳濡目染也能加强自己的意识了，能够在社区里面形成一种良性循环。

对居民进行志愿精神的培育能够提高居民的意识，增强居民参与志愿服务的积极性和主动性，也有利于社区进行社会主义核心价值观的推进。志愿精神与志愿服务二者互为表里，良好的志愿精神能够为志愿服务的开展提供精神支持，志愿服务活动的开展也能够为志愿精神的贯彻和落实提供路径。推动志愿精神培育与志愿服务活动的开展对于社区精神文明建设至关重要。

2. 改善社区政策环境的需求

政府所颁布的关于志愿服务与志愿精神的文件大多是起指导作用的，但是×社区居民对于政府此类政策缺乏了解和认识，社区也没有对政策进行有效的宣传，导致居民对于政府关于促进志愿服务发展和维护志愿者权益方面的政策信息匮乏，对社区居民进行志愿精神的培育能够加强社区对相关政策的有效宣传，增强居民对政策的了解和认同，促进居民参与社区志愿服务以及社区的良性发展。

3. 改善社区治理、促进社区发展的需求

志愿精神的倡导与推行，对于社区的发展至关重要。社区的发展需要有良好的精神推动力，而志愿精神则是志愿服务活动开展的基础，

是社区发展的内生力。社区志愿服务有助于社区日常工作的推进和开展。目前我国正在推进社区治理体制改革，增强居民主体地位。社区治理的改善和发展离不开居民，充分发掘社区居民自我服务的积极性，能够增强社区建设的活力，改善社区治理，促进社区发展（见访谈5）。

访谈5（截取）：

访谈对象：社区书记。　　访谈地点：社区党群服务中心

社工：请您谈一下社区志愿服务的开展情况。

书记：……而且啊，我们也希望居民能够参与到社区的日常管理中啊，社区的发展不单是物质的发展，更是居民的发展，得精神、物质两手抓，如果居民素质跟不上去，那我们社区做再多也是收效甚微啊。所以我们很需要通过某种形式，来全面提高居民的整体素质，我觉得志愿服务就是一个很好的切入点。居民通过志愿者这种形式，一方面能够进行个人的精神文明建设，提升整体素养；另一方面居民参与进来能改善社区治理，帮助社区建设，了解我们这些工作人员的工作，彼此更加熟悉和理解，对社区的发展是很有帮助的。社区越来越团结，才能越来越发展。

二　服务设计

（一）服务目标

1. 深入了解居民志愿精神培育方面的现状与存在的困境，为社区居民开展志愿精神培育，增强居民对志愿精神内涵的认知，增强居民参与志愿服务的专业性，提高服务质量，推动我国志愿服务的发展。

2. 通过在社区中开展志愿精神的培育，宣传志愿服务，在社区中营造良好的志愿服务的社区氛围，引导越来越多的居民正确认识志愿服务，参与其中。

3. 从社会工作理论视角出发，运用社会工作专业方法和技巧助力居民志愿精神培育，推动志愿服务的发展。同时，拓展社会工作的研究领域，促进其专业化、本土化。

(二) 服务策略

1. 社会工作者的多种角色

首先,在此次社工服务的过程中,社工作为服务提供者为服务对象提供服务,满足服务对象的需求;其次,在小组工作活动中,组员前期由于彼此不熟悉,可能存在回避、沉默等情况,社工应充当支持者的角色,不仅仅要帮助组员进行学习,同时也为其提供心理支持,鼓励组员,发掘自身潜能,发现自身优势;最后,社工作为资源链接者,将社工、居民和社区连接起来,更好地促进居民志愿精神的培育以及志愿服务能力的提升。

2. 社会工作者的专业方法

在此次社工服务的过程中,社工将综合运用小组工作和社区工作的方法,帮助居民进行志愿精神培育,营造良好的社区志愿服务环境。小组工作主要通过教育小组,帮助居民正确认识志愿精神的四个主要内容,加深对志愿精神的理解,同时加强组员间的彼此连接,通过活动增强责任意识;社区工作主要通过社区活动的开展吸引居民,在这个过程中对志愿精神进行宣传,以及在社区中开展法律普及讲座,帮助解答居民疑惑,树立正确的认知,为日后志愿服务的发展奠定良好的基础。通过对志愿精神的倡导吸引社区居民参与到志愿服务当中,利用好"志愿太仓"这一志愿服务平台,帮助他们真正走向志愿服务。

3. 项目服务内容

根据前期对×社区的调研分析,结合本项目的目标,将服务内容分为两部分:居民志愿精神教育和社区志愿服务环境营造。

居民志愿精神教育主要是针对居民志愿精神缺乏而提出的。首先社工在小组工作前期对组员进行志愿精神内涵的讲解,让组员对志愿精神有一个基础的正确认识,同时认识到志愿精神对于志愿服务乃至社会发展的重要作用,后期通过志愿服务活动引导组员将理论转化为实践,在实践中增强居民积极性和参与志愿服务的意愿。

社区志愿服务环境营造是从政策倡导和社区宣传两个角度出发。政策倡导方面通过社区讲座的方式向公众宣传我国志愿服务相关政策,解答居民疑惑,消除顾虑,增强居民参与志愿服务的积极性。社区宣传方面,通过开展社区活动吸引更多的居民,帮助他们增强对志愿精神的理解,改变居民对志愿服务的不正确看法,为后期志愿服务活动的开展打好基础,营造良好的社区志愿服务氛围。

(三)服务方案

本书将社会工作服务分为五个阶段:第一阶段,通过调研了解×社区居民志愿精神现状以及志愿服务参与情况,进行需求评估,设计服务方案;第二阶段,在社区内通过线上微信群、公众号、社区活动、外展等方式进行志愿服务宣传并招募"志愿精神学习小组"成员;第三阶段,开展"志愿精神学习小组"活动,提升组员对于志愿精神的正确认识,发掘组员潜能,提升其参与志愿服务的积极性和能力;第四阶段,社会工作者及小组组员共同合作,开展社区活动,由组员担任社区活动志愿者,将学习的知识运用到实践中,同时也帮助其他社区居民正确认识志愿精神与志愿服务,营造良好的社区氛围;第五阶段,对此次活动进行评估,进行总结和反思。

具体工作计划如下:第一阶段,2020年6月15—30日,社工在社区内发放调查问卷并进行访谈,了解社区居民志愿精神现状、志愿服务参与情况以及社区志愿服务发展情况;第二阶段,2020年7月1—10日,社会工作者在×社区进行志愿精神的社区宣传,并招募小组组员;第三阶段,2020年7月11日—8月8日。开展"志愿精神学习小组";第四阶段,2020年8月10日—9月30日,社工与组员一起设计并开展社区活动。

三 服务实施

(一)社区宣传及小组成员招募

社工通过前期对×社区的调研了解了目前社区志愿精神现状以及各方需求,决定通过公众号、社区活动以及外展等方式对社区居民进行志愿精神的宣传,同时为"志愿精神学习小组"招募组员。具体安排见表3.10。

表 3.10　　　　　社区宣传与"志愿精神学习小组"成员招募

社区宣传		内　容
	目的	加强社区居民对于志愿精神的了解，为"志愿精神学习小组"招募组员
	时间	2020 年 7 月 1—10 日
	活动	通过外展宣传志愿精神，为社区活动招募志愿者，增强居民对志愿服务的熟悉度。线上公众号推送，鼓励居民积极参与。
组员招募		内　容
	小组目标	帮助组员正确认识"奉献、友爱、互助、进步"的志愿精神，提升组员参与志愿服务的热情和积极性，增强组员的责任感、志愿服务意识以及志愿服务能力。
	小组性质	以志愿精神教育为导向的教育小组
	招募对象	×社区居民
	报名时间	2020 年 7 月 1—10 日
	报名地点	×社区党群服务中心

经过社区宣传，共有 9 名社区居民报名参与"志愿精神学习小组"，通过综合比较，社工从中选取了 6 名居民成为小组组员，名单如表 3.11 所示。

表 3.11　　　　　　　　小组成员名单

序号	姓名	性别	年龄（岁）	婚姻状况	职业
1	黄×敏	女	26	未婚	在职人员
2	陈×国	男	42	已婚	在职人员
3	王×娜	女	33	已婚	社区工作者
4	王×强	男	35	已婚	自由职业者
5	李×利	女	50	已婚	退休人员
6	孟×伟	男	27	未婚	在职人员

黄×敏，女，26 岁，未婚，本科学历。目前在一家私企工作，主要从事行政方面的工作，工作较为轻松，时间宽裕，有周末双休和节假日。对于目前社区志愿服务抱有一定的热情，个人也热衷于公益。

陈×国，男，42岁，已婚，高中学历，目前在企业工作，平时工作较忙。对社区认同感较高，空闲时间主要娱乐是打麻将，与社区其他居民较为熟悉，希望可以投身于社区建设。

王×娜，女，33岁，本科学历，目前在社区居委会进行日常工作。对社区有着强烈的认同感，工作时需要接触社区居民，空闲时间也会偶尔在社区帮忙，个人希望在社区工作领域有更大的发展，所以对于参与社区志愿服务有极大的兴趣。

王×强，男，35岁，已婚，个体工商户，外地人，在社区门口南侧开了一家便利店，平时由妻子和自己共同打理商店，时间较为自由，愿意参与社区志愿服务。一方面商店接触人员多，意外情况较多，希望自己能够掌握一定的技能；另一方面自己是外地人，希望通过这种形式更加融入社区。

李×利，女，50岁，退休，是跟着子女来到当地，儿媳妇怀孕，帮忙照顾家庭，喜欢参加社区的各类活动，对志愿服务培训更是表达了极大的热情，希望多学习，防患于未然，帮助自己也帮助别人。

孟×伟，男，27岁，未婚，本科学历，毕业之后留在当地工作，对于新鲜事物比较好奇，以前做过运动会志愿者，这次有学习的机会也想多多学习，锻炼自己的能力。

（二）实施过程

在此次社工服务过程中主要分为小组工作和社区工作两部分，下面对这两部分进行描述。

1. 小组工作过程

志愿服务小组主要分为6次活动，活动方案及活动过程如下：

（1）第一次小组活动

①活动方案

此次小组活动的主要目标是建立小组组员之间的关系，帮助小组组员认识彼此，建立联系，同时制定小组契约，强调约定内容需要组员严格遵守，形成小组规范。活动开始时，先通过破冰游戏打破组员之间的心理屏障，相互认识，彼此熟悉。随后社工进行自我介绍，包括自己的姓名、机构信息以及此次加入小组的目的，重点介绍了此次活动的内容。

之后小组组员在了解活动安排的前提下提出自己对于小组的期待，提出自己为什么要来参加此次小组活动以及自己关于志愿精神的问题；最后社工向小组成员安排下次小组活动内容。

②活动过程

初次小组工作，社工进行了自我介绍，表达了对组员们的欢迎。社工在开始时介绍了此次小组服务的主题、目的、每次小组活动内容以及小组活动次数等，向小组组员说明志愿精神的培育是居民、社区和社会的共同需求。首先进行自我介绍，让其他小组组员了解彼此的基本信息。社工向组员们介绍破冰游戏规则，引导组员参与游戏，通过抽签形式说出其他组员基本信息，活跃现场气氛。之后引导组员建立契约。然后工作者引导小组组员讨论社区有关的内容，既可以是做的好的一面，也可以是自己不满意的地方，或者是自己关于社区发展方面的建议，促使组员产生情感共鸣，增强组员参与的热情和积极性。待组员们活跃起来之后，社工将志愿服务作为话题，引入组员们的讨论，让组员逐一地分享自己参与志愿服务中印象深刻的经历，同时简洁地表达一下自己对于志愿精神的看法。重点要帮助组员明晰"我理解的志愿精神是什么""我为什么要做志愿者""我心中理想的志愿活动是什么样的"。

③活动记录

小组开始时，为志愿者们准备了简单而温馨的欢迎仪式，从精神上鼓励小组成员做好志愿者，将志愿精神传递下去。之后是破冰行动，很多组员都表现得很腼腆和害羞，不过还是有几名小组组员比较活跃，在游戏过程中互相配合，从而赢得了大家的信任和好感。活动之后的心灵之窗环节中大家一起分享自己为什么要成为志愿者、我想为社区做什么以及自己对于志愿服务的理解，有志愿者A说道："参加志愿者不为别的，只是希望自己生活的社区越来越好，自己就需要通过努力去影响身边的人。"很多组员都进行了分享，可以明显感觉到分享之后大家心理上产生了共鸣，更加愿意为社区的发展贡献自己的力量。

④组员表现记录

作为第一次小组活动，对于组员表现的把握很重要，社工通过此次小组活动，观察各位组员，并提供相应反馈。

黄×敏：该组员进门后选择了第二排的座位，在活动过程中积极参与，并多次回答社工问题，如当社工问到为什么想成为志愿者时，该组员回答道："我觉得我在这个社区生活得很开心，我对这个社区认可度很高，也很感谢社区，所以我也希望能够贡献自己的一份力量，通过我自己的努力去影响别人，也可以帮助社区越来越好，自己也是受益者。"社工在组员回答之后给予称赞。

陈×国：该组员在社区生活时间较长，对社区也比较了解，在小组学习的过程中非常认真地倾听别人的发言，也给予其他组员积极的回馈。

王×娜：该组员日常在社区工作，性格热情开朗，对社区有着强烈的认同感，在小组活动中非常积极，几乎每个问题都会回答，当组员提出对社区的疑惑之后也会将自己知道的进行组内分享。社工给予称赞。

王×强：该组员在小组开始时较为沉默，不太主动发言，但是在活动过程中十分配合社工和其他组员，同时在分享环节该组员表示自己非常愿意学习并参与到志愿服务中，由于自己工作的原因，希望可以在别人需要帮助的时候伸出援手，不至于意外出现时手足无措。社工通过观察注意到该组员的情绪状态，给予了充分的支持和鼓励，带动该组员积极参与到小组活动当中。

李×利：该组员年龄较大，在游戏环节有些吃力，社工及时给予了支持，之后的环节该组员非常认真，是唯一一名做笔记的组员。

孟×伟：该组员充满活力，小组开展过程中经常配合社工一起推动活动的进行，也经常处于引领的位置，在其他人回答完后都会给予相应反馈，适当调节气氛，与社工互动积极，状态非常轻松。

⑤活动总结

第一节小组的主要目的就是帮助社工与组员、组员与组员之间互相了解，形成良好的信任关系。一方面，通过前期的破冰和介绍环节，帮助组员了解别人也向其他组员展示自己；另一方面，通过后期的心灵分享，大家都了解了各自的内心想法，帮助组员深入自己的内心，进行自我思考。社工在其中主要充当引导者的角色，推动小组活动的顺利进行。虽然组员性格、认知等方面都存在差异，但是通过第一次小组活动，大家都对志愿精神有了自己的思考。

（2）第二次小组活动

①活动方案

此次是第二次小组活动，活动开始时，社工带领组员回顾上一节小组的内容，并通过"击鼓传花"的破冰游戏帮助组员熟悉。在活动内容方面，社工为组员进行志愿精神整体内容的介绍，增强组员对于志愿精神的整体理解。社工播放《学习雷锋好榜样》歌曲，组员共同合唱，在合唱结束之后分享自己的所思所想。之后就志愿精神中"奉献"一词进行组内分享，探讨自己眼中的"奉献"，分享自己关于奉献的经历。观看影片，发挥榜样在组员学习中的作用。在活动结束之后进行组内分享，提出此次对志愿精神之"奉献"一词新的理解和疑惑，进行解答。

②活动过程

此次小组活动社工对组员进行引导，逐渐强化志愿服务的意识，提升其关于志愿精神的理解。在完成签到之后，社工进行此次小组活动目的和意义的介绍，随后社工与组员进行破冰游戏，通过"击鼓传花"的游戏一方面活跃了小组气氛，另一方面提升了组员之间的良好关系。活动过程中几乎每名组员都被抽到，大家基本上都可以说出组员的名字。随后社工为组员们整体讲解了"奉献""友爱""互助""进步"的志愿精神内涵，增强组员对其内涵的整体理解。

社工带领组员一起唱《学习雷锋好榜样》歌曲，之后组内分享。

> 李：组内我的年龄最大了，这首歌我真是再熟悉不过了，现在却很少听到了，还挺怀念的。我20多岁的时候，记得特别清楚，当时我们大队里有一个小年轻，每天特别勤奋，不光是自己的事，大家谁有什么困难都找他帮忙，小到椅子腿坏了，大到机器维修，他什么都会，后来我就嫁人了，听说那个小青年后来去哪个学校教书了。这是我记忆里最深刻的一个活雷锋了，现在我都很佩服他。
>
> 孟：我们单位也有这么一个大哥，也是很热心，平时我们加班是有加班费的，不过大家还是不愿意加班，但是活不能不干啊，每次都是这个大哥顶上去。

随后社工就志愿精神之"奉献"进行详细介绍。社会学习理论强调榜样在个人学习中的重要作用，认为替代强化能够帮助学习者更好地学习。① 因此此次活动通过播放影片《离开雷锋的日子》，为组员提供学习榜样，加深组员对"奉献"的理解。之后进行组内分享，总结大家经过此次学习，对志愿精神"奉献"有哪些新的理解和疑惑，并进行答疑解惑。最后回顾当天的活动，组员进行了心得感悟分享和总结。

③活动总结

本次活动的目标在于增强小组组员关于志愿精神之"奉献"的正确理解，在第一次小组活动的基础上社工有了一定的经验，在这次活动中表现得更加灵活且从容，虽然在活动过程中还是存在有的组员游离于小组之外的情况，但是对于活动节奏的掌握已经有了进步。此次活动社工与组员之间的关系更加密切，气氛更加自然，小组成员对于志愿精神也有了准确的认识，志愿服务活动有了支撑，组员们表示以前从事的志愿服务更像是空洞的行为，现在了解了志愿精神内涵之后感觉自己的内心更加饱满了。

(3) 第三次小组活动

①活动方案

第三次小组活动开始时还是首先帮组员回顾上次小组活动内容，重温志愿精神之"奉献"的内涵，分享自己在上次活动中印象深刻的内容。本次小组活动的目标是帮助组员明晰志愿精神之"友爱"。基于此次小组目的，本次活动的主要内容是观看"友爱"影片，同时邀请组员分享在自己身边的友爱及不友爱的经历。

②活动过程

本次小组活动的重点在于向组员正确传达"友爱"精神，以及如何做到友爱。首先志愿者通过提问引导组员思考"你认为什么是友爱""友爱可以如何体现出来"。之后观看电影《友爱》，组员分享观看影片的感悟。在对友爱精神进行详细讲解之后，社工给出几个特定场景进行情境模拟，让组员在这个过程中更真切地感受友爱。在情境模拟结束之后，

---

① 李晶晶：《班杜拉社会学习理论述评》，《沙洋师范高等专科学校学报》2009年第3期。

社工带领组员进行复盘，通过"镜中我"看清自己。在这个过程中，组员非常认真和投入。

在影片观看之前，工作者邀请组员分享自己关于友爱的认识和理解。

陈：我认为友爱就是友善吧，跟别人和气一点，不要争吵。

王：我觉得友爱可以分成很多方面吧，比如对人友爱，对动物友爱，对公共设施友爱，这些都应该是友爱的部分。跟别人相处的时候友好，和自然、动物的相处应该爱护，对公共设施的友爱要保护。

孟：友爱我觉得王姐已经说得很全面了，在我看来友爱可以等同于社会主义核心价值观里的友善，不光是对他人、对自然、对社会的友善，还应该包括对自己的友善，现在太多人跟自己较劲了，比如我必须拿第一，我必须做到最好之类的，导致自己的压力特别大，所以还是应该对自己友善一点。

通过大家对什么是友爱的分享，组员们对友爱有了一定的思考，带着这样的思考，社工带领组员观看电影《友爱》。随后社工对友爱进行了总结：友爱其实就是志愿者应该欣赏他人、与人为善、平等待人、尊重他人。

随后社工给出了两个情境模拟，一是坐公交车的时候，旁边一个人把你袋子踢翻了；二是当你们小区有一个独居的老人，由于生活困难，以捡垃圾为生，引起邻居不满，希望你去调解。

在第一个情境中，主要是组员李和组员王进行模拟。李踢翻了王的东西，组员王通过和善的语气和李交流，李认识到自己的过错，对王进行了道歉，并把东西捡了回来，王表示没关系，希望她以后注意一下就可以了。两人以友善的交流解决了矛盾。在第二个情境中，组员陈和组员黄进行模拟，组员陈由于收拾垃圾产生较大异味，黄组员作为志愿者应一些居民要求前去说服。

黄：大爷，您在家呐，我来看看你，你中午吃饭了吗？

陈：嗯，我吃过啦，昨天剩的饭我今天热了热就吃了。你来有什么事情吗？

黄：也没什么事情，过来看看你，我看您屋里又捡了很多废品呀，您这样多累呀。

陈：嗯，最近的废品一直没卖，想找个价高的贩子，多挣一点嘛。

黄：大爷，我看您这样不行啊，您的情况我已经在社区了解过了，是可以申请日照中心名额的，我帮你申请一下吧，这样你也不用这么累了，每天的饭也由社区负责，而且马上夏天了，味道大不说，对您的健康也不好啊，您看怎么样？

……

陈：那就麻烦你了，我之前没注意到这个味道影响邻居了，真是抱歉，以后肯定注意。

黄：没事的，大爷，那这样我就帮你申请日照中心每天的午饭和晚饭了，大约这两天就能批好，到时候电话联系您。您也轻松一下，别那么累了。那我就先走了。

情境模拟之后工作者与组员进行复盘，帮助组员更好地了解自己。

③活动总结

社会学习理论强调自我效能感在个人学习中的重要作用，因此在此次活动中有些组员表现内向，社工给予积极引导，增强其自信，增强他们的自我效能感。

在前三次小组活动的作用下，组员们已经比较熟悉，关系更加紧密，而且组员们之间交流更加密切，对志愿精神的了解也有了一定的提高，对于参与志愿工作的热情比开始之前高涨很多。虽然此次小组活动存在部分组员发言偏离主题的情况，但是社工及时运用聚焦技巧，使话题回归。本次培训帮助志愿者在愉快的活动气氛中学习了友爱精神，顺利达成培训目标。

（4）第四次小组活动

①活动方案

经过前两次对奉献精神和友爱精神的学习，组员对于志愿精神的掌握逐渐清晰，此次活动帮助组员理解志愿精神之"互助"的内涵。首先社工在活动开始时回顾了上一节的内容，之后进行了一个热身小游戏"森林大冒险"，帮助组员体验互助的重要意义。之后引出组员关于互助精神的思考。然后社工结合我国疫情，为组员们播放抗疫影片《不想说再见》。之后组员们一起分享讨论自己的感悟。

②活动过程

社工将桌椅板凳拼接，形成一个障碍道，组员两两一组，其中一人蒙上眼睛，由自己的搭档带领，穿过各种障碍物，其间不许口头交流。在这个过程中，黄×敏与王×娜一组、陈×国与王×强一组、李×利与孟×伟一组（李×利由于年龄较大，作为该组的引领者参与游戏）。在游戏过程中，黄与王一组用时最短。之后大家进行了感受分享。

> 黄：这个游戏刚开始的时候真的很害怕，毕竟人对黑暗有恐惧嘛，然后我的搭档通过挪动我的身体帮助我，起初是有点不敢的，她拍我的腿，让我往前走，我都不敢动，生怕摔倒，但是慢慢地自己就想，反正自己看不见，相信搭档！所以我俩合作得特别好，我什么也不管了，她让我怎么样我就怎么样，事实证明，我的选择是对的，我的搭档是最棒的。
>
> 陈：我可能上岁数了吧，哈哈哈哈，我的搭档帮我抬腿的时候感觉我整个人都是僵硬的了，尤其是上桌子的时候，我的搭档帮助了我很多，但是我还是自己害怕，结果就……

通过"森林大冒险"游戏，组员们得到了关于互助的思考，认识到帮助别人和得到别人帮助的重要性。大家的积极性也被调动起来了，小组气氛活跃。

③活动总结

通过前几次小组活动，组员对于志愿精神已经有了一个自己的思考，此次小组活动将志愿精神结合到现实中去，通过真实发生的人和事，向组员进行互助精神的讲解。

黄：在这次疫情中我真的确确实实地感受到了志愿服务的力量，因为小区都封闭了，我们也出不去，志愿者一趟又一趟地帮我们送物资，一点怨言都没有，我觉得这就是一种互助精神。

王：对啊，不光是志愿者，小区居民之间也互帮互助，我那天想做饭，锅突然坏了，又不能出去买，也不能找人修，急得不行，但是我邻居二话不说就把他家的锅借给我们一个，那时候心里那个暖啊！我就有一种想法，等到其他人有困难的时候，我也要帮助一下。

组员们纷纷发表了自己在疫情期间接受的帮助以及自己对别人的帮助，可以看出互助精神给大家带来了非常积极的影响，每位组员都非常开心并且心怀感激，也希望成为那个可以为他人提供帮助的人。

社会学习理论认为个人可以通过观察别人来进行学习，强调榜样的重要作用，人通过观察、模仿他人的行为，从社会环境中获取知识。因此在此次小组活动中，组员们分享自己观察志愿者的行为，从而希望帮助别人，增强组员的意愿。

本次活动大家积极参与，非常活跃，配合社工顺利地完成了情境模拟等环节。在此次小组活动中，组员之间关系更加密切，所有组员都表达了自己对于互助精神的理解和体验。同时组员们在分享的过程中，社工带头进行自我披露，引导组员积极参与，对组员进行鼓励，组员们深刻了解到互助精神的内涵。

（5）第五次小组活动

①活动方案

社工在活动开始时先带领组员回顾上次小组活动的内容，复习了志愿精神之"互助"的内涵，之后通过小游戏活跃现场气氛。在活动内容方面主要是邀请社区优秀志愿者进行经验分享，分享自己在参与志愿服务的过程中的进步和收获，由组员与志愿者一起讨论，最后社工与志愿者一起总结进步精神是什么以及如何进步。通过这种形式，发挥榜样的作用，对组员更好地理解互助精神，认同互助精神起到积极作用，加强了组员的认知认同，提升了组员参与志愿服务的意愿。

②活动过程

活动开始前社工带领组员回顾上次小组所了解的互助精神的相关内容，巩固学习成果。随后社工带领组员玩"数7"的游戏，李阿姨表示"我的年龄都大了，怎么能跟你们这些小年轻玩这些啊，我肯定不行的"，这时社工对李阿姨予以支持，鼓励她积极参与，其他组员也鼓励李阿姨，"这次小组主题就是进步，你这种思想就应该改改啦，年纪大了不影响你进步，你得相信自己"。于是在大家的鼓励下李阿姨积极参与了小组活动。游戏结束后，工作者邀请了社区的优秀志愿者进行分享，组员们非常认真地倾听。志愿者A首先进行了自我介绍，之后开始了自己的分享。

> 刚刚我一直在旁边观察，我知道李阿姨担心自己年纪大可能排斥一些活动，但是我今天想说的就是这个事情，我今年52岁了，刚退休了两年，最开始的时候我每天都在家待着，偶尔出门买个菜，跟邻居打打牌，就这么过了几个月吧，我越来越觉得焦虑和恐慌，因为每天太闲了，而且社会进步太快了，就拿移动支付举例，咱以前哪知道什么是移动支付？但是现在不学不行，不进步就要被时代淘汰掉的呀！所以我觉得我应该干点什么有意义的事。最开始的时候就是帮邻里邻居的小年轻们看一下孩子，后来我接触了志愿服务，我觉得太适合我了，于是我加入了咱社区的志愿服务队，目前主要是在日照中心为老年人提供帮助，咱社区有一些家庭生活比较困难的老年人，我们也负责每天去送饭。我就感觉自己的腿脚一直在路上，我的心就一直在路上，我就不会落伍，我不服老的。在这两年的志愿服务过程中，我最大的收获就是，我依然"50"岁，我的脑子一直在动，所以我的思维啊想法啊都不会那么固化了，现在和小年轻交流我一点都不觉得费劲，甚至有时候我都会觉得他们太落伍了。而且在帮助其他老年人的时候我觉得我特别开心，我能通过自己的努力改变一个人的生活，能让他生活得更好我就开心，我就觉得自己做了一件大好事。我觉得这就是进步，一方面自我提升了，另一方面社会提升了，形成一个良性循环，所有事情都会越来越好呀！（志愿者A，52岁，退休，摘自第五次小组活动记录）

志愿者发言结束之后，组员发出了热烈的掌声，工作者邀请组员分享听完志愿者的发言之后自己对于进步的新的看法，大家都表示深刻地理解了进步精神，并且从现在开始就要践行进步精神，每天保持"在路上"。

社会学习理论强调榜样的替代强化作用，通过志愿者榜样的分享，组员们对于进步精神的认知度和认同度提升了，帮助组员看到了自己在进步方面的能力，激发组员的主动性，提升自我效能感。

（6）第六次小组活动

①活动方案

本次活动是最后一次小组活动，小组的内容主要分为以下几个方面：首先，社工与组员一起回顾之前的五次小组活动的内容，巩固学习成果；其次，带领组员去社区日照中心参与到志愿服务当中；再次，组员一起分析自己在实践中的不足，加以改进；最后，社会工作者处理组员离别情绪，宣布小组活动结束。

②活动过程

通过前五次小组活动过程，组员对于志愿精神的内涵有了充分的认识，在这最后一次小组活动中将所学知识运用到实践中。在日照中心参与志愿服务的过程中，组员主要是进行饭菜的准备和分送，在这个过程中，社工提醒组员要将所学的志愿精神融入自己的行为当中去。组员们去了困难家庭，组员孟去的是一个腿脚不方便的老年人家，他的妻子去世了，自己住在车库里，因为行动困难，除日照中心来送饭，其余时间几乎都是在床上度过的。组员们表示希望通过自己的努力为这些困难家庭提供帮助，有较强的参与意愿。志愿服务结束之后，大家回到社区会议室，社工与组员一起分享自己对于此次志愿服务的感受，有的组员表示志愿精神能够很好地概括自己现在的内心想法，自己就是想奉献社会，帮助别人，在这个过程中提升自己、提升社会。此次志愿服务活动帮助组员将志愿精神切实用到实处，激发组员的参与积极性和主动性，实现了在对志愿精神认知、认同的基础上，切实地进行践行。

随后社工向组员表示小组即将结束，但是志愿服务不会停止，工作者邀请组员注册成为志愿者，加入社区志愿者队伍中，并在自己有时间的情况下积极参与社区志愿服务，有任何问题都可以找社区社工，社工依然会为其提供帮助。组员们对于小组和组员有一定感情，工作者处理好组员的情绪，最后大家一起合影，结束小组活动。

2. 社区工作过程

(1)"志愿精神进社区"有奖竞答比赛

①活动概述

通过之前各种活动的开展，小组组员在社区活动中实践了志愿精神，也通过社区活动在社区中进行了志愿服务的宣传，社区中逐渐营造起志愿服务的氛围。在这种情况下，结合前期大量的问卷调查显示，绝大部分的被调查者表示只是听过，但并不清楚志愿精神的具体内涵。因此为了促进志愿精神的良好有序传播和社区的发展，社工特意开展"志愿精神"有奖竞答活动，优化发展环境，更好地对居民进行志愿精神培育。

本次活动设置了宣传区、游戏区、有奖问答区和咨询区。在活动现场，宣传区放置志愿精神宣传展板，宣传志愿精神的四个内涵；游戏区主要是开展一些热身小游戏，活跃现场气氛；有奖问答区是居民抽签，进行答题的主要区域，回答正确的居民可以获得奖品，奖品实行累计制，连续答对题目越多，奖品越丰厚；咨询区主要是为社区居民邀请了相关人员，一对一解答居民和志愿者们的疑惑。

有奖问答规则：居民通过抽取问题小纸条的方式选择问题，答对1题即可获得小礼品，之后可以选择继续答题或者结束答题；选择继续答题，再连续答对2题即可换取大奖，若答错则游戏结束，获得小礼品。（答题之前可以翻阅志愿精神宣传册做准备。）

②活动过程

活动基本按照预定计划推进，在团队合作、分工等人员安排方面，其中1名社工为此次活动的负责人，负责统筹协调；1名社工为摄影，负责活动现场拍照；1名社工协助签到、发放现场调查问卷，同时作为机动人员，随时配合现场活动，视情况随机应变处理现场问题；3名志愿者。本次活动分工合理，团队配合默契，但是由于现场人数过多，秩序起初有些混乱，后经过社工和志愿者的协调，逐渐有序。

活动在下午3点举行，地点在社区广场，活动开始的时候志愿者帮助想要参与的居民完成信息登记和签到，并向每位居民发放志愿精神宣传册。等居民逐渐增加之后，社工开始通过麦克风和音响向大家介绍自己和社工机构的基本情况，赢得居民的信任，打消居民的顾虑。然后介绍此次活动的目的和内容，鼓励大家积极参与。进入正题后，社工开始边演示边介绍此次活动的游戏规则：所有居民都可以在宣传区通过观看展板关于志愿精神的内容，了解志愿精神的内涵，也可以看自己手里的宣传册，认为自己已经完全掌握的人可以率先进入有奖问答区，通过抽签的形式抽取自己需要回答的问题，这些问题的答案都出自刚刚的宣传展板，答题的过程中不可以再返回看展板内容，答对的居民可以获得小礼品，之后可以选择继续回答，进行累计，换取大奖。

在活动的过程中，居民参与度很高，男女老少都非常积极地参与，而且很多老年人带着孩子参加，鼓励孩子学习志愿精神并参与活动，大部分居民通过学习都能够回答上来问题，都拿到了小奖品，其中有一个居民连续答对了 4 道题目，获得了大奖。在这个活动过程中志愿者也成了居民的榜样，居民有不懂的地方志愿者都积极为其提供帮助。活动开展得特别顺利，导致最后小奖品不够发，但是丝毫没有影响居民的热情。活动快结束的时候社工号召大家到咨询区了解如何成为社区志愿者，帮助居民注册"志愿太仓"志愿者，并告诉居民们如何参与志愿服务，大家非常踊跃地报名，有很多老年人不太会用智能手机，志愿者也为其提供帮助，协助完成注册。

③活动反馈与活动效果

本次活动参与竞答游戏的为 50 余人，居民通过参与此次活动，不仅了解了志愿精神的相关知识，也能够增强自己参与志愿服务的意识。通过现场访谈我们了解到居民的意愿。

> 社区居民 B：你们这个活动太有意思了，平时吧社区有这种讲座什么的我基本都不参加的，现在这个社会啊不得不把警惕性提高。主要是你们这种形式很好，刻板的知识传授大家都记不住，但是你们这个活动寓教于乐，一边玩游戏一边就学知识了，我家小孩玩了几次都学会了，而且特别想参加志愿服务，希望你们以后多办办这些活动吧，挺有意思的。

本次活动受到社区居民的喜欢，游戏过程持续两小时，游戏区吸引了很多社区居民参与，无论是老年人、小孩，还是青年人都参与进来，很多居民驻足认真阅读宣传展板上关于志愿精神内涵的内容。在有奖问答区，很多人参与抽签，随机回答关于志愿精神的题目，共计53人次，其中23人连续答对3题，获得大奖。在咨询区，有很多居民就如何成为志愿者、志愿者的主要工作等问题进行咨询，现场报名成为社区志愿者的居民为26人。此次活动存在奖品准备不足等问题，导致后来的参与者只能得到小礼品。通过此次活动在社区中大力地宣传了志愿精神，营造了良好的社区氛围，社区的志愿服务也将有良好的内涵支撑。

（2）"法律为志愿护航"社区宣传活动

①活动概述

根据需求调研表明，由于种种限制，大部分的社区居民及社区志愿者非常需要权益保护方面的法律普及，向大众宣传志愿服务相关政策是志愿精神宣传及志愿行为倡导的重要一步。因此，社工与志愿精神小组组员合作，共同针对社区居民的需求，开展以"法律为志愿护航"为主题的法律政策普及知识讲座，宣传相关法律法规，提升社区居民及志愿者的维权意识。

②活动过程

本次活动邀请了律师事务所的J律师，为参与者进行专业的志愿服务权益保障法律知识讲解，为居民们答疑解惑。本次活动除J律师的专业讲解和分析，还为居民及志愿者提供了很多现实的维权案例，并对案例进行了解析，为大家提供了专业的指导，解答了很多居民和志愿者心中的法律盲区问题及误解。本次活动持续两小时，一共服务30余人次。

在开展过程中有8名工作人员，1名义工老师，3名社工，4名志愿者。其中1名社工为活动负责人，负责统筹协调；1名社工为协助摄影，负责活动现场拍照；1名社工协助现场互动；4名志愿者主要负责协助签到、发放问卷，随时配合现场活动。义工老师J律师，负责讲解相关法律知识，为大家答疑解惑。4名志愿者为小组组员，通过此次社区活动，帮助小组组员真正参与到志愿服务过程中，将所学知识与实践相结合，培育社区志愿者，发掘骨干力量。

下午3点，由于前期通过微信、公告等形式进行了充分的宣传，很多社区居民在活动开始前就已经到达服务中心。志愿者们在门口迎接各位居民，为其提供饮用水，帮助完成签到等工作。各位居民基本上都在预计时间内到达中心，活动开始，社会工作者首先介绍了本次活动的目的和内容，帮助居民大致了解活动进程。之后欢迎义工上场，居民们都积极地鼓掌欢迎，尤其是一些党员居民，非常认真地倾听，起到了良好的带头作用。在活动开展之初，J律师首先问了一下大家是否参与过志愿服务，很多居民举手表示参与过，然后J律师提出问题：大家有没有在参与志愿服务的过程中出现过权益受到侵害的情况？有居民表示之前参与志愿服务的时候被其他居民进行了辱骂，说他是拿着广大居民的钱办事，根本就不是公益的；有的居民说自己在入户进行志愿服务的过程中被要求干这干那，就像保姆一样，登高的时候还把脚崴了，但是不知道该由谁管这件事，就自己解决了；有的居民表示之前自己在社区中参与志愿服务，主要是进行社区内自行车停放的规范，但是有的居民无理取闹，说因为志愿者摆放自行车导致自己车子找不到了，要赔偿；也有的居民表示自己参与的志愿服务没有遇到过此类事情。综合各位居民们的发言，J律师为大家介绍了2017年6月7日施行的《志愿服务条例》，这是为了保障志愿者、志愿服务组织以及志愿服务对象合法权益的条例。主要介绍的内容有：《志愿服务条例》第二章志愿服务活动，强调志愿服务活动各主体的权利和义务，强调各主体间应签订协议，帮助居民树立这种意识，为自己的权益提供保障；《志愿服务条例》第五章法律责任。强调明文规定的各种硬性规定，规范各主体的志愿服务行为，以及通过对上述内容的解读，更直白地表达了我国志愿服务应遵循的原则、相关权益规定、主要义务以及保障措施。

③活动反馈与活动结果

社区居民A：我本来就已经在网站上注册了志愿者，也参加过几次公告的活动，但是家里人有时候会不太同意我去做这些，你还记得之前扶老人被讹的新闻吧？我家里人也是担心。但是现在咱们社区开展了这种法律讲座，对我来说还挺有用的，这样我就能知道什么时候我需要维护自己的权益，以及怎么维护自己的权益了，其实也不是多喜欢参与志愿服务，就是有时候看到一些悲惨的人于心不忍，总想帮帮他们，就越做越多了。你们这个活动太好了，早就该普及一下这些法律法规了。

本次活动服务30余人次，居民及志愿者们通过参与法律讲座，不仅学到了关于志愿服务相关的法律法规，也学会了如何在权益受到侵害之前采取措施，避免遇到类似的纠纷。通过无结构式观察、问卷等方式，表明本次活动非常成功，通过J律师的讲解并进行答疑解惑，可以直接有效地解决居民及志愿者关于志愿服务等方面的问题。活动参与度高，参与者热情高涨。

第三节　城市居民志愿精神培育的社会工作实践评估

对社会工作实践效果的评估主要通过对活动目标的达成情况、服务对象对于活动的满意程度、服务对象参与度以及现场情况等方面进行评估，分别了解小组工作和社区工作中服务开展达到的效果。小组工作的评估主要采用问卷法、访谈法和观察法；社区工作的评估主要采用问卷法和访谈法。

一　服务评估

（一）小组活动评估

1. 过程评估

（1）服务对象参与度评估

在小组工作过程中，小组成员的出勤率如表3.12所示，在整个小组活动过程中，所有组员均按时参加，参与度达100%。成员们积极参与小组活动也表明小组成员对此次小组的满意。

表 3.12　　　　　　　　　　参与度统计表

小组节数	1	2	3	4	5	6
出席人员	6	6	6	6	6	6

（2）小组现场情况评估

小组活动的现场评估主要内容包括物资准备情况、现场气氛、组员参与情况、社工带领技巧以及其他工作人员参与情况。

①物资准备情况

小组活动过程中需要签到表、多媒体、游戏道具等相关物资，物资准备影响着小组活动的完成效果，此次小组活动共 6 节，社工在小组前一天确认本节小组所需物资的准备情况，确保小组活动顺利进行。

②现场气氛

小组活动刚开始时，组员由于彼此陌生，存在组员交流较少、生疏的情况，社工通过相关技巧帮助组员建立联系，在第一次小组活动中通过破冰游戏，提供机会，帮助组员彼此熟悉，消除陌生感，订立小组契约。随着小组活动的推进，组员逐渐积极参与小组活动，踊跃回答社工提出的问题，在各种情境模拟中积极参与，小组气氛由起初的拘谨逐渐活跃起来。

> 组员李：我之前经常参加社区活动，对这个社区也算很熟悉了。这次培训有几个人我看着也眼熟，一开始玩游戏的时候，想跟人家搭话，但是我又记不住人家的名字，那就不说了吧。后来大家组了个群，大家都是真实名字，我一看就想起来了，先是在群里尝试着回复别人，慢慢地主动在群里交流，大家也都回复我，感觉特别充实，什么都想分享到群里，感觉也认识了很多人，大家越来越熟悉，好像是多年的伙伴一样，很开心。

③组员参与情况

在小组活动中，开始时社会工作者主要位于引导地位，引领小组活动进度，组员们听从社工的安排，组员参与度一般；当活动开展到中期，组员们彼此熟悉，主动分享自己的看法和观点，同时也积极参与到其他组员的交流中，互相帮助，组员参与小组的积极性和主动性非常高；在小组活动结束时，组员们不仅了解了志愿精神的内涵，也提升了志愿服务的技能，为自己以后的志愿服务提供了支持。

④社工带领技巧

在活动初期，工作者不断强调小组规范与小组契约，促进小组契约的建立与维持；在小组进行过程中，由于一些组员比较内向，对小组的参与度不高，比较沉默，社工及时发现，并为其提供鼓励与支持，帮助每名组员都能够在小组中有所参与；在每节小组活动中都会有组员之间的分享环节，最初社工通过自我披露的方式获得组员的信任，并引导组员积极发表自己的看法，在组员发表意见的时候社工运用倾听技巧，认真倾听大家的发言，也提醒其他组员保持安静，认真倾听，同时对于小组组员的发言社工运用澄清技巧，澄清组员所表达的内容；在组员讨论的过程中，有时存在讨论内容偏离主题的情况，社工及时进行聚焦，保证小组讨论内容符合中心，减少小组混乱；最后社工都会对组员的发言和小组内容进行总结，明确中心思想。

（3）服务对象满意度评估

服务对象满意度评估主要从活动安排、活动内容、社工表现三个方面进行。小组成员根据自己的实际情况在表格中选出最符合的选项，分数越高表示满意度越高。

表 3.13　　　　　　　　　　小组活动安排满意度

人员 内容	1	2	3	4	5	6	总计	占比（%）
活动时间安排	4	3	4	5	4	5	25	83.3
活动流程安排	5	4	5	4	5	4	27	90
活动场地安排	4	4	3	3	5	4	23	76.6
总计	13	11	12	12	14	13	75	83.3
占比（%）	86.7	73.3	80	80	93.3	86.7	83.3	

注：共有6名小组成员参与此部分评估，每个评估项满分为5分，总分为30分；每名小组成员共参与3项评估，每个评估项满分为5分，总分为15分。

表 3.13 的数据显示，小组成员对于活动安排整体满意度较高，但是在时间安排和场地安排方面有的组员表示满意度一般。有的成员表示，在时间安排方面较为不合理，会与自己的休息时间有所冲突，应该安排在大家更加方便的时间，并且小组时长可以灵活一点，有的内容的小节可以安排更长时间，这样大家能够更好地投入小组活动。也有的成员表示在活动场地安排方面可以改善，社区会议室场地较小，而且有很多的会议桌占了很大的地方，有些游戏玩起来场地就有些紧凑了，可以跟社区争取更大的场地。

成员们对于小组活动内容的满意度较高，说明组员认可小组活动内容，认为自己在活动中有所收获（见表 3.14）。

表 3.14　　　　　　　　小组活动内容满意度统计

内容\人员	1	2	3	4	5	6	总计	占比（%）
志愿精神内涵	5	5	4	5	4	5	28	93.3
参与志愿服务的技巧	5	4	4	5	5	4	27	90
自身优势分析	5	4	5	4	4	5	27	90
总计	15	13	13	14	13	14	82	91.1
占比（%）	100	86.7	86.7	93.3	86.7	93.3	91.1	

注：同表 3.13 注。

小组组员对社工在小组活动进行过程中表现比较满意，社工能够在互动过程中将倾听、提升动机、引领等相关技巧融合进去，提升组员自我效能感，同时观察组员表现，把握小组进度，为组员提供帮助，解答组员相关疑惑，保证小组活动的顺利开展并取得良好效果（见表 3.15）。

表 3.15　　　　　　　　小组工作社工表现满意度

内容\人员	1	2	3	4	5	6	总计	占比（%）
协助组员建立联系融入小组	5	4	5	4	5	4	27	90
协助组员学习志愿精神	5	5	5	5	4	5	29	96.7

续表

内容 \ 人员	1	2	3	4	5	6	总计	占比（%）
小组引领	5	4	5	5	5	5	29	96.7
鼓励、尊重组员	4	5	5	5	5	5	29	96.7
协助成员解决困难	5	5	5	4	5	5	29	96.7
总计	24	23	25	23	24	24	143	95.3
占比（%）	96	92	100	92	96	96	95.3	

注：共有6名小组成员参与此部分评估，每个评估项满分为5分，总分为30分；每名小组成员共参与5项评估，满分为25分。

2. 成效评估

（1）目标达成度评估

为了客观地了解小组工作开展的有效性，本书采用前后测对比的方式。在小组活动开始前让每位小组组员进行志愿精神了解程度的相关问卷，在小组活动结束之后，再让每位组员进行相同问卷的填写，进行前后测对比。该量表采用记分方式，"1"到"5"分别代表"非常不了解""比较不了解""一般了解""比较了解""非常了解"，组员根据自身的实际情况作答，得分越高表示组员对志愿精神以及志愿服务的相关内容了解程度越高。

根据图3.1、图3.2、图3.3，社工对6名小组组员进行了前后测数据的对比，发现均成正增长趋势，可以看出，通过小组工作，组员对于志愿精神的内涵以及如何将其结合在志愿服务中都有了显著提升，增强组员对志愿精神内涵的认知这一小组目标基本实现。

（2）社工自我评估

笔者以实习社工的身份进入社区开展相应的活动，在活动准备期采用文献调查法、观察法、无结构式访谈等方法对社区的资源及基本现状进行了解。

首先在服务开始前，社区与多方资源建立联系，了解社区现状，包括资源现状、自组织现状、志愿服务现状等。在服务的过程中，积极发

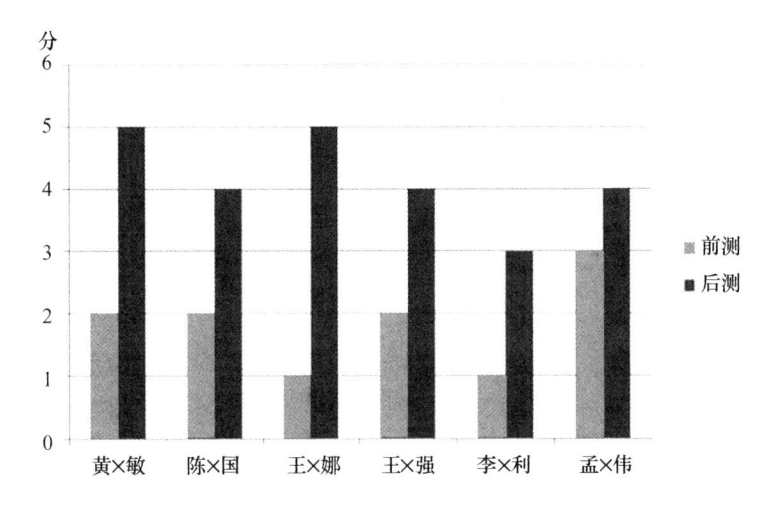

图 3.1 "志愿精神学习小组"成员对志愿精神内涵了解程度前后测对比

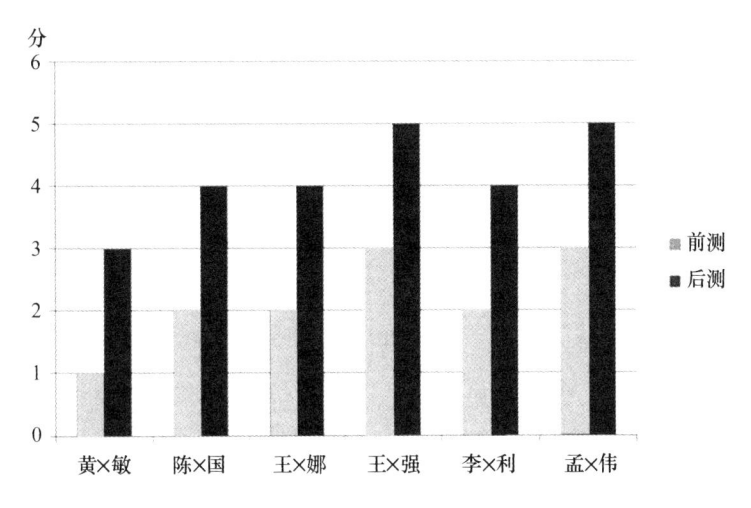

图 3.2 "志愿精神学习小组"成员参与志愿服务的积极性前后测对比

挥社工引导者、支持者的角色，运用引导、鼓励、倾听等社工技巧，积极帮助小组组员学习和发展。社工在开展小组工作时，也推动社区志愿服务的良性运转，帮助实现可持续的志愿服务，如在小组中引导组员开

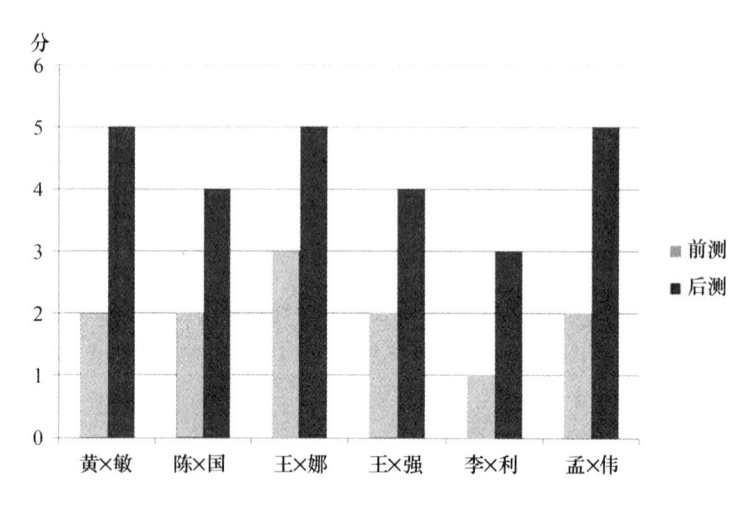

图3.3 "志愿精神学习小组"成员志愿服务参与能力前后测对比

拓思路，培养组员的自主意识和活动策划能力，帮助组员学习资源整合等。

活动过程中，社工运用观察法等方法进行自我评估，及时发现自身问题，坚持遵守平等和尊重的原则，保证小组活动和社区活动的顺利开展。

另外，社工由于实践经验不足，也在过程中存在很多问题，如人员协调不到位、应急状况处理能力不足等，对小组活动的开展产生了不良的影响。

(二) 社区活动评估

社区活动能够在社区中营造良好的志愿服务氛围，扩大志愿服务的影响，潜移默化地在生活中帮助居民了解、接受并践行社区志愿服务。社区活动的评价主要是社区居民对于活动流程、服务内容等的评价。在对所开展的社区工作进行评估时，主要采用问卷法和访谈的方式。

首先，我们对两次社区活动的居民进行随机抽样，选取20人为样本，从活动形式、活动时间、活动场地、吸引程度、社工表现、内容掌握六个方面对"志愿精神进社区"有奖竞答活动和"法律为志愿护航"

社区讲座这两次社区活动开展评估。(每个项目的每人单项分为 5 分,项目单项总分共 100 分,内容单项总分为 600 分,得分越高,表示满意度越高。)

表 3.16　　　　　　　　　社区工作评估表

内容＼项目	活动形式	活动时间	活动场地	吸引程度	社工表现	内容掌握	总计	占比（%）
志愿精神进社区	92	85	89	93	90	90	539	89.8
法律为志愿护航	86	90	91	89	91	88	535	89.2
总计	178	175	180	182	181	178	1074	89.5
占比（%）	89	87.5	90	91	90.5	89	89.5	

通过表 3.16 可知,×社区居民对于"志愿精神进社区"以及"法律为志愿护航"两个社区项目的总体认可度均在 80% 之上,可以看出居民们对于社区活动较为满意,认为能够吸引居民参与,而且对社工表现也比较满意,满意度高达 90.5%,可见社工及志愿者在活动开展过程中能够很好地把握节奏,带动社区活动的开展。

其次,在目标的完成情况上认为达到了预期效果。×社区在社工、志愿者、社区工作人员以及社区居民的共同努力下,根据前期的调查研究,制定了以营造社区志愿服务氛围和普及志愿服务法律法规为主题的两次社区活动。在"志愿精神进社区"的社区活动开展过程中,很多社区居民被吸引参与活动,氛围良好,居民对志愿精神内涵有了正确的认知,参与志愿服务的积极性得到极大提高;在"法律为志愿护航"社区活动中,向有意参与志愿服务的居民提供了法律上的"定心丸",消除居民存在的顾虑,加强法律知识的了解,增强居民和志愿者们的维权意识,也调动了居民参与志愿服务的积极性。这两次社区活动都对居民参与社区活动起到了推动作用,有助于居民通过志愿服务的形式参与社区治理。

最后,居民在实践志愿精神的表现良好。通过两次活动对志愿精神的普及和志愿者权益保护的宣传，很多居民主动报名参与社区志愿服务，在志愿太仓网上注册成为志愿者，为当地志愿服务的发展提供了充足的人员储备。并且在志愿精神的指引下，一位居民表示"虽然参与志愿服务能够获得一定的好处，但那不是自己的主要动机，自己是真心希望能够通过努力为社区的发展贡献自己的力量，也希望自己能够成为榜样，希望我们的社区、社会越来越好"。可见，在×社区，大家的志愿服务意识得到了显著的提升，社区活动顺利完成。

根据小组工作和社区工作的评估结果，此次社工服务的目标得到了基本实现：首先，通过小组工作，先向部分社区居民进行志愿精神内涵的教育，帮助他们系统地学习志愿精神，改善认知，提高参与志愿服务的意愿，也能够培养社区骨干；其次，社会学习理论强调人的行为、内部因素和外部环境共同影响了学习。通过社区活动在社区中扩大声势，大力宣传志愿精神，并配合志愿服务法律保障的社区讲座，在社区中营造良好的志愿服务氛围，促进社区居民志愿精神的培养，激发其参与的积极性和主动性；最后，由前期小组成员担任社区活动的志愿者，能够帮助他们在实践中加深对志愿精神内涵的理解，提高自我效能感，有利于其日后继续践行志愿精神，促进×社区志愿服务可持续发展。

二　服务总结与反思

此次社工服务为期三个月，在×社区工作人员、XC社会工作服务中心及社工的共同努力下，为×社区居民进行了志愿精神培育的社工服务，该服务取得一定成效，但也存在不足。

（一）服务总结

本书的主要价值在于社会工作如何借助自己的专业理念和专业方法参与到居民志愿精神培育当中。首先对居民志愿精神的相关研究进行了梳理和归纳，为项目的开展提供指导。其次通过问卷、访谈的方式对太仓市×社区的居民进行调研，了解居民的基本情况以及目前志愿精神培育现状，运用小组工作方法对居民志愿精神认知、认同、践行三个层面进行介入，帮助居民学习志愿精神的内涵，完成对志愿精神的认知和认同，并结合社区工作，让组员能够在实践中践行所学的志愿精神，增强组员自我效能感，并提升参与志愿服务的意愿；运用社区工作方法对社区志愿服务环境进行营造，帮助居民在潜移默化中学习志愿精神，增强志愿服务的积极性。最后对活动达到的效果进行评估。

但是本书依托于既定项目，对社区居民的志愿精神培育只能局限于特定内容，无法全面地进行培育。并且在小组活动的过程中为了培训的顺利进行，社工与服务对象建立了较为密切的关系，因此在评估阶段带有了一定的主观性，服务对象可能会碍于关系原因，只评价活动好的方面，一定程度上影响评估。

（二）服务反思

本次社工服务由于各种条件的限制，在开展的过程中存在一定的局限性。

首先是服务对象的局限性。社工把太仓市×社区居民作为样本，前期的所有调查都是针对×社区的居民，对于研究而言不够全面，并且本次社工服务是穿插进 XC 社会工作服务中心的其他项目之中的，服务周期较短，能够提供的资金不足，人员配备有限，仅根据收集到的 162 份问卷以及部分访谈作为城市居民志愿精神培育现状分析和需求评估的资料，这在一定程度上影响了研究的准确性和科学性。

其次是介入层面的局限性。在此次服务的过程中，社工仅从个人和环境两个方面参与城市居民志愿精神的培育，对于政府层面、家庭层面等其他层面的介入缺乏。家庭等因素对于个人的认知的发展也存在很大影响，如当家庭成员对于志愿精神持反对意见时，就会削弱个人参与志愿服务的意愿，导致志愿服务发展受阻的不良结果。

最后是后续跟进的局限性。在此次服务过程中，社工对居民进行了志愿精神教育以及社区志愿服务氛围营造两个方面的内容，但是却忽视了对组员及社区活动参与者的后续跟进。居民在提高自身积极性之后，社工需要对其进行跟进，巩固服务效果，不断地予以强化，这样才能促进社区志愿服务的可持续发展。

针对此次服务存在的这三个问题，本书进行反思，提出相应的调整方案。

首先，社工应进行资源链接，调动多方资源，积极与政府相关部门、志愿者总会，以及其他社工机构和社区合作，扩大研究广度，增加研究对象，更加全面地对城市社区居民志愿精神进行培育。

其次，对于介入的层面应更加丰富和多元。在开展服务的过程中不仅要针对个人和社区，而且应该从宏观、中观、微观进行多层面介入，利用家庭等为其提供支持。

最后，要完善跟进制度。在服务完成之后对服务过程进行跟进，巩固服务效果，同时为居民提供督导服务，帮助其更好地提升认知，践行志愿服务。

第四节　结论与讨论

目前，我国不断推进社区建设发展，社区居民在其中的作用愈发重要。社区志愿服务具有双重性，一方面，社区志愿服务是志愿服务的重要组成部分，对整体的发展起到重要作用；另一方面，社区志愿服务也是社区发展的重要途径。我国正在推进社区治理体系改革，加强建设社会核心价值体系，志愿服务的发展在其中发挥着重要的作用。而志愿精神则是志愿服务得以发展的根源，缺少志愿精神的支持，志愿服务将成为无本之木，加强对于居民志愿精神的培育将大力推动我国公民社会的良性发展。

本书通过调查发现，目前社区居民对于志愿服务较为了解，大部分社区居民认同志愿服务在社会发展中的积极作用，参与过志愿服务活动，但是缺乏对志愿精神内涵的认知，难以在志愿精神的指导下进行志愿服务，同时社区也存在志愿精神宣传不足、缺乏志愿服务氛围等问题。这就造成了在志愿精神培育方面具有提升居民对志愿精神的认知、增强居民志愿服务意愿以及营造良好的志愿服务环境的需求，而目前我国的现有社区政策以及社区社工服务并没有满足居民和社区的这三方面需求。基于上述原因，本书在既有志愿者培育项目的基础上开展居民志愿精神培育活动，为了更好地达到服务效果，本书将服务分为小组工作和社区工作两个方面。小组工作主要是通过开展志愿精神教育小组活动带领小组组员学习志愿精神内涵，回应居民提升志愿精神认知的需求；社区工作主要是通过志愿精神进社区和志愿服务法律讲座活动，回应居民志愿服务参与意愿提升的需求以及社区营造良好志愿服务环境的需求。居民是社区的主体，社工通过服务项目的开展，一方面从根本上提升了居民对志愿精神的认知，从内而外地提升了居民自身志愿服务能力，也在社区中营造良好的社区氛围；另一方面增强了居民对社区的亲切感，提高了参与社区活动的积极性，从而推动社区治理模式的转变。

目前在学术界，通过社会工作介入居民志愿精神培育的研究较少，本研究从实际出发，探讨社会工作在介入居民志愿精神培育方面如何发挥自己的作用。实践结果证明，运用社会工作能够有效地对居民进行志愿精神培育，同时以增能理论和社会学习理论为基础能够促进对居民的志愿精神培育，提升组员自信以及参与的主动性，为实践活动提供指导意义。但是，本书也存在不足，第一是样本的局限性。本书以×社区居民为样本进行相关实务研究，但是各地各社区情况不尽相同，仅根据单一社区的调查研究不足以证明全国情况。同时由于研究的时间有限、人员不足等问题，仅根据×社区162份问卷和访谈进行分析与研究，对研究的准确性产生一定影响。第二是介入层面存在局限性。实际上，能否有效地对居民进行志愿精神培养，不仅是个人和社区两个层面，家庭、政府等层面都会对培育效果产生影响。家庭是人们进行学习非常重要的场所，当家庭重视志愿精神教育，则会对其培育起到积极作用；但是当家庭成员持反对意见时，则会削弱个人对于志愿服务的积极性，导致志愿精神培育受阻，志愿服务发展滞缓。政府方面主要是依靠相关政策的支持来进行推动。目前我国政府出台相关政策促进我国志愿服务的发展，肯定了志愿服务的作用，却对于其精神内核缺乏重视。

对居民进行志愿精神培育具有深刻意义，对社会的各个方面都会产生积极影响，有助于居民参与社区管理，增强主人翁意识，实现个人价值，同时能够推动我国社区志愿服务事业的整体进程，为后期志愿者能力提升、建立规范化管理体系等工作奠定基础。在我国建立较为专业的志愿服务队伍、推动社区建设和治理体系转型需要社会多元主体合作，在其中应当重视社会工作所发挥的作用和价值。总而言之，我们应当积极探索各种路径，增强居民对于志愿精神的认知，增强志愿服务能力，合理运用各种资源，促进志愿服务事业的长久发展。

第四章

城市居民社区公共事务参与动力提升的社会工作支持

居民社区公共事务参与动力是指居民个体产生参与社区公共事务的内在活动机制,即居民个人对社区参与的认知和喜好程度,以及社区参与后的过程体验。个体的生物性和社会性本能要求人们在行动时往往要经过主客观分析后进行选择,这一选择在个体的主观判断上是相对有益的,居民进行社区参与的行为也是如此。对于社区公共事务,居民不论参与与否,都会在具体行动前进行主观判断,这一主观判断是自我认知的过程,对该事务的了解、喜好程度会影响居民实际参与的可能性。居民对社区参与的认知和行动过程看似是建立在居民理性选择的基础之上,但是还存在一些非理性选择影响个体的判断,包括文化背景、社会制度、社区认同感,等等,这些因素会潜移默化地影响居民的判断。总的来说,居民社区公共事务参与动力受到主观因素与客观因素、理性选择与非理性选择的共同作用,多种因素的综合影响促成了居民社区参与的行动。个体的行动主要受到认知、情感和行为三个要素的影响,动力生成的本质是个体认知、情感体验到行为表现的心理状态与过程,认知、情感、行为共同构成了居民社区公共事务参与的动力。居民通过了解或参与社区公共事务形成了对社区参与的较为全面的认知,认识到社区参与的重要性及其对自身和社会发展的益处,在良好认知的基础上,产生了对社区参与的认同,进而形成一个良好的社区参与行动逻辑。正面认知和积极的情感成为影响居民社区参与的关键,通过持续的系统性社区服务的设置和引导，可以使居民养成社区参与的习惯。居民社区参与动力的提升和参与习惯的养成需要紧密结合居民的需要，并通过社区外部的动员和居民自主性的激发两个方面共同作用，促进居民有效参与社区治理。本书以居民社区参与的实际需要为导向，分析居民社区参与动力不足的原因以及社区参与面临的困境，设计科学合理的、能够真正满足居民需求的社区服务，依托社区和社会工作机构，运用社会工作专业理论和方法，协助居民在参与认知、参与意愿、参与行为三个层面获得积极转变，激发居民社区参与的动力，为社区治理相关问题的解决提供新的思路，以促进社区治理的有效推进。

第一节 城市居民社区公共事务参与现状分析

一 样本选取

研究居民社区公共事务参与动力问题需要依托一个居民社区公共事务参与基础较好的社区，并且该社区居民年龄分布较为均衡，社区内的基础设施和功能齐全、完善。基于此，本书选择了 FN 社区开展相关调查和研究。FN 社区成立于 2005 年，目前共有小区 15 个（含老旧小区），面积约 0.5 平方千米，居住人口约 1.3 万。社区拥有银行、社区健康服务中心、医院、社区公园等基础设施，功能齐全且完善，能够满足社区居民工作、生活、休闲娱乐等要求。2013 年 8 月，社工团队入驻 FN 社区，经过七年的扎根社区服务，目前社区社工已经获得了一定的社区内外资源支持，社工团队目前入驻于社区党群服务中心，通过与社区内外组织合作的方式共同为社区开展各类居民服务，包括文体娱乐活动、居民兴趣服务、探访关爱服务、疾病预防服务等。社工团队已经与该社区居民建立了一定联系，互动水平较为深入。

本书运用相关研究方法对该社区居民社区参与状况进行分析。在问卷调查方面，采用随机抽样法，发放了居民社区参与现状调查问卷，问卷调查内容包括居民基本信息、居民社区参与认知现状、居民社区参与意愿现状以及居民社区参与行为现状，根据社区实际情况及研究要求，对青壮年、中年、老年群体进行问卷调研。共发放问卷 110 份，有效回收

106份，有效回收率96.4%。在访谈调查方面，先后对社区书记、社区社会工作者（同工）以及社区居民进行访谈，主要对社区与居民的互动关系、计划及正在开展的社区服务、过往社区建设的经验、居民社区参与现状以及居民对社区参与的态度等内容进行了解。访谈对象共计10人，其中社区工作人员1人，社区社会工作者3人，社区居民6人。

二 现状分析

（一）基本情况

第一，样本特征与实际相符，调查能够反映总体情况。本次调查中，居民的性别、学历、年龄的基本情况如表4.1所示。被调查者男性（48.11%）略少于女性（51.89%），与实际社区参与状况相符；在年龄方面，参与调查的居民以41—65岁（58.49%）的中、壮年居多，参与调查的中年、壮年、老年群体比例远远高于青年（22.64%）群体；在学历方面，参与调查的群体有一半（50.94%）都拥有大学学历，表明被调查者在参与调查以及社区参与的过程中有较好的判断能力和反思意识。综上所述，本次调查能够反映调查总体的实际情况。

表4.1　　　　　　　　样本基本情况（N=106）

特征	选项	比例（%）
性别	男	48.11
	女	51.89
学历	小学及以下	2.83
	初中	15.09
	高中	21.70
	大学	50.94
	硕士	7.55
	博士	1.89
年龄	18—40岁	22.64
	41—65岁	58.49
	65岁以上	18.87

注：N为调研样本总数。

第二，居民与社区互动水平较为深入，对社区参与具有发言权。如图 4.1 所示，在本社区居住 5 年以上的居民占 68.87%，表明被调查群体在本社区有稳定的活动且不易出现频繁转变，社区居民会较为关注社区发展对于自身的影响，居民与社区之间的互动水平已经较为深入。居民与社区的互动水平较高，表明大部分居民已经直接或间接地参与到社区公共事务的建设之中，有一定社区参与的能力和经验，并对社区参与具有一定的发言权。

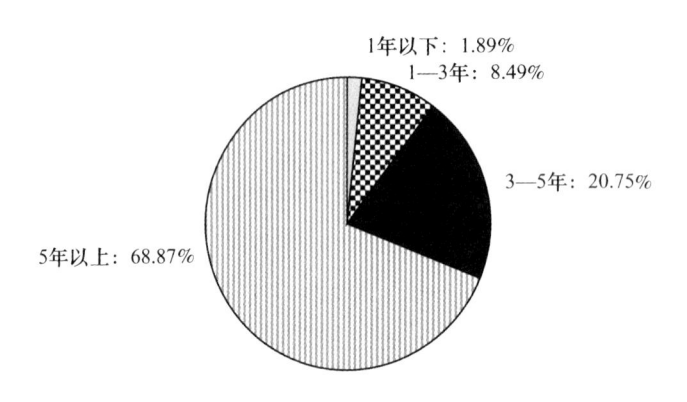

图 4.1　居民在所在社区居住时长统计

第三，中、老年群体为社区参与主力，经济收入可观。根据图 4.2 所示，参与调查的居民多为离退休人员（36.79%），表明在理想的社区建设中有较多人能够参与其中，且以中老年群体为主力。根据图 4.3 所示，该社区居民月收入集中在 3000—10000 元，均值在 5000—7000 元，考虑到参与调查的居民有 1/3 以上是离退休人员，因此，该社区居民收入较为可观，经济状况对社区参与的影响偏积极正面。

（二）社区参与认知

第一，政府、社区是社区建设的主体，居民相较之仍处边缘化。如图 4.4 和图 4.5 所示，社区居民认为当前社区治理的主体主要为社区、政府、居民，其中居民较社区和政府认可度较低，表明居民认为自身在社区治理中发挥的作用不如社区和政府，其主要影响因素包括居民对社区参与及参与的事务缺乏了解、居民参与没有被重视且流于形式、居民对

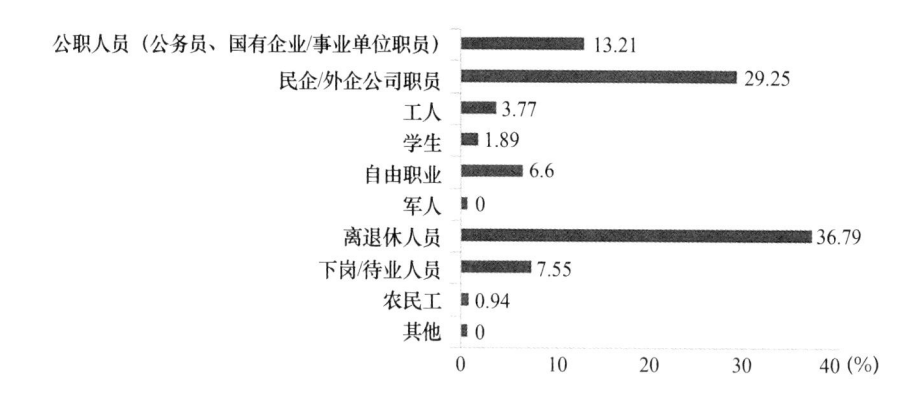

公职人员（公务员、国有企业/事业单位职员） 13.21
民企/外企公司职员 29.25
工人 3.77
学生 1.89
自由职业 6.6
军人 0
离退休人员 36.79
下岗/待业人员 7.55
农民工 0.94
其他 0

图 4.2　居民职业类型统计

3000元以下 11.32
3000—5000元 28.3
5000—7000元 26.42
7000—10000元 22.64
10000元以上 11.32

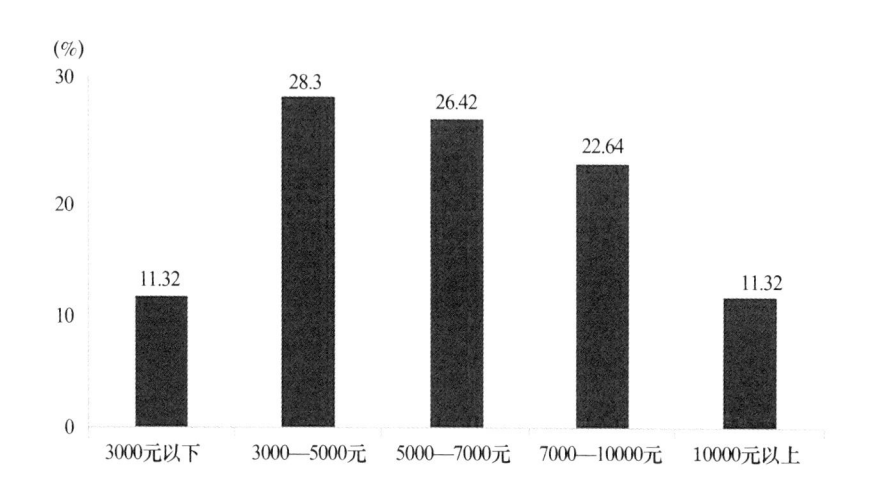

图 4.3　居民月收入统计

社区事务的不了解，这表明居民在参与社区建设的实际情况中并未能真正了解社区参与以及自身所参与的事务的内涵，并且处于一种主动或被动的边缘化状态。

第二，大部分居民能够意识到社区参与的重要性，但是多数居民参与动力不足。如图 4.6 所示，有 83.96% 的居民认为居民进行社区参与能够丰富个人生活，且对社区发展有利，可见居民对于自身参与社区公共图表数据：

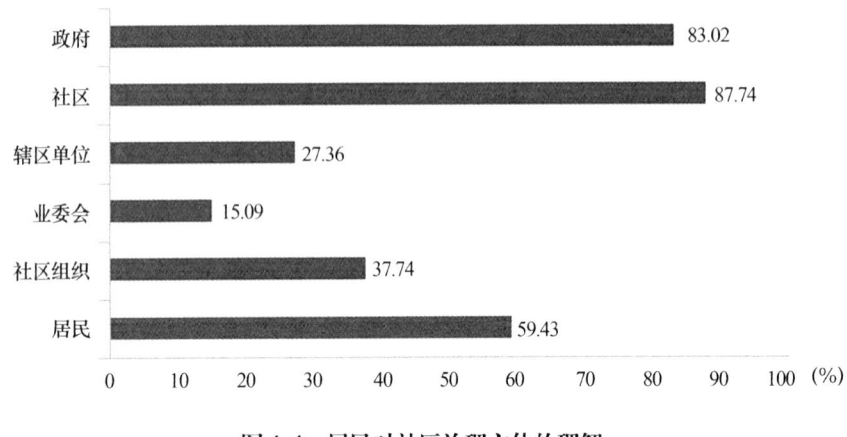

图 4.4　居民对社区治理主体的理解
- 政府：83.02
- 社区：87.74
- 辖区单位：27.36
- 业委会：15.09
- 社区组织：37.74
- 居民：59.43

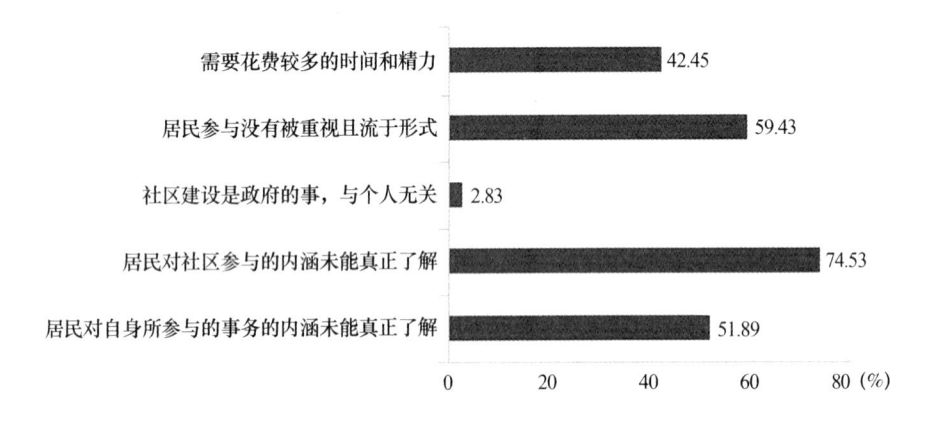

图 4.5　居民对参与社区公共事务的理解
- 需要花费较多的时间和精力：42.45
- 居民参与没有被重视且流于形式：59.43
- 社区建设是政府的事，与个人无关：2.83
- 居民对社区参与的内涵未能真正了解：74.53
- 居民对自身所参与的事务的内涵未能真正了解：51.89

事务的态度是偏正向的，认为自身在社区参与中发挥的作用对个人和社区发展有积极影响。但是，有大部分居民认为当前居民进行社区参与对实际问题解决的影响一般和不显著（见表4.2），并且认为当前大部分居民社区参与的态度是不积极的（见表4.3），这表明社区居民虽然能够认识到居民进行社区参与的益处，但是，由于多种因素的影响导致大部分居民不愿意参与且参与效果也不显著。

第四章　城市居民社区公共事务参与动力提升的社会工作支持　117

丰富个人生活，利于社区发展　83.96
仅丰富个人生活，对社区发展没有影响　12.32
不利于个人及社区发展　1.89
对个人及社区发展没有影响　2.83

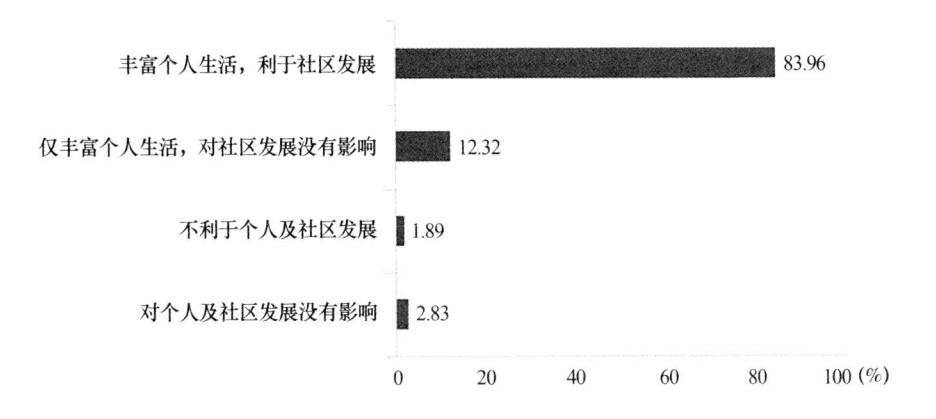

图 4.6　居民关于社区参与对个人及社区影响的理解

表 4.2　　居民关于社区参与对实际问题解决的理解（N = 106）

	人数	百分比（%）
非常显著	4	3.77
显著	13	12.26
一般	38	35.85
不显著	41	38.69
非常不显著	10	9.43
总计	106	100.0

注：N 为调研样本总数。

表 4.3　　　　　　居民社区参与态度（N = 106）

	人数	百分比（%）
非常积极	5	4.72
比较积极	13	12.26
一般	28	26.42
不太积极	50	47.17
非常不积极	10	9.43
总计	106	100.0

注：N 为调研样本总数。

第三，参与意识、能力不足是主要表现，需在多方面提升居民参与动力。如图 4.7 所示，大部分居民认为居民在社区建设中存在缺乏居民意识和参与意识（76.42%）、参与能力较弱（73.58%）的问题，表明社区居民当前的参与意识和参与能力还有待提高和培养。而且还有较多居民认为居民在参与社区建设中参与制度安排缺乏可操作性（49.06%）、社区事务难以满足自身需求（52.83%），这表明影响居民社区参与的不仅仅是居民自身的问题，还包括社区制度等客观因素。在提高居民社区参与度方面，加大宣传力度并设置多样化的社区活动得到多数居民的认可（见图 4.8），这表明提升居民参与行为需要在主客观两方面同时进行，主观因素与客观因素相互作用，共同提升居民的参与动力。

项目	比例(%)
居民参与的权利没有保障	29.25
缺乏居民意识和参与意识	76.42
缺乏参与必备的信息	38.68
参与制度安排缺乏可操作性	49.06
参与能力较弱	73.58
社区事务难以满足自身需求	52.83

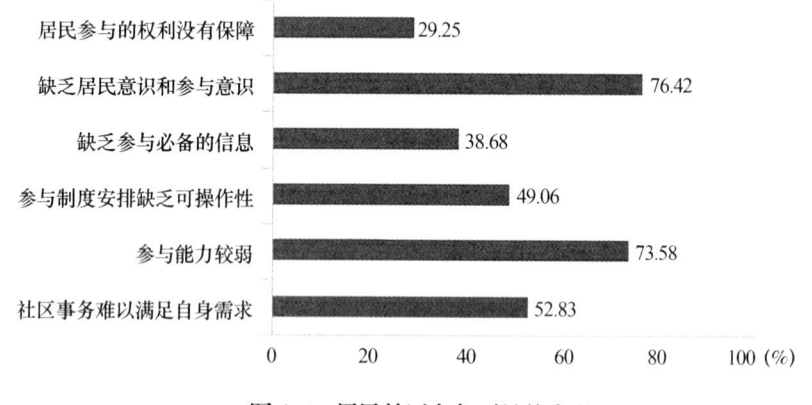

图 4.7　居民社区参与不足的表现

（三）社区参与意愿

满足自身诉求是参与目的。调查显示，有 90.57% 的居民表示愿意进行社区参与，表明绝大多数居民希望自身能够投身于社区建设之中。其中，社区文体活动最受居民的青睐，其次分别是社区互助合作、参与公益活动、举报违法行为（见图 4.9）。从这些行为可以看出，居民愿意参与的社区公共事务与社区行政事务关系不大，主要体现在与居民个人的生活息息相关。关于为何参与社区事务，丰富业余生活、关心社区发展、维护居民利益成为主要原因（见图 4.10），可见，大多数居民不仅有社区参与的意愿，更聚焦于某一具体的社区事务，与居民自身的利益、喜好

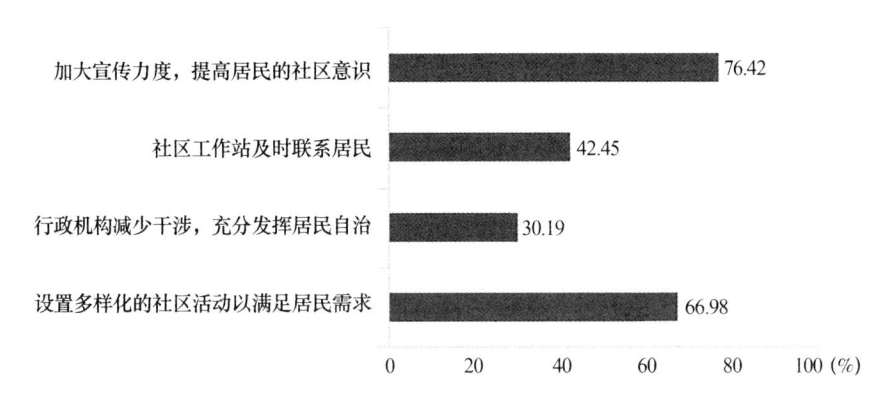

图 4.8　提高居民社区公共事务参与度的策略

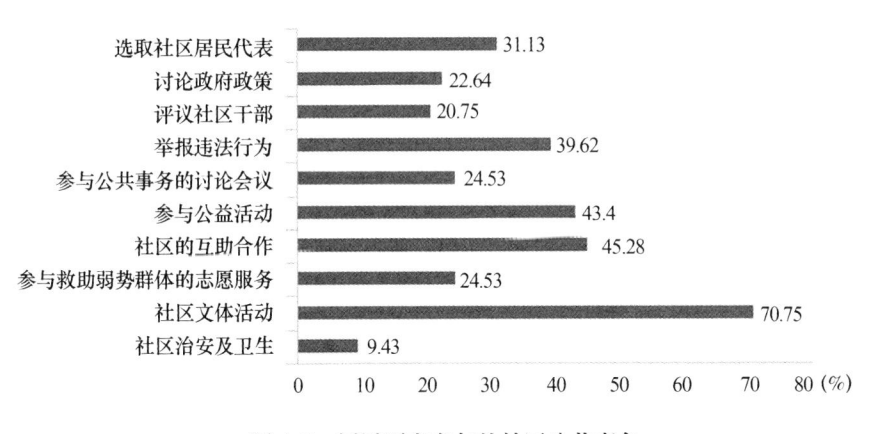

图 4.9　居民愿意参与的社区公共事务

最为相关的事务成为居民参与的首选。

(四) 社区参与行为

第一，居民社区参与行为向好，部分居民参与意识与参与行为偏积极。如表 4.4 所示，居民社区参与的频次集中于每周一次及以上，至每月一次，均值在每月一次，这表明该社区当前居民社区参与行为的频次是较好的，部分居民能够持续稳定地参与到社区建设之中。其中居民较多参与的社区事务类型为社区文体、社区福利以及社区服务 (见图 4.11)，社区文体和社区福利与居民自身的兴趣爱好、利益息息相关，表明居民

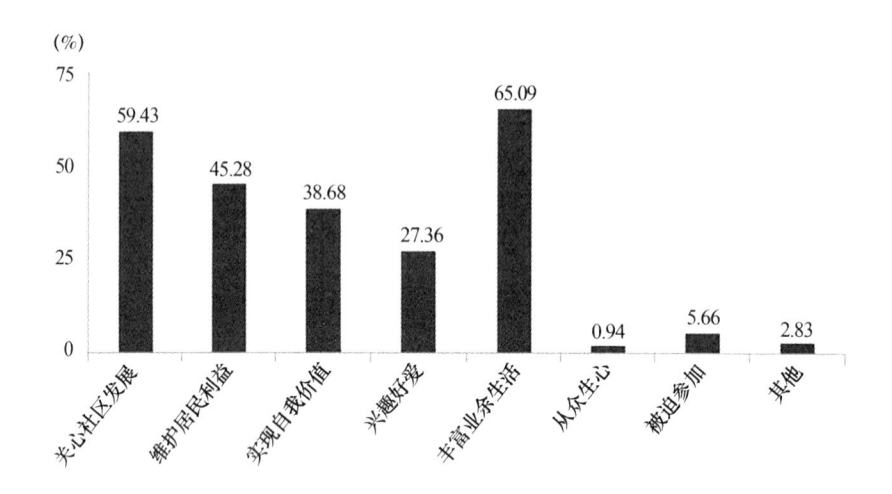

图 4.10 居民愿意参与社区公共事务的原因

（横轴标签：关心社区发展 59.43、维护居民利益 45.28、实现自我价值 38.68、兴趣爱好 27.36、丰富业余生活 65.09、从众心心 0.94、被迫参加 5.66、其他 2.83）

的社区参与行为更多是为了满足自身的需求，社区服务作为一项能够直接服务和发展社区的参与类型，有较多居民参与则表明部分居民能够意识到社区建设的重要性，并投身其中，该社区部分居民的社区参与意识和能力是偏积极的。

表 4.4　　　　　　　　居民社区参与频次统计（N = 106）

	人数	百分比（%）
每周一次及以上	23	21.70
每月一次	40	37.73
每季一次	32	30.19
每年一次	8	7.55
无	3	2.83
总计	106	100

注：N 为调研样本总数。

第二，社区建设中多数居民为参与者，但是，参与过程难以满足自

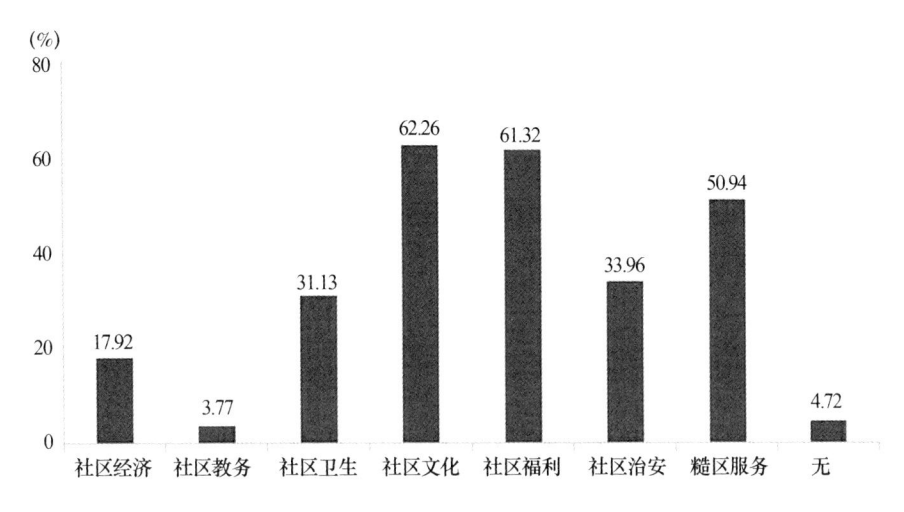

图4.11 居民参与较多的社区公共事务

柱状图数据：
- 社区经济：17.92
- 社区教务：3.77
- 社区卫生：31.13
- 社区文化：62.26
- 社区福利：61.32
- 社区治安：33.96
- 糖区服务：50.94
- 无：4.72

身需求。如表4.5所示，该社区当前开展的各项社区事务很难满足居民的需求，这表明居民在社区参与的过程中并不是以居民自身为主要服务对象，社区各项事务的制定也并没有以居民的实际需求为主要目标，在社区居民大部分为参与者的情况下（见表4.6），如果居民在社区参与的过程中无法长期、有效地获得需求的满足，很容易导致居民社区参与的积极性受到削弱，由此导致居民社区参与能力的降低，甚至导致居民对社区参与的认知出现偏差。

表4.5　　　　社区服务对居民需求满足程度（N=106）

	人数	百分比（%）
能够满足全部需求	0	0
能够满足大部分需求	17	16.04
一般	35	33.02
仅能满足小部分需求	50	47.17
完全无法满足自身需求	4	3.77
总计	106	100

注：N为调研样本总数。

表 4.6　　　　　　　居民社区参与身份统计（N = 106）

	人数	百分比（%）
组织者	10	9.43
参与者	71	66.98
观众	22	20.76
没参与过	3	2.83
总计	106	100

注：N 为调研样本总数。

综上所述，在居民社区参与认知方面，多数居民能够意识并了解到政府和社区在社区建设中发挥的作用，仅有部分居民意识到居民本身在社区建设中的重要性。虽然居民进行社区参与有利于自身和社区的发展，但是参与动力仍比较匮乏，而且相较于政府及社区，居民在其中发挥的作用并不显著。居民在社区参与过程中主观能动性不足，但是，客观因素也不可忽视，如当前社区事务难以满足居民自身需求、参与制度缺乏可操作性等，居民自身的主观因素与外部的客观因素共同导致居民社区参与动力不足；在居民社区参与意愿方面，多数居民有社区参与的意愿，但是不同的居民有不同的需求，意愿参与的社区活动也形式多样，其中与居民自身的利益和兴趣相关的社区事务成为居民意愿参与的重点；在居民社区参与行为方面，多数居民能够根据自身利益、爱好等诉求持续稳定地参与到社区建设之中，这体现了多数居民社区参与意识和行为是偏正向和积极的，但是，其中也存在一定隐患。由于多数居民表示在社区参与过程中仅能满足自身小部分需求，甚至完全无法满足自身需求，长远来看，这会导致居民社区参与的积极性受到影响，从而削弱居民社区参与能力，甚至导致居民对社区参与的认知出现偏差。

三　居民社区参与不足的原因分析

（一）单位制消解着居民社区参与的动力

单位制度作为一种战略手段为政治稳定、社会统一和快速发展做出了重要贡献，但是单位制在创造短期效益的同时，也给我国社会造成了影响深远的后果，其中最重要的影响在于该制度使个体产生了依赖性人格①。社区共同体凝聚的基本前提是居民的共同需要和利益交换，社区参与就是生产社区公共物品的机制，居民在互动的过程中不断形成了社区网络和规范，在这一过程中居民的社区归属感也得以提升。但是单位制的出现使得国家与个人的互动取代了居民个体间的互动，由于社区能够提供绝大多数的公共物品，这就导致两种后果，一是单位内居民与单位外居民互动的可能性被降低；二是居民之间、居民与社区之间无法形成共同利益，社区意识不断退化。单位制封闭自足的特色不断消解着居民社区参与的动力，这也是当前社区治理面临困境的原因之一。

（二）居民对居委会缺少足够的信赖

社区居委会的定位是群众自治组织，但是在单位制解体之后，居委会逐渐成为地方政府的行政性组织，处理社区自治事务的功能逐渐丧失，行政化色彩成为其"外衣"。由于居委会的功能背离了最初定位，并且无法满足居民需求，长此以往导致居委会失去了居民的信赖，居委会的合法性被动摇，人民缺乏对基层政府的认同，对社区参与也就不再关心。

（三）传统观念对居民社区参与积极性的制约

古代君王为了巩固统治，通过道德理念的宣传和政策的制定要求老百姓恪守本分、俯首听命，长期推行愚民政策。这种软约束的文化经过长期对人们心理的渗透已经成为一种习惯，致使人们对地方公共事务抱持冷漠状态。同时，以家长制为中心的宗法制使"私民"意识牢牢地沉淀于人民的心中。费孝通先生认为，在差序社会里，一定要清楚对象和自己的关系后，才能决定互动的标准②。血缘、地缘关系深深植根于人们心中。人们对于公共事务表现出一种漠视的态度，因为自古以来公共事务就是政治家们关心的事情，普通民众无权过问，也没有心情去关注和思考，这种"私民"意识在当今社会依然发挥着影响。

---

① 河海兵：《我国城市基层社会管理体制的变迁：从单位制、街居制到社区制》，《管理世界》2003年第6期。

② 费孝通：《乡土中国》，天津人民出版社1992年版，第51页。

第二节 城市居民社区公共事务参与动力提升的社会工作实践

一 需求评估

本书的需求评估主要通过对居民社区参与现状以及社区访谈两部分内容进行分析，进而了解居民在社区参与中的实际需要。通过对居民社区参与现状的分析，了解到居民在社区参与认知、社区参与意愿以及社区参与行为三方面的具体表现和需求。在社区参与认知方面，仅有小部分居民能够认识到居民参与在社区治理中的重要性，并且认为，居民社区参与不足主要是受到社区参与制度缺乏可操作性等客观因素限制；在社区参与意愿方面，大多数居民表示愿意参与和自身利益、兴趣相关的社区公共事务；在社区参与行为方面，在参与社区公共事务的居民中有多数人认为服务活动仅能满足自身小部分需求，甚至完全无法满足自身需求。结合具体调研内容，本书认为，社区居民主要存在以下三方面的需要：

（一）居民参与意识培养的需要

居民社区参与意识亟须提升。问卷分析结果显示，FN 社区居民社区参与的意愿较高，但是社区参与频次较低，而且在实际访谈中发现居民社区参与行为较少（如访谈1、访谈2），社区书记认为，居民不愿进行社区参与主要源于现代人际关系疏远，自然也无法形成对社区的凝聚力。社区居民也表示居民间的关系淡漠，人与人之间的不信任感较为严重，这表明 FN 社区居民比较缺乏社区公共精神，需要提升居民的社区参与意识。

访谈1（截取）

访谈对象：社区书记　　访谈地点：社区工作站

笔者：书记，咱们社区的居民目前对于社区参与的意愿和态度是怎样的？

书记：整体来看，社区的居民对于社区事务的参与意愿和态度并不是很积极,很多社区事务大家都不太关心,现在国家在推行社区治理,我们也在积极推进社区组织和居民参与,但是在居民参与方面,推进的效果一直都不是很理想。退休的老年人相对来说是比较积极的,有不少人愿意参与,甚至能够成为组织者,领导小组并建言献策,还算是比较主动的。但是青年、中年群体就比较少了,除了我们社区的几个负责人,甚至可以说都没有人愿意参加,不过这也可以理解,毕竟大家都有自己的工作要忙,哪有时间和精力参与社区活动呢?

笔者:那您觉得是大家没有时间参与社区事务呢?还是大家对社区事务以及社区发展漠不关心呢?

书记:都有吧,但是整体上看应该是大家不太关心,虽然我们社区的常住人口比例非常高,但是也有将近一半的人户籍不是本地的,再加上现在很多人都只关心自己的事,对于社区的事务大家是不太关心的,人际关系越来越疏远也是现在的一种常态吧。

访谈2(截取)
访谈对象:社区居民　　访谈地点:党群服务中心
笔者:阿姨,您平时经常参加社区活动吗?

阿姨:对呀,我都退休好几年了,年轻的时候就闲不下来,现在也喜欢多做点事。

笔者:那您身边的人一起跳舞的多吗?(阿姨是社区老年舞蹈团的成员)

阿姨:就有一个住在同一个单元的大姐,平时也喜欢跳舞,我们两个都一起过来跳了两年多了,现在只要过节有文艺汇演之类的我俩都参加。

笔者:您有没有了解过您所在社区的其他居民愿不愿意参加这一类的社区活动呢?

阿姨:哎哟,这可真不多,现在愿意参与的真没多少人,主要也是大家不愿意来玩,还记得去年春节,我们几个老姐妹组织了一下,想做点剪纸给邻居们送去,因为现在邻里关系一点也不熟络,我就记着有好多家也不愿意要,甚至还很提防,好像我们要骗他似的,这就是一个纯自愿的事情,你看也是个好事情,对吧,但是就是有人不信任,也不愿意参与。

(二)居民参与能力提升的需要

居民希望能够提升自身参与能力,参与能力主要体现于参与程度和自主性。根据问卷分析可以发现,多数居民虽然有社区参与的意愿,但是更聚焦于与居民自身的利益、喜好相关的事务,在参与过程中也更倾向于选择社区文体活动,这类参与基本属于一般性活动,活动层次偏低,而且居民参与其中仅仅是为了满足自身的兴趣爱好,只是充当参与者的角色,很少参与活动的决策和管理,这表明居民的社区参与程度是偏低的。而在自主性方面,根据问卷调查发现,居民虽然有稳定且持续的社区参与行为,但是,主动参与较少,多数活动的参与者为被动参与,这也表明居民社区参与的自主性较弱。

本书通过与社区工作者及居民交流间接了解到了部分居民有提升自身参与能力的需求,主要集中于老年群体,由于退休生活非常清闲,很多居民希望自己能够做些事情,提升对生活的满意度和成就感。

访谈3(截取)

访谈对象:社区社会工作者　　访谈地点:党群服务中心

笔者:当前针对社区居民提供的服务有哪些?

社工:目前开展的居民服务类活动主要针对两个群体,分别是老年群体和青少年群体、当前开展的老年服务主要包括文体娱乐活动、各类适老化兴趣服务、探访关爱服务等。青少年服务包括四点半课堂、亲子互动等。

笔者:所以当前最主要的群体就是老年人和青少年吗?

社工:准确来说是只有老年群体,由于疫情的影响,针对青少年的活动已经停止一段时间了,现在最主要的工作就是疫情防护,通过线上的方式进行疫情防护的宣传教育工作。

笔者:确实,现在短时间内都没法开展线下的活动了,那么根据过往服务的经验来看，居民社区参与的能力如何？

社工：说到居民的参与能力，主要体现在居民的社区参与程度和自主性。在自主性方面，总体来说居民并不积极，我们之前开展的服务，居民被动参与的居多，主动愿意参与活动的非常少。居民愿意参与且自主性较强的是兴趣爱好相同的、小规模群体形成的组织，这类小组织比较积极响应社区的号召，社区方面也愿意给予支持。在社区参与程度方面，居民局限于社区卫生、社区治安以及休闲娱乐类活动，基本上都属于非政治性参与，活动层次、形式内容都不够丰富，而且居民很少参与决策和管理，这就使得他们参与的活动大多只是一般性活动，由此也可以说明当前居民社区参与的能力是偏低的。

笔者：那在具体的技能方面，例如：沟通能力、组织能力等，居民当前是否需要学习且具备此类能力呢？

社工：这些技能确实是居民参与活动具体的能力展现了，其中沟通能力我认为还是不错的，活动参与过程中居民之间、社工与居民之间的沟通基本上没什么问题，但是在其他方面就不太乐观了，之前有很多叔叔阿姨都跟我说过他们也想参与到服务活动的设计和管理中来，这种事情我们非常支持，而且也开设了一期学习小组，但是效果不尽如人意，有一些阿姨也受到了打击，说自己什么都不会，什么都学不会，后来这件事情就不了了之了。

访谈4（截取）

访谈对象：社区居民　　访谈地点：党群服务中心

笔者：大叔，您平时参加的社区活动都是什么类型的？

大叔：除了平时在这里下下象棋，剩下的就是参与一些社工同学组织的小活动。

笔者：您喜欢下象棋呀？是咱们社区象棋社的成员吗？

大叔：算是吧，我们几个老朋友经常在这里下象棋。

笔者：那社区组织的活动是您看到活动信息后主动报名参加的吗？

大叔：一般有什么活动都是社工过来告诉我们，说是有兴趣的就去参加，平时闲着也没什么事，一般我们也就过去热闹热闹，捧捧场。

笔者：这么看来您一般都是活动参与者，有没有做过或者考虑进行一些社区事务的管理和策划，参加一些深层次的社区事务？

大叔：我这人没什么爱好，平时也就下下象棋，但是我老伴还挺喜欢参与这些的，平时也跟我念叨说自己没什么文化，没什么水平，在很多活动中也帮不上什么忙，都这么大岁数的人了，平时聚在一起热闹一下就行了呗，不过虽然我这么想，心里还是比较支持她的，也挺希望她多做点事，有点成就感。

（三）社区服务环境创新的需要

FN社区需要在现有活动的基础上添加丰富的服务活动。社区承担着居民工作、生活所需要的多种功能，居民与社区的互动水平是社区发展的关键之一。FN社区当前主要参与社区事务的人群是老年群体，根据问卷和访谈显示，社区老年人参加的活动基本是一些休闲娱乐类活动，长期参与此类活动使得部分居民产生了一定的排斥心理，部分居民表示需要设置多样化的服务以满足居民当前的需求（访谈5），由此可见，设计服务活动的形式与目标、意义同样重要，形式多元丰富能够吸引更多的服务对象主动参与其中。

访谈5（截取）

访谈对象：社区居民　　访谈地点：党群服务中心

笔者：阿姨们，你们对社区社工过往开展的活动还满意吗？有没有哪里需要改进的？

阿姨A：小伙子，我在这也住了十几年了，你别以为阿姨我什么都不懂，你们社工开展的这些活动吧，多参加几次就发现其实都是一个样子，社区评选干部之类的算是行政活动，那你们社会工作专业的活动应该算是专业性活动吧？要我看你们也不是很专业，你们教的那些养生、手工活动其实我们自己也都能学，现在从手机上什么都能查得到，很多活动我们去参加就是图一热闹，但是参加多了是挺无聊的。

阿姨 B：大姐说得是，有时候去参加活动真不如在家里打打牌。

笔者：那有没有你们感兴趣的活动呢？或者说社区的社工有没有根据你们的需求或者兴趣设计一些服务活动？

阿姨 B：过往的活动其实都是有人感兴趣的，比如说养生类的，我们也很感兴趣，但是有一些活动其实对我们帮助不大，现在大多数活动都是针对老年人的，其实主要就是休闲娱乐，变来变去还是那几样，我们也希望能够参加一些更丰富的、更有趣味的活动。

二　服务设计

（一）服务目标

1. 总目标

根据社区居民的需求以及 FN 社区当前的资源情况及发展现状，本服务计划立足于社区，对居民社区参与动力进行探索，在社会工作理论的指导下为居民提供服务，在服务的过程中不断提升居民对社区参与的认知、参与意愿以及参与能力，转变居民社区参与行为，培养居民社区参与的综合素质和公共精神，在社区参与的过程中建立居民与社区的联结纽带，最终达成居民参与动力的提升。

2. 具体目标

（1）提升居民对社区及社区参与的认知。通过学习小组的建设，协助居民了解社区演进，不断学习社区治理相关知识，使居民认识到自身在社区建设中的重要性，不断塑造并完善居民社区参与的认知框架。

（2）提升居民社区参与的意愿，培养居民公共精神。通过丰富、多元的服务活动提升居民对社区参与的兴趣并满足其需求，并协助居民建立和完善人际网络，提升居民的社会支持，培养居民团结、合作的习惯，以及在团队合作中集体分担责任的意识。依据社区现有资源形成社区特色活动，在计划社区活动过程中，提升居民对社区的满意度，将居民在真正意义上由社区的文化和认同联系起来。

（3）转变居民社区参与行为。通过居民之间、居民与社区之间的互动以改善居民社区参与行为，引导并提升居民的沟通、领导和组织等参与能力，丰富社区活动多样性并提升居民社区参与的自主性与社区参与的层次。

（二）服务计划

本服务根据需求评估分析，将在三个方面开展具体服务：

在提升居民社区参与认知方面，通过设计居民社区参与知识学习小组协助居民学习并了解社区及社区参与的相关知识，包括社区发展历程、社区治理现状、社区资源等，协助居民在了解社区及社区参与的同时与社区建立联结纽带。

在转变居民社区参与行为方面，通过设计居民社区参与能力学习小组协助居民提升参与能力并增进居民与社区的互动，提升居民社区参与的自主性和社区参与的层次。首先协助居民提升社区参与能力，通过提升居民社区参与能力学习小组协助居民学习社区参与的相关技能，提升居民社区参与的自主性并充分发挥居民的主观能动性；其次，增进居民与社区的互动，以社工协助居民自主组织、策划服务活动的形式，以居民的需求为导向，丰富社区服务活动的内容和形式。

在提升居民社区参与意愿方面，通过两次小组活动和一次社区活动为居民提供服务，在满足居民需求的同时不断提升居民对社区参与的认知以及主观参与体验，进而不断提升居民社区参与的意愿。

三　服务实施

（一）居民参与知识学习小组

1. 小组概述

在当前的社区治理中，政府、社区、居民等都是不可忽略的主体之一。各主体需要相互协商、配合，共同参与社区治理。但是根据需求评估表明，相对于政府及社区本身的重要性，FN社区当前仅有部分居民能够意识到居民在社区建设中的重要性，虽然大部分参与调查者相信居民进行社区参与有利于自身和社区的发展，居民在社区建设中的参与行为仍不显著，其中最主要的原因是居民对社区参与的不了解，没有真正去了解和获取社区参与相关知识，对居民参与缺乏全面且完善的认知，导致居民在社区参与过程中主观能动性不足。因此，为了提升居民社区参与认知，培养居民社区参与的精神，特策划并开展了居民社区参与知识学习小组活动。由于受到新冠疫情的影响，此次小组活动将在线上进行，通过视频的形式协助居民学习社区参与相关知识，促进居民交流合作，培养居民的参与精神，进而提升居民对社区参与的认知及参与意识。

本小组活动将采用线上视频的方式进行，小组共六节，服务对象8人，每节小组活动时间为1小时，共计6小时，6节小组活动共服务48人次。本次活动由两名社工负责，一名社工负责活动的开展和引导，另一名社工为协助社工，主要负责观察及过程记录。本小组的主要目标为协助居民学习社区治理相关知识，使组员认识到居民在社区建设中的重要性，进而提升居民的参与意识，因此，本小组将采用线上授课、趣味活动等形式，使居民在学习知识的过程中仍不显单调、不失趣味。

2. 小组目标

（1）促进小组成员的人际沟通，协助组员获取社区治理相关知识。

（2）协助组员认识到居民参与的重要性，提升组员社区参与意识。

3. 小组过程分析

本节主要介绍单元小节计划过程及小组成员表现，鉴于篇幅考虑，仅介绍本次小组活动的第1节、第3节、第6节。

（1）第1节小组目标、流程与成员表现记录

①本节目标

社工及组员之间相互了解；引导组员了解小组目标和内容并签订小组契约。

②计划流程

环节一：签到、介绍活动流程。组员签到；介绍活动内容及流程。

环节二：暖场活动——认人接龙。每个组员介绍自己的姓名、年龄、喜好，并复述前一个组员的表述，依次接龙。例如，社工第一个介绍自己说："我是×××，今年××岁，最喜欢×××。"下一个组员就要说："他是×××，今年××岁，最喜欢×××。我是×××，今年××岁，最喜欢×××。"如果其中一个人失败，整场接龙就要重新来过，直到接龙顺利完成。

环节三：我和我的家园。社工引导组员描绘社区模样（活动所需用

品在活动前单独发放给每个组员），在组员完成绘画后，由社工引导组员表述理想居住环境和现实居住环境的共同点以及差别。

环节四：签订小组契约。社工引导组员签订小组契约。

环节五：分享交流。引导居民发表活动的感想，总结本次活动并预告下一节活动内容。

③成员表现记录

WMS 阿姨是本小组的最先主动报名者，WMS 一直是社区活动的组织者和参与者，阿姨希望能够学一些专业的社区建设知识，在活动过程中也表现得非常积极。

ZYH 阿姨与 WMS 阿姨关系甚好，一同前来报名，作为原本社区活动的积极参与者，ZYH 阿姨在活动过程中一直表示自己希望能够参与到社区的建设中，活动过程中也非常热情。

XDX 是一位较为积极的大叔，个人非常喜欢国际象棋，但是在本社区内很少找到兴趣相投之人，因此希望能够多学一些知识和技巧，培育一些喜欢国际象棋的朋友。活动过程中表现得比较积极。

LWS 阿姨是社区舞蹈社成员，也是舞蹈社领导者之一，年龄 40 岁出头，但是对各种活动表现得极为热情，是社区治理的支持者，希望发挥居民在社区中的作用，活动表现非常积极。

OXQ，是一位性格较为开朗的叔叔，但是由于一些意外情况在活动过程中经常消失在视频中。

LZS，虽然本次活动已经提前通过网络通知，但是这位大叔依然记错了时间，在活动即将结束时才进入小组，活动中途联系几次未果。

WZJ 阿姨表示想参加一些活动丰富自己的业余生活，希望能够在此活动中学到知识。

HYA，这位阿姨是社区原本卫生小队的成员，但是上一年由于人员不足问题导致解散，因此阿姨希望能够学习一些知识，自己重新组建社区环保小队，维护社区的卫生环境。

（2）第 3 节小组目标、流程与成员表现记录

①本节目标

促进组员间的相互交流；为组员讲解社区治理相关知识，引导组员

提升对社区的了解，认识居民在社区治理中的主体地位。

②计划流程

环节一：签到、介绍活动流程。小组成员签到；介绍本单元小节活动内容及流程。

环节二：知识讲解——社区发展历程及社会治理相关知识。通过PPT演示的方式为组员讲解从原本的包揽型社区到现在的自治型社区（与了解社区演变的组员互动），以及党的十八大、十九大等对社区治理的描述，为组员讲解社区治理的目标、内容及意义，以及社区治理的参与主体和参与方式，提升组员对社区治理的了解和认知。

环节三：分享交流。社工引导居民发表对本次活动的感想，总结本次小组活动并预告下一节活动内容。

环节四：家庭作业。小组成员需要在业余时间对本次小组学习的内容进行复习和巩固，加深对社区治理的理解。

③成员表现记录

WMS阿姨在社区发展和演变方面有一定的了解，在小组过程中积极与组员分享自己的认知和经验。同时，阿姨对本次小组学习的社区治理知识表示认可，自己在家中常常关注此类政策倡导，表示愿意和组员一起为社区贡献力量。

ZYH阿姨全程都非常认真，虽然有PPT讲解，但是依然会做笔记，且在社区治理讲解过程中积极提问。能够发现阿姨在慢慢变化，从第一次小组活动到现在，在小组活动表现中能够感受到阿姨对社区参与的认知正逐渐加深。

XDX大叔讲述了自己几十年来所见的社区变化，歌颂了我党和人民作出的努力，表示积极支持社区治理。从两次小组活动中的表现来看，大叔人际沟通能力得到了些许提升，同时在表达的过程中，大叔运用到了前两次小组活动学到的社区治理知识，并且能够融会贯通，通过介绍实例的形式将学到的知识表达出来。

LWS阿姨在本次小组活动中表现得较为认真，但是与前两次小组活动相比并不活跃，只是一直埋头写东西，从表现来看似乎对此次小组活动的内容比较生疏，希望能够全部记录下来。

OXQ叔叔在此次小组活动中颇有感慨，还将自己刚入住本社区时候的照片给大家展示。社区经过几十年的变化早已不是原来的样子，叔叔表示自己需要学习社区参与的知识，不能一直活在过去的社区里。

LZS，自从一次小组活动迟到后，连续两次活动大叔都表现得非常积极，并提前通知其他组员活动时间，活动过程中也非常认真。在本次小组活动中，通过对社区治理相关知识的学习，大叔表示认识到了社区治理对我国社会发展的意义，认为居民社区参与是非常重要的，表示自己接下来会积极响应国家和社会号召。

WZJ，相比于其他成员，阿姨对此次活动表现得不是特别感兴趣。发言不积极，而且经常走神，游离于小组之外。

HYA阿姨作为社区卫生建设的一员，表达了自己这么多年来对社区卫生发展状况的感想，认为虽然现在相比于从前有了很大改善，但是仍然需要继续努力。同时阿姨也表示自己在这两次小组活动中学到的知识非常受用，虽然一直从事于社区卫生建设，但是，对于这些社区知识自己并不熟悉。

（3）第6节小组目标、流程与成员表现记录

①本节目标

巩固组员学习的知识；处理离别情绪。

②计划流程

环节一：签到、介绍活动流程。组员签到；介绍活动内容及流程。

环节二：回顾小组历程以及目标达成情况。通过PPT的形式将组员在过往社区活动中的表现展示给大家；引导组员共同讨论小组目标达成情况，包括是否了解社区演变、社区治理、社区资源以及社区自组织培育的相关知识和方法。

环节三：交流分享，处理离别情绪。引导组员分享在活动中获得的能力和经验，处理离别情绪，进行临别祝福并总结分享。

③成员表现记录

WMS阿姨在活动中后期开始情绪较为低落，表示自己不想离开这个小组，希望能够和大家继续参加活动。

ZYH阿姨主动分享自己在六节小组活动中学到的知识和经验，并将

自己做的笔记分享给大家。在分享的过程中，可以发现 ZYH 阿姨对社区参与的认知已经获得了显著的提升，能够认识到居民在社区参与中的作用。

XDX 大叔在活动后期积极关心和安慰组员，并表示与大家有了很深厚的感情，大叔表示自己通过六次小组活动获得了非常多的社区治理相关知识，认识到了居民进行社区参与的重要性，表示希望能够在小组结束之后运用学到的知识与大家一起服务社区。

LWS，虽然在之前的活动中阿姨表现得并不活跃，但是在本次活动中积极分享了自己所总结的经验，并且发表了居民在社区中的地位和作用的看法，她将自己在六次小组活动中所学到的知识进行消化吸收，形成了自己的理解。

OXQ 叔叔表示自己非常喜欢这样的活动形式，疫情的影响阻断了大家的交往，通过线上小组的形式能够将大家重新联结起来，一起学习知识和沟通感情。

LZS 大叔在本次活动中非常积极，最后进行了总结发言，从第一次小组至今，可以明显感受到大叔对社区参与认识的加深和进步，大叔也表示希望与大家共同学习和成长。

WZJ，在小组活动即将结束时表现得较为落寞，表示疫情期间自己的人际交往出现了问题，也无法参加社区活动，这样的线上活动对自己来说是一种帮助，能够学习到社区治理的知识，还能够和居民一起分享自己的观点，希望以后能够经常举办这样的活动。

HYA 阿姨与每位组员的关系都十分融洽，表示希望能够运用本次小组活动学到的相关知识组织和管理社区环保小队，希望大家能够积极参与进来。

（二）居民参与能力提升小组

1. 小组概述

根据需求评估表明，FN 社区当前社区参与能力较为薄弱，居民社区参与聚焦于与自身的利益、喜好相关的事务，在参与过程中也更倾向于选择休闲娱乐类的一般性活动，活动层次偏低。在参与过程中，多数居民为被动参与，居民自主性不高，且大部分居民充当参与者的角色，很少参与活动的决策和管理，这导致居民社区参与的效能不高，居民与社区参与之间的关系存在一定障碍。而且由于当前社区事务整体不够丰富，难以激发居民参与的兴趣，因此极大影响了社区治理的水平、社区的发展以及居民社区参与的效果和满意度。对此，为了回应和满足居民的需求，达成服务计划的目标，特策划和开展了居民社区参与能力学习小组，旨在为居民开辟时间、空间以促进居民相互交流合作，共同学习社区参与技能，进而提升居民社区参与能力。

本次小组活动作为封闭式小组共6节，服务对象7人，每节小组活动时间为1小时，共计6小时，6节小组活动共服务42人次。本次活动由两名社工负责，一名社工负责活动的开展和引导，另一名社工主要负责观察及过程记录。小组内容最为关注的是居民参与能力的提升，以组员的实际需要、兴趣进行的活动才能真正被组员接受并深入学习，因此，本小组采用组员组织和策划活动的方式，在社会工作者的协助下，以团队协作为主题，以组员的实际需要和兴趣为导向，由组员进行游戏活动的策划和实施，最终再由社工及组员共同讨论，相信会有更加深入、优质的活动体验。

2. 小组目标

（1）促进小组成员人际沟通，提升小组成员团队合作能力及责任意识。

（2）提升居民组织及策划服务活动的能力，满足居民多元服务的需求。

（3）提升居民社区参与的自主性以及社区参与的层次。

3. 小组过程分析

本节主要介绍单元小节计划过程及小组成员表现，鉴于篇幅考虑，仅介绍本次小组活动的第1节、第4节、第6节。

（1）第1节小组目标、流程与成员表现记录

①本节目标

社工及组员间相互了解；引导组员了解活动目标和内容，与组员签订小组契约书。

②计划流程

环节一：签到、介绍活动流程。小组成员签到；介绍本单元小节活动内容及流程。

环节二：破冰游戏——识人接龙。所有组员围坐成一圈，组员依次进行自我介绍，并复述前一个组员的表述，依次接龙。例如，社工第一个介绍自己说："我是×××，今年××岁，最喜欢××××。"下一个组员就要说："他是×××，今年××岁，最喜欢××××。我是×××，今年××岁，最喜欢××××。"如果其中一个人失败，整场接龙就要重新来过，直到识人接龙顺利完成。

环节三：签订小组契约。社工带领组员签订小组契约。

环节四：分享交流。社工引导居民发表对本次活动的感想，进行活动总结并预告下次活动内容。

③成员表现记录

SSM 是一位性格内敛的山东大叔，五年前在孩子的要求下和老伴一起定居本社区，不擅长表达自己，是在老伴的要求下参与本次活动的。在第一节小组活动中表现不太积极。

LXL 是一位性格开朗的阿姨，是社区活动的积极参与者，平时喜欢唱歌跳舞，非常积极地参与本次小组活动，希望能够提升自身参与能力。在第一节小组活动中表现非常积极。

JZH 是一位皮肤黝黑，体格瘦小的阿姨，今年已经 69 岁，在这个社区住了十几年，想要为自己的社区贡献一份力量，在本次小组活动中非常认真。

YW，是与 YYP 一同前来的阿姨，活动开始之前与 YYP 有说有笑，开朗活泼，但是与其他小组成员坐在一起时略显拘束，不太擅长与陌生人交流。

YYP 是一位性格较为开朗的阿姨，相比于 YW，可以更快速地与周围人熟络起来，但是在小组过程中不太专心，频繁与周围人聊天并玩手机。

TXY，是第一次活动就迟到的一位大叔，但是态度诚恳，在活动中多次道歉并且喜欢提问，是一个对小组活动感兴趣且乐于钻研的人。

ZJF 是唯一一位年龄低于 50 岁的小组成员，相对于其他成员更能理解活动中涉及的问题，并且愿意为其他组员解释。

(2) 第 4 节小组目标及流程

①本节目标

继续深入小组成员间的交流互动；提高组员的团队协作能力。

②计划流程

环节一：签到、介绍活动流程。小组成员签到；社会工作者介绍本单元小节活动内容及流程。

环节二：暖场活动。歌曲演唱——《万水千山总是情》。

环节三：竹竿提水——团队合作能力提升活动。由七名小组成员以及一位社工共八人进行两两分组，四名组员站成一排共同手持两根长竹竿，使用竹竿将前方的十瓶矿泉水移动到指定区域，两个小组依次进行，用时最短者胜利。如若两组都未能完成，那么在规定时间内，移动矿泉水数量最多的小组获胜。

环节四：分享交流。社工引导居民发表对本次活动的感想与建议。

环节五：家庭作业。由两名小组成员进行下一节游戏活动的策划（社工在必要的时候提供指导和协助），主题为团队沟通及协作，活动时间设定在 30 分钟之内（下一节活动的两名策划者进行抽签选择）。

③成员表现记录

SSM，经过前三次小组活动的学习，大叔目前已经和组员熟悉起来，愿意积极表达并分享自己的经验。

LXL，自从上节活动开始，阿姨表示希望每次活动开始前可以给大家唱一首歌，因此，在本次小组活动开始前社工与阿姨和其他组员商量，希望能够将接下来单元小组的暖场活动改为阿姨与其他组员进行合唱，获得了大家的一致同意。本节小组开始前再次献唱一首——《万水千山总是情》，为组员关系的建立发挥了重要作用。

JZH，从第一次小组活动到现在依旧非常认真，每节小组活动都喜欢记笔记。而且从活动表现中可以看出阿姨已经有了明显的进步，对于任务目标的达成有了更全面的想法，能够在小组讨论中提出不一样的看法。

YW，相比第一次小组活动简直判若两人。作为本次活动的组织者和策划者，在引导活动过程中落落大方，言语幽默，本次给大家带来的活动深受组员好评。

YYP，相比于前几次活动的不太认真，这次活动阿姨表现得饶有兴致，积极参与并且表示想要将这样的活动实施推广下去。

TXY，大叔在此次活动中的组织能力和领导能力得到了体现，在活动中通过良好的组织能力引领组员获得了游戏活动的胜利。

ZJF，虽然与其他小组成员有年龄差距，但是对组员合作的影响并不大，此次活动中已经表现为完全融入小组之中，并且在活动中积极运用学习到的方法和技巧。

（3）第6节小组目标及流程

①本节目标

巩固小组成员所获得的参与能力；处理离别情绪。

②计划流程

环节一：签到、介绍活动流程。组员签到；介绍活动内容及流程。

环节二：歌曲合唱——《我和我的祖国》。（由于第3、4、5节活动中组员普遍对歌曲的反响热烈，因此在此次活动前，社工临时修改了本节活动内容，将原本的互动游戏修改为歌曲合唱，由于前几节活动中有部分组员已经有过合唱的基础，因此对本次活动7名组员现场练习合唱会有一定帮助。）在LXL阿姨的带领下，所有小组成员共同练习合唱——《我和我的祖国》，规定时间30分钟，要求合唱的音量、音色等统一。

环节三：处理离别情绪。社工引导组员分享学习的经验，巩固组员所学知识和能力。最后，社工处理离别情绪，进行临别祝福并总结分享。

③成员表现记录

SSM，大叔在合唱过程中非常积极，在练习合唱之前提议每个人先自己练习5分钟，记住歌词和音调，这表明其在活动过程中不断思考，不断寻找最佳解决方法，这是参与能力提升的表现。

LXL，阿姨作为此次合唱的领唱和指挥，在团队协作中发挥了巨大作用，而且阿姨任劳任怨，无论是活动中还是活动前都与社工及组员积极沟通，经过六次小组活动，阿姨参与活动的自主性变得更强，而且学到了简洁高效的沟通和处理事情的方法。

JZH，阿姨个人的嗓音有些沙哑，在合唱开始之前主动联系 LXL 阿姨和社工，询问自己的嗓音会不会影响合唱的整体效果，这是为团队负责的表现。而且在练习的过程中非常努力，时常请教 LXL 进行发音练习。

YW，阿姨在唱歌方面或许有些羞涩，一改往日的活跃状态，在前半段的练习中不太积极和主动，但是后来在其他组员的鼓励和帮助下也逐渐放开了自己。这是接纳自己和他人的表现之一，能够真正融入团队之中，贡献自己的一份力量。

YYP，阿姨在此次合唱中表现积极，与组员的配合十分默契。

TXY，大叔表示自己在唱歌方面不太擅长，所以并没有发挥出原有的组织和领导能力，只是在合唱练习之余不断进行个人练习。

ZJF，阿姨由于自身有些急事，所以在活动中途才赶来，但是，在合唱中的表现依然非常出色，能够积极主动地配合他人的需求。

（三）社区活动："防控疫情"知识讲座

1. 活动概述

根据需求调研表明，居民当前对社区参与的认知情况并不理想，相对于政府及社区本身在社区治理的重要性来说，居民社区参与的重要性被忽视或淡化，居民的社区参与意愿与社区参与行为也呈现矛盾状态，居民对社区参与不了解，也没有真正获取社区参与相关知识，居民的主观因素与社区存在的客观因素是造成当前状况的主要原因。因此，为了满足居民需求并实现服务计划的目标，特开展以"防控疫情"为主题的知识讲座活动，在满足居民了解"新冠疫情"病毒相关知识的同时，提升居民社区参与意愿，培养居民社区参与的精神。

由于 2020 年年初突发新冠疫情的影响，社区居民人心惶惶，一直处在担忧与焦虑的状态之下，担心自己或家人意外感染病毒。在这样的背景之下，由于需要避免人群聚集，社区服务线下活动难以开展，居民社区参与动力提升计划受阻。因此，笔者将防控疫情与服务计划相结合，推出"防控疫情"知识讲座的线上社区活动，邀请了 ZSDX 医院门诊部综合科医护专员为社区居民开展防疫知识讲座，为居民讲解"新冠"病毒的传播方式、日常防护方法等内容，通过专业医护人员对"新冠"病毒的讲解以及与居民的交流互动以消除居民对"新冠"的误解和盲区。本次活动共服务居民20人次，持续时间两小时，服务人员包括院方服务专员 W 老师以及两名社工，两名社工分别负责活动的引导和活动过程的观察记录。

2. 活动目标及流程

①活动目标

使服务对象了解并提升防控"新冠"病毒的知识和能力；提升服务对象交流互动的能力；提升服务对象进行社区参与的认知和意愿。

②活动流程

环节一：签到、介绍活动流程。服务对象签到；介绍本次活动内容及流程。

环节二："新冠"病毒防控讲座。ZSDX 医院门诊部综合科医护专员为社区居民开展防疫知识讲座，在介绍了全国以及本市的疫情发展情况的同时，详细地为居民讲解"新冠"病毒的传播方式、日常防护方法等内容，并教大家选择何种类型的口罩、如何正确佩戴口罩以及七步洗手法等。

环节三：交流互动。社工引导服务对象与医护人员互动，并由医护人员为大家答疑解惑。

第三节 城市居民社区公共事务参与动力提升的社会工作实践评估

一 服务评估

(一) 小组工作效果评估

1. 居民参与知识学习小组效果评估

本次评估内容包括组员满意度及活动成效（见表4.7和表4.8），主要对目标完成情况、组员参与状况及关系变化、社工对专业方法和技巧的运用进行评估。根据评估结果显示，组员对小组活动十分满意，通过本小组学习到了社会治理相关知识，对于社区参与的认知也得到了提升，小组目标基本达成。

表 4.7　　居民参与知识学习小组活动满意度调查

评价类别	调查项目	回答人数（人）				
		1分	2分	3分	4分	5分
服务满意度评价	本次活动对我有帮助					8
	我对活动的投入程度					8
	我认为社工带领活动的专业度					8
	我认为社工带领活动的态度					8
	我认为活动的时间安排				4	4
	我认为活动的场地安排				1	7
	我对活动的内容及流程安排				1	7
	我对本次活动的总体评分				2	6
服务成效评价	我认为参加活动学到了很多社区治理相关知识					8
	我认为参加活动使我与居民的关系拉近了，人际沟通能力得到了提升					8
	我认为参加活动使我认识到了居民社区参与的重要性				2	6

表 4.8　　居民参与知识学习小组活动满意度调查结果

评价类别	调查项目	平均分（分）
服务满意度评价	本次活动对我有帮助	5
	我对活动的投入程度	5
	我认为社工带领活动的专业度	5
	我认为社工带领活动的态度	5
	我认为活动的时间安排	4.5
	我认为活动的场地安排	4.86
	我对活动的内容及流程安排	4.86
	我对本次活动的总体评分	4.76
服务成效评价	我认为参加活动学到了很多社区治理相关知识	5
	我认为参加活动使我与居民的关系拉近了，人际沟通能力得到了提升	5
	我认为参加活动使我认识到了居民社区参与的重要性	4.76

(1) 小组目标完成情况

参与报名本小组的居民多为社区活动的积极参与者，希望能够学习相关知识，由此报名了本小组活动。经过六节小组活动的学习，所有组员都表示自己学习到了社会治理的相关知识，并且多数居民认识到了自身在社区参与中的重要性，并且愿意将自身所学的知识应用到社区治理中。与此同时，所有组员都表示自己在小组活动中建立了新的人际关系，丰富了自身的人际网络，相关能力获得了提升。由此可见，小组目标基本达成。

(2) 小组成员参与状况及关系变化

组员参与情况：本小组以居民的实际需求为导向，因此获得了有相关需求居民的积极参与。在六次小组活动中，大部分组员表现积极，能够认真学习相关知识，反思并提出自己的困惑和质疑，与社工及其他组员进行讨论，整体参与状况良好。

组员关系变化：在本小组活动开始阶段，虽然组员多数为社区活动的积极参与者，但是彼此之间并不熟络，组员彼此在与"陌生人"相处过程中难以自然地进行沟通交流，不过随着小组学习的持续深入以及社工的引导，组员间的关系变化逐渐积极，组员之间能够彼此支持和鼓励，同时组员的沟通和协调能力也获得了提升。

(3) 社工专业方法的运用

社工作为本小组活动的组织、策划及引导者，需要运用一些专业方法和技巧推进小组互动的正常运行：一是在小组活动初期，需要营造轻松愉快的氛围引导小组成员尽快进入活动状态，引导组员之间尽快熟络，并提醒组员遵守契约内容；二是综合运用社会工作专业技巧引导组员间的沟通和协调，理解并尊重他人意见，通过理性沟通的方式营造一个良好的组员交往环境。

2. 居民参与能力提升小组效果评估

本次评估内容包括组员满意度及活动成效（见表4.9和表4.10），并对活动成效进行了具体说明，其中小组目标完成情况、小组成员参与状况及关系变化、社工对专业方法和技巧的运用是小组活动成效评估的重点内容。根据评估结果显示，组员对小组活动十分满意，小组目标也基本达成。

表4.9　　　居民参与能力提升小组活动满意度调查

评价类别	调查项目	回答人数（人）				
		1分	2分	3分	4分	5分
服务满意度评价	本次活动对我有帮助				5	2
	我对活动的投入程度				6	1
	我认为社工带领活动的专业度				2	5
	我认为社工带领活动的态度				1	6
	我认为活动的时间安排				2	5
	我认为活动的场地安排				2	5
	我对活动的内容及流程安排				1	6
	我对本次活动的总体评分				6	1
服务成效评价	我认为参加活动提升了我的人际沟通能力，能够与他人更好地建立关系				2	5
	我认为参加活动提升了我的团队合作能力和责任意识				3	4
	我认为参加活动使我在活动的组织、策划能力等方面得到了提升，愿意并能够自主参与社区活动				1	6

表4.10　　　居民参与能力提升小组活动满意度调查结果

评价类别	调查项目	平均分（分）
服务满意度评价	本次活动对我有帮助	4.28
	我对活动的投入程度	4.14
	我认为社工带领活动的专业度	4.71
	我认为社工带领活动的态度	4.86
	我认为活动的时间安排	4.71
	我认为活动的场地安排	4.71
	我对活动的内容及流程安排	4.86
	我对本次活动的总体评分	4.14

续表

评价类别	调查项目	平均分（分）
服务成效评价	我认为参加活动学到了很多社区治理相关知识	4.71
	我认为参加活动使我与居民的关系拉近了，人际沟通能力得到了提升	4.57
	我认为参加活动使我认识到了居民社区参与的重要性	4.86

（1）小组目标完成情况

本小组作为能力培养小组吸引了部分社区建设积极者的参与，多数组员表示希望能够学习相关技能并运用到自身感兴趣的实践中。经过六节小组活动的学习，多数组员都表示自己的部分需求在活动中得到了满足，整体活动过程让人非常开心愉悦，而且通过活动的学习提升了自身的沟通协调能力、团队合作能力、活动的组织和策划能力等，组员能够更好地与他人建立关系并更加愿意参与到社区建设之中，组员社区参与的自主性得到了提升。由此可见，本小组的服务目标已基本达成。

（2）小组成员参与状况及关系变化

组员参与情况：本小组以居民的实际需求为导向，因此获得了有相关需求居民的积极参与。在六次小组活动中，大部分组员表现积极，能够认真学习相关知识，反思并提出自己的困惑和质疑，与社工及其他组员进行讨论，整体参与状况良好。

组员关系变化：在本小组活动开始阶段，多数组员彼此之间关系并不熟络，小组状态较为沉闷，组员在相处过程中难以自然地进行沟通交流，不过随着小组学习的持续深入以及社工的引导，组员间的关系变化逐渐积极，组员之间能够彼此支持和鼓励，同时组员的沟通和协调能力也获得了提升。

（3）社工专业方法的运用

社工作为本小组活动的组织、策划及引导者，需要运用一些专业方法和技巧推进小组互动的正常运行：一是在小组活动初期，需要营造轻松愉快的氛围引导小组成员尽快进入活动状态，引导组员之间尽快熟络，并提醒组员遵守契约内容；二是综合运用社会工作专业技巧引导组员间的沟通和协调，理解并尊重他人意见，通过理性沟通的方式营造一个良好的组员交往环境。

(二) 社区活动效果评估

本次评估内容包括服务对象满意度及活动成效（见表 4.11 和表 4.12）。根据社区活动满意度及成效评估显示，服务对象对本活动十分满意。在新冠疫情的背景下，本次活动的开展极大满足了与居民自身切实相关的需求，通过讲座的方式潜移默化地影响着居民对社区参与的认知，社区参与可以通过多种形式、不同渠道、不同地点进行，通过社区参与，居民能够在满足自身需求的同时积极进行社区建设。在本次活动中，多数居民认为自己在活动中既满足了自身的需求，也提升了自身社区参与的意愿，活动目标基本达成。

表4.11　　　　　　　　　　社区活动满意度调查

评价类别	调查项目	回答人数（人）				
		1分	2分	3分	4分	5分
服务满意度评价	本次活动对我有帮助				1	19
	我对活动的投入程度				2	18
	我认为社工带领活动的专业度			2	9	9
	我认为社工带领活动的态度				5	15
	我认为活动的时间安排			2	12	6
	我认为活动的场地安排			4	8	8
	我对活动的内容及流程安排				6	14
	我对本次活动的总体评分				7	13
服务成效评价	我认为自己的部分需求得到了满足				2	18
	我认为通过参与此次活动提升了我对社区参与的意愿				8	12

表 4.12　　社区活动满意度调查结果

评价类别	调查项目	平均分（分）
服务满意度评价	本次活动对我有帮助	4.95
	我对活动的投入程度	4.90
	我认为社工带领活动的专业度	4.35
	我认为社工带领活动的态度	4.75
	我认为活动的时间安排	4.20
	我认为活动的场地安排	4.20
	我对活动的内容及流程安排	4.70
	我对本次活动的总体评分	4.65
服务成效评价	我认为自己的部分需求得到了满足	4.90
	我认为通过参与此次活动提升了我对社区参与的意愿	4.60

二　服务总结与反思

（一）服务总结

本书内容旨在提升社区居民的参与动力，使社区居民有意识、有能力成为社区建设的重要部分，通过居民社区参与动力提升服务的设计、实施以及评估，提升居民社区参与的认知、意愿和行为，进而提升居民社区参与的动力。

首先，在居民社区参与认知方面。认知、意愿、行为三者相互作用，共同构成了动力，认知是动力的基础和关键，因此，提升居民社区参与的认知便是本书的第一步，通过六次居民社区参与知识学习小组的服务，居民对社区参与有了较为全面的认识，居民看待社区参与不应仅根据自身的利益从自己的角度出发，也应该站在中观层面，从社会治理以及社区建设的角度出发。社区的发展与居民的建设是相辅相成的。带着这样的目标和理念，小组活动从社区治理的角度出发，引导居民正确看待个体与社区的关系，认识到居民在社区治理中的使命，在当前社会社区居民逐渐"原子化""个人化"的背景下，协助居民重新发现个人与社区之间的联结纽带，使居民认识到社区参与的重要性，并且居民在社区参与的过程中也可以得到社区的回馈。

其次，在居民社区参与行为方面。当前居民所参与的社区活动多数为以居民自身利益出发的休闲娱乐等一般性活动，这样的社区参与一方面难以对当前社区建设的现状产生更多积极转变，另一方面也表明居民社区参与能力存在一定局限并且难以获得提升。因此，通过在社区内招募积极性较高的居民并培养其参与能力或许能够为社区发展带来一定的引领作用，在这一过程中，服务活动以提升居民社区参与能力为主题，以居民实际需求为导向，协助居民策划相关活动。只有居民知道自己最感兴趣的、最关心的是什么，将主导权交给居民，充分发挥居民的自主性，进而使得居民在社区建设中不再盲目依赖，发挥自身的主体精神。这样的服务形式取得的效果也是显著的，在参与活动的过程中，居民社区参与能力获得了提升，使得居民在今后的社区参与中能够发挥更大的作用，并且参与到深层次的社区服务中。在这一过程中，居民不仅感受到了参与过程的喜悦，并且真正感受到社区参与这一过程的意义与要求。

最后，在社区参与意愿方面。认识到了社区参与的重要性不代表有社区参与的意愿，同样，有社区参与行为不代表有主动参与的意愿且接下来仍会积极参与，意愿作为一种情绪状态与个人心理相关，其复杂程度不言而喻，但是最主要的影响因素包括两个方面——认知与行为，居民社区参与意愿源于个体认知，而影响认知的因素包括社区参与前的主观判断与参与后的过程体验。基于此，本服务一方面通过社区治理相关知识学习提高居民对社区参与的认知和了解程度，使居民在学习的过程中认识到居民在社区治理中扮演的角色和重要性。另一方面通过居民实际参与到活动的组织策划中，以居民实际需要为导向发掘活动特色，不断丰富活动形式并积极投身于社区建设之中，通过认知和参与行为两方面的协助和培养，最终达成居民参与意愿的提升。

（二）服务反思

1. 培养居民参与"认知＋意愿＋行为"，以提升居民参与动力

如果说社区是社会结构中的原子，那么居民则是社会结构中的粒子或者更加微观的存在。这种特点使得居民参与社区公共事务的动力必须源于自我内在的推动力量。当前社区居民作为社区主体的地位并没有得到展现，居民的主人翁意识也明显缺失。因此要以居民的实际需要为导

向，通过服务活动的形式协助居民与社区重新建立联系，充分发挥居民的社区参与主体作用，通过提升居民对社区的认知和意愿引导居民进行社区参与行为，再通过服务活动中的互动提升居民对社区参与的认知和意愿，让居民在形式、内容、效果等方面的实际参与中获得物质、文化、情感等方面的合理需要，在此基础上，居民社区参与动力便获得提升，居民也能够形成社区参与的自觉。

由于居民参与动力的提升需要在居民社区参与认知、意愿、行为三方面进行合力培养，因此便需要在实践中对同一服务对象分别进行社区参与认知、意愿、行为的服务，进而促进居民参与动力的提升。但是由于新冠疫情的影响以及社区客观条件等限制，导致本书的实践部分难以达成该条件，仅根据居民的实际需要对不同服务对象分别进行了相关需求的满足和能力的协助提升，虽然服务效果较好，但是影响有限，服务计划并没有完全达到预期的效果。

2. 社会工作在提升居民参与动力中的功能和定位

第一，社会工作能够在居民参与动力提升方面发挥巨大力量。居民参与动力不足的问题源于居民个体认知、社区环境、制度条例、社会变迁、历史文化等因素的综合影响，因此，针对这一问题需要进行全面的分析和研究，需要合适的人才和角色协助居民和社区认识并解决问题。社会工作长期植根于社区服务，具备专业的理论和方法，能够在居民社区参与动力提升方面发挥巨大作用。本书在认知行为理论和社会生态系统理论的指导下提升居民社区参与的动力。在这一过程中，社会工作者以居民的实际需要为导向，协助居民在游戏互动的过程中逐渐改善自身的认知和行为，提升居民社区参与的能力和自足性。本书是以服务计划的形式进行居民参与动力的提升，由于时间、空间的条件限制，本书仅进行了两次小组活动和一次社区活动，并不能全面且十分有效地使居民社区参与动力的提升达到最好的效果，但是结果是较为显著的，如果在今后的实践和研究中能够将此思路演进为项目化运作，相信提升居民参与动力这一目标能够有效达成，社会治理的进程也能够更上一层楼。

第二，社会工作者的能力和经验会影响服务效果。社会工作者需要具备丰富的理论知识和实践经验，并且在实践过程中能够综合运用多种理论知识为服务对象提供协助，丰富的经验会使得多变的服务过程游刃有余，给服务对象带去专业的服务效果和体验。服务的策划、实施和评估会提升社工的服务能力，对整体服务过程进行反思，社会工作者也因此更加能够体会到自身的能力和经验对服务效果的影响程度。在本研究和服务中，由于社工服务能力和经验存在一定不足，导致服务效果并未完全达到预期，因此，社会工作者应不断丰富和完善自身的专业理论和实践，为服务对象提供更好的服务。

第三，社会工作的介入路径仍需研究。在当前社会治理的模式中，社会工作促进居民社区参与动力提升的过程应该在现有的社区体制中进行"嵌入式"发展，但是，当前的"嵌入式"发展对社会工作的独立性造成了一定的挑战。本服务所依托的社会工作机构在服务的全部环节都与社区保持着密切的联系，社区在资源的链接、方案的计划与执行以及服务对象的招募方面提供了非常多的支持。但是，本服务所属的项目是在民政局的引导下开展的，社区是服务的受益者和监督者，街道办是购买方和评估组织方，社会工作在众多角色中力量较为薄弱，在多方协调中容易出现行政化色彩，导致服务项目的目标和内容难以完全达成。

3. 相信社区居民的主观能动性

社区是居民的社区，当前社区问题的解决需要居民在其中发挥自身的功能和作用，积极参与到社区建设中。社会工作作为助人自助的专业，其主要功能在于协助居民进行社区参与，为居民开辟时间和空间，协助居民学习相关知识和技能，居民才是解决社区问题的关键。因此，相信居民有解决问题的能力是非常重要的，在此基础上，社工要做的便是充分发挥居民的主观能动性，本研究和服务过程中一直坚持此观念，并在小组服务中积极引导并协助组员自行组织、策划相关服务活动，结果也是积极可观的。

4. 居民参与动力的提升需要在制度、文化层面给予支持

社区治理的关键在于居民能否有效进行社区参与，我国居民社区参与在经历了历史变迁、制度转变以及社会文化的影响之后，最终呈现出

当前的状况，因此，居民参与动力不足不仅限于居民自身认知和能力的影响，社会、文化、制度等因素也共同导致了居民当前社区参与的现状。通过社会工作提供服务实践的方式能够提升居民社区参与的认知、意愿和能力，并且能够协助社区与居民建立关联，在一定程度上增进居民与社区的互动水平，但是制度要求的影响、社会结构变迁的影响以及几十年甚至几百年文化的影响使得居民对于社区参与已经形成了某种刻板印象，因此，仅凭社会工作参与其中难以达到最理想的效果。对于居民社区参与动力的提升，是以社会工作先行参与来唤醒居民对社区参与的认知以及参与能力，随后推行相关制度建设以促进社区治理多元主体共同参与社区治理，提升多元主体的参与意识并转变参与形式，提高居民社区参与的决策地位和主体作用，将社区参与形成一种社会良性运转的良好风尚，使人人都能参与其中。

第四节 结论与讨论

本书以居民的实际需求为基础，通过认知行为理论和社会生态系统理论的运用进行社会工作服务实践探索，根据实践服务的效果表明，居民社区参与动力不足的问题能够通过社会工作专业服务解决。但是居民社区参与动力不足的问题不仅是居民个体参与意愿或参与能力不足导致的，客观因素也不可忽视，探析导致居民参与动力不足的因素同样重要。居民社区参与行为既受到个人价值观念、利益考量等影响，也受到社会文化等因素的影响，主观因素与客观因素相互影响共同造成了目前的状态，因此，推进社区治理顺利进行、提升居民社区参与动力需要在多方面进行综合考量和改善。但问题的解决不是一蹴而就的，率先解决主要矛盾是关键，本书认为，突破当前社区治理困境的核心在于提升居民社区参与动力，社区是居民的社区，社区的建设和发展也是由居民担当主力，当居民与社区建立紧密联系，居民有能力并且积极参与社区建设，社区治理便会有序进行。因此，本书针对居民社区参与动力提升提出如下建议。

一 个体层面

（一）加强居民参与意识的培养，促进居民主动参与

居民参与是实现社区治理良性运转的关键。在传统的社会管理中居民作为客体，不仅难以有效参与社区公共事务，对社区参与的认知也存在一定偏差，且居民的实际需要得不到满足，使得居民缺乏社区参与，主要表现为参与意识不足，参与行为不积极。社区的建设需要居民主动进行社区参与，使居民认识到自身在社区建设中的重要性和意义，认识到居民与社区的内在关系，同时要对居民社区参与的意识、能力，以及参与社区治理的信心加以培养，使居民在社区治理中获得愉快体验的同时发挥自身的力量。因此，通过加强居民对社区及社区治理知识的学习，增强居民对相关知识形成正确且积极的认知，并认识到居民与社区之间的关系以及居民的角色。社区的发展需要居民参与，并以此为基础，提升居民在社区建设中的自主性，促进居民主动参与。

（二）提升居民社区参与素养与能力

仅仅培养居民主动参与的意识是不够的，使居民有效进行社区参与还需要提升居民对社区治理的认知，并提升居民社区参与的能力。当居民有认知、意愿和能力进行社区参与时，居民社区参与的动力就得到了提升，在社区治理中就能够发挥更大的作用。

首先，提升居民的社区参与素养。居民作为城市社区治理的主要参与者，其社区参与行为及效果是衡量社区治理的重要标准，无论是居民表达自身的利益诉求还是提升社区参与的层次都需要居民有良好的沟通能力、文化政治素养等。居民具备了社区参与素养有助于其满足自身需求并获得更好的社区参与体验，同时也有利于社区治理的发展。其次，培养居民对社区参与的认知及社区参与能力，使居民认识到社区参与的重要性。学习社区治理相关知识并提升居民社区参与的能力和自主性是至关重要的。让居民认识到在社区参与中自身的权利和义务，有利于居民更好地参与社区公共事务，同时提升居民参与治理的效率。

因此，对于居民社区参与素养与能力提升的问题，一方面，可以通过"社区课堂"或社会工作服务的方式学习社区治理及社区参与相关知

识，通过居民间的互动提升社区参与的能力，使居民有素养、有知识、有能力进行社区参与；另一方面，通过社区宣传教育的方式使居民了解所在社区的基本情况以及每个居民社区参与的权利与义务，鼓励居民加入社区建设之中。将以上两种方式相结合能够潜移默化地改变居民社区参与的状况，改变居民对于社区参与陈旧的意识和观念，提升居民的社区参与素养，增强社区认同。同时，通过社区服务活动的开展提升居民的参与能力，使居民能够参与到社区服务的组织和策划中，提升居民社区参与的层次。

二 社区层面

（一）促进社区社会组织的发展

社区公共服务的提供，往往需要专业化、职业化程度较高且资源丰富的社区组织进行服务，社区组织在社区公共事务治理中能够发挥巨大的作用。因此，政府要重视社区组织在社区中的发展，营造适合社区组织发展的环境，激发社区组织发展的活力。第一，不断加强政府与社区组织的协商合作，在社会治理的背景下，不同组织扮演着不同的角色，各司其职，每一角色都发挥着各自的功能和作用，但重点是不同角色之间要相互协同、相互依存。政府应加强对社会组织的引导，培育和发展专业的社会组织用以促进社区建设，同时树立合作治理理念，不断发掘社会组织的潜能。第二，政府应在制度、政策和资金方面支持社区社会组织的发展。当前我国社区社会组织对社会发展的重要性已逐渐被认可，政府应继续在政策、资金等层面给予社区社会组织支持，使我国的社区组织快速发展和壮大，增强社会组织的专业水平，促进社会治理的发展。

（二）搭建社区参与的制度平台

社区作为居民的集聚地，是居民进行社区参与的平台，因此，为了促进居民参与，推进社区治理的发展，社区应积极培育居民参与网络，并搭建制度平台。第一，社区应定期举办社区活动，丰富社区活动的内容，满足居民的需求。在这一过程中不断促进居民之间、居民与社区之间的交流，推进社区关系网络的发展以及社区活动的规范化、制度化。第二，培育社区精英。社区与居民的互动需要桥梁和纽带，同时，促居民的社区参与，增强居民社区自治的能力和积极性等都需要"领头羊"，促进社区建设需要充分培育和发挥"领头羊"的功能和作用，引领居民进行社区参与。并在互动的过程中不断形成新的规范和参与网络，在社区参与的过程中不断提升居民的参与能力和参与层次。

三　社会工作层面

（一）建设专业社会工作人才队伍

社会工作与社会治理的内涵和目标十分契合，能够积极推进我国社会治理的发展，但是我国社会工作起步较晚，目前所学习的专业理论和基础知识多源于国外，作为一门重实践的专业，社会工作者更需要参加各种专业能力提升的培训，多在实践中开展具体社工服务，在专业理论的指导下进行社工实践，同时也通过实践经验的总结反哺理论研究，推进社会工作的本土化建设。

社会工作还需在微观、中观、宏观三方面积极扮演不同角色。在微观层面社会工作应充分发挥自身的专业特性。在坚持助人自助专业理念的基础上，协助居民提升社区参与的意愿和能力，充分发挥居民的主观能动性，培育居民成为社区建设的积极参与者，不断提升居民社区参与的层次，转变居民在社区参与中扮演的角色。社会工作者应充分发挥并积极扮演不同角色，通过服务的直接提供促进居民参与服务活动并提升参与动力，通过资源的链接为居民提供丰富多元的服务，并构建、完善其资源网络，社会工作者通过多重角色的运用和转变，最大限度地为居民参与动力的提升提供帮助，助力社会治理和社区建设。同时将中观和微观实践经验进行总结，形成政策倡导，用以促进社会良性发展。

（二）推进社区服务项目化运作

随着经济、社会的发展，人们的需求也日益多元，社区在处理政务工作的前提下难以处理社区矛盾以及满足居民的多样需求，在提升居民参与动力以及推进社区治理方面更是无力解决，这就需要有专业的社会工作服务机构对社区进行协助，满足社区居民的多样需求，促进社区治理的健康发展。因此，各级政府应重视专业社区组织的发展，加强购买社会工作服务，对社区存在的问题进行精准探析，为有需求的群体开展专业社工服务，通过项目化运作的方式持续解决社区中存在的问题，使专业服务成为一种常态，潜移默化地解决居民社区参与动力不足的问题，使居民能够积极主动地进行社区参与，进而促进社区治理积极有效运转。

(三) 推进社会工作参与社区治理的制度构建

对于社会的长期稳定发展而言，社会组织的不断完善和优化是至关重要的，社会组织在建立之初就有自身特定的社会目标，并在这一过程中不断服务社会，不断实现特定社会功能，维护社会的稳定和良性运转。社会工作社区服务的专业组织，更应该发挥其在社区治理中的作用，可以有效促进社区治理理念、体制机制、方式方法等全面创新。在本研究中，居民参与动力不足的问题能够通过社会工作的专业方法得到有效解决。首先，社会工作的终极价值目标是使服务对象的潜能得到发掘，协助服务对象解决问题，针对有社区参与意愿、但是缺乏社区参与认知和能力的居民，本研究通过小组活动的形式，协助居民在活动中不断学习社区治理知识并增强其人际沟通、组织策划等能力，使居民的潜能得到发掘，能够有效进行社区建设；其次，社会工作呼吁民主与平等，以民主与平等的观念进行服务的提供和政策的倡导，能够不断完善社会治理理念；再次，社会工作解决问题的目的是将问题化解在最初的阶段，防止问题扩大化，使服务对象能够享受潜能发掘的"红利"；最后，社会工作机构作为第三方组织，其中立性能够在传递政策和反映民意方面发挥桥梁作用。因此，推进社会工作参与社区治理的制度建构是非常重要的。当前我国社会工作已经积累了一定的本土模式和经验，在这一过程中，社会工作通过政府购买项目参与社会治理被证明是一项有效的路径选择，社会工作机构得到了快速发展，社区治理也得到了有效支持。因此，政府应继续支持和培育社会工作的发展，不断完善社区治理机制，以社区为中心，实现社会工作参与社区治理的有效介入和实践。

综上所述，居民参与动力的提升需要多层面建设以及多元主体的协调，社会工作作为社区服务的专业力量需要得到社区参与各主体的认可。在本研究中，社会工作在社会治理的微观层面充分发挥了自身的专业特性，在坚持助人自助专业理念的基础上，协助居民提升社区参与的意愿和能力，充分发掘居民的潜力，培育居民成为社区建设的积极参与者，不断提升居民社区参与的层次，转变居民在社区参与中扮演的角色，同时，社会工作者充分发挥并积极扮演不同角色，通过服务的直接提供促进居民参与服务活动并提升其参与动力，通过资源的链接为居民提供丰富多元的服务，并构建、完善社区资源网络，社会工作者通过多重角色的运用和转变，最大限度地为居民参与动力的提升提供了帮助，助力社会治理和社区建设。这对于增强社区凝聚力、促进社区参与具有重要意义。

本书在探析居民社区参与动力的基础上，通过社会工作专业方法的运用，为解决居民社区参与动力问题提供了一种解决路径。社区是居民的社区，是和谐、友善社会的缩影。一个健康、成熟的社区，应该是多元主体良性互动的社区，其中居民社区参与的态度决定着社区治理的效果。因此，社区居民参与动力的提升、参与机制的建立就尤显必要，社区的和谐关系着国家、社会一切秩序的和谐，其落脚点在于人际关系，社区是人际关系最好的"培养皿"，若居民之间、居民与社区之间能够发现或创造更多的共同利益，能够进行良好的互动与合作，那么一个和谐的社区就诞生了，一个和谐友善、繁荣稳定的社会就形成了。

第五章

商品房社区邻里关系改善的社会工作支持

邻里作为一种初级群体，是指成员间相互熟悉、了解，在情感基础上形成密切关系的社会群体。邻里关系可以是一种交换关系，人们通过邻里互动进行物质交换和情感交换①。中共中央、国务院2017年出台的《关于加强和完善城乡社区治理的意见》指出，要强化社区文化引领能力，通过中华优秀传统文化的弘扬和城乡社区精神的培育，发挥道德教化作用，引导社区居民崇德向善，形成与邻为善、以邻为伴、守望相助的良好社区氛围。②促进社区居民邻里关系和谐是提升我国城市现代社区治理水平的重要组成部分，对增强居民的社区认同感和归属感，培育亲密、互信、互助的现代社区共同体具有重要作用。我国现代邻里关系的发展与我国社区空间形态和治理格局息息相关，可以分为传统街坊式邻里关系、单位家属院式邻里关系、商品房社区新型邻里关系等。商品房社区的特点与以往传统街坊社区、单位制社区有着明显区别，商品房社区的居民异质化较强，居民的职业、收入、受教育水平等各方面存在差异，邻里之间来往频度低、互动程度弱。居民在商品房社区这一陌生环境中归属感较低、信任度下降、互助减少，往往更关注自身与家庭的发

---

① 闫文鑫：《现代住区邻里关系的重要性及其重构探析——基于社会交换理论视角》，《重庆交通大学学报》（社会科学版）2010年第3期。
② 新华社：《中共中央 国务院关于加强和完善城乡社区治理的意见》，http://www.gov.cn/zhengce/2017-06/12/content_5201910.htm，2017年6月12日。

展，社区参与较为冷漠，社区参与水平低下，已然不具有浓厚的共同体色彩，成为"互不相关的邻里"①。这不仅关系着社区居民情感维护和社会支持，还会影响到社区建设和社会和谐稳定。因此，有效改善商品房社区邻里关系，无论是对居民，还是对社区，甚至对社会治理都具有十分重要的意义。本书在实证研究的基础上分析了商品房社区邻里关系的现状和居民调整邻里关系的需求，并运用社会工作理论、方法和技巧，从邻里意识增强、邻里互动平台搭建、社区互助资源整合等方面提供专业的社会工作服务，以加深邻里熟悉、信任与互助，重建居民社交网络。在此基础上，总结社会工作服务经验，为邻里关系改善提供可借鉴的社区实务模式，提升社区服务质量。

第一节 商品房社区的邻里关系现状分析

一 样本选取

本书选取 S 市 ZY 社区居民为研究对象，对该社区居民邻里关系现状进行调查与了解，并依据调查结果，运用社会工作方法探索如何提升商品房社区邻里的熟悉、信任和互助程度。

（一）选取依据

ZY 社区成立于 2005 年 4 月，是 S 市开发较早的区域，辖区面积 1.4 平方千米，现有 11 个居民小区。其地处 S 市中心区，地理位置优越，交通便利，房屋均价高达 10 万元/平方米，居民生活水平良好，属于典型的商品房社区，辖区现有人口 2.1 万左右，其中户籍人口 14000 余人，流动人口 7000 余人。符合研究需求，利于后续研究工作的开展，因此选取 ZY 社区这一典型的商品房社区进行研究。

根据研究内容，需要对目标社区概况、邻里关系现状进行调查。首先，通过历史资料查阅、半结构化访谈的方法了解社区主要情况、邻里关系服务开展情况以及社团开展概况等基本内容。通过查阅资料了解社

---

① 桂勇、黄荣贵：《城市社区：共同体还是"互不相关的邻里"》，《华中师范大学学报》（人文社会科学版）2006 年第 6 期。

区历史、经济、基础设施等信息,通过与社区工作者访谈了解当前有关邻里关系服务开展情况,随机选取社区居民访谈了解服务需求和邻里关系现状。其次,为了深入研究商品房社区邻里关系的现状以及问题,本书通过问卷调查的方法,从社区居民的性别、年龄、职业、文化程度构成等方面了解社区居民群体的基本信息,根据邻里交往方式、了解程度、交往频次、互助程度、邻里关系期待等方面反映邻里关系现状。此次调查选择在 ZY 社区四个人口较为密集的小区路口发放问卷,针对社区居民共发放 125 份问卷,有效回收问卷 118 份,回收率为 94.4%。

(二)样本描述

在基础设施方面,为了美化社区环境、丰富居民生活、提高子女教育水平,在市、区政府和街道的政策支持与资金投入下,社区周边已形成交通、商圈、教育、医疗、娱乐等一系列便民设施,包括 1 所学校、1 家中大型医疗机构、1 家儿童乐园、1 家大型娱乐设施、2 个大型商场,以及图书馆、星光老人活动中心、文化广场等。社区党群服务中心、社区社会组织也同样可以借助相应场地开展服务与活动,较好的场地资源为后期开展各项邻里关系改善服务提供硬件设施方面的便利。

在社区资源方面,社区社会组织主要有老年人协会、邻里互助会、居民议事会、居务监督委员会。其中老年人协会成立于 2009 年,老协现任会长为首届理事会成员,在社区内具有 9 年的服务经验,时常与老协成员共同组织邻里之间参与老协活动。在老协的管理下邻里们自发成立了社区合唱队、舞蹈队、柔力球队、太极队和书法班等,社区居民根据自身兴趣进行社会互动,构成小型社团,可以说,趣缘成为 ZY 社区居民邻里交往的主要原因。

访谈 1 (截取)

访谈对象:社区社工主任　访谈地点:党群服务中心社工办公室

笔者:在促进邻里关系的服务方面,社区一般会开展哪方面的活动呢?

社工主任:其实除了每年的邻里节,在日常社区活动中我们没有特地以"邻里和谐"为主题去开展，而是组织一些兴趣小组来吸引大家。此外党群（指社区党群服务中心）这边是很支持居民自己开展活动的，比如说老协，只需要向街道报备一下，在"智慧党建"公众号预约场地就可以开展活动了，像他们经常会组织电子琴兴趣小组、合唱队、书法比赛什么的，在这个过程中邻里之间的关系自然就拉近了，社工在这里做的更多的是为居民们提供一个平台和契机。

邻里互助会作为社区居民自助、互助组织，有力地整合了社区资源，在邻里互助中发挥着一定的作用，促进了社区的邻里互助。ZY社区内不少超市、商家成为邻里互助会的一员，在社区困难居民帮扶工作中，发挥其资源优势，为社区困难居民提供物质支持。但经过深入了解后，目前辖区邻里互助会实际上发挥的作用并不大，仅限于浅层的物质支持、资源提供。

访谈2（截取）

访谈对象：社区社工，具有五年社区服务经验

笔者：我看到社区里也成立了邻里互助会，都是哪些人参加呢？邻里互助会主要以什么形式举办活动呢，效果如何？

社区社工：我们社区邻里互助会平常其实没什么事，是一些热心的居民参加的，有时候大家会组织聚会，偶尔带着孩子聚聚，聊聊近况。另外就是迎接每年的邻里节，在每年九月左右，那时互助会和老年人协会等团体相互合作，协助社区开展社邻联欢会、百家饭活动、募捐等活动。总的来说邻里互助会在促进邻里关系方面发挥了一定作用，但作用不是很大，社区这边对此类居民组织的管理也比较松，没有很好地利用起来，有点像空壳子。

通过部分访谈内容可知，目前ZY社区除却每年政府规定举行的"社区邻里节"活动，较少开展针对邻里关系改善的服务。但是社区十分鼓励居民个人根据自身兴趣进行一些邻里交往，居民开展活动只需向街道

报备，程序简单。组织活动的自主性较强，但具有丰富工作经验的社区社工也反馈到，目前社区居民组织的效果并未充分发挥，主要局限在物质支持较多，可持续性不强。

在此次问卷调查中，基本情况如表 5.1 所示。有效问卷共 118 份，其中被调查者男性为 37 人，女性为 81 人，分别占 31.36% 和 68.64%，被调查者中男女性别比例不均衡，实际上也比较符合社区内参与日常服务的性别比例情况；在年龄组成方面，主要由青、中年构成，主要是因为 ZY 社区附近有 CBD 中心，许多流动人口租住在此，其中 18—35 岁的人数占调查总人数的 29.66%，36—55 岁的人数占 49.15%，55 岁以上的老年人口也占有一定的比例，占调查总人数的 21.19%；在文化程度方面，小学及以下占 8.5%，初中占 17.8%，高中占 41.5%，高中以上占 32.2%，总体来看被调查者主要是高中及以上学历；在户籍方面，被调查者本地人数占 61%，非本地户籍人口占 39%，非本地户籍人口同样占据一定的比重。

表 5.1　　　　　　　样本基本情况（N=118）

	类别	频次（N）	百分比（%）
性别	男	37	31.36
	女	81	68.64
年龄	18—35 岁	35	29.66
	36—55 岁	58	49.15
	55 岁以上	25	21.19
文化程度	小学及以下	10	8.5
	初中	21	17.8
	高中	49	41.5
	高中以上	38	32.2
户籍所在地	本地	72	61
	非本地	46	39

注：N 为调研样本总数。

二 现状分析

通过前期的调查研究,发现 ZY 社区邻里关系主要呈现出以下特征。

一是邻里交往表现为浅层化,主要体现在日常交往仅限于点头之交,信任程度不够、无法进行更深度的邻里交往、邻里互助。邻里之间较少进行深度互动,当个体面临一些困扰时更偏向寻求家人、朋友的帮助,而不会向较为陌生的邻里求助,无法充分信任邻里。

根据表 5.2 可知,47.4% 的被调查社区居民表示遇到邻居时经常打招呼,而当问到是否经常帮邻居捎带东西时,只有 14.4% 的被调查者选择了经常,而 40.7% 的被调查者表示很少帮助邻里捎带东西;32.2% 的被调查者表示很少向邻居借东西,22.9% 的被调查者更是表示从不找邻居家借东西,由此说明邻里之间互助程度不高,大家更倾向于与邻里进行表面的互动,即打招呼、偶尔聊天等,而较少进行利益上、深度情感上的社会交往。

表 5.2　　　　　　　　邻里之间交往程度　　　　　　　　（%）

	经常	有时	很少	从不
当你遇到邻居时,是否打招呼	47.4	25.4	23.8	3.4
你是否经常帮邻居捎带东西	14.4	21.2	40.7	23.7
你是否找邻居借过东西	17.8	27.1	32.2	22.9
你是否经常找邻居聊天	29.7	22.9	31.4	16.0

二是商品房社区邻里关系水平总体逐渐下降。根据表 5.3 可以看出,当问到社区居民近五年来的邻里关系变化时,41.5% 的被调查者认为近五年来邻里关系比原来差一些,只有少部分社区居民认为邻里关系有所改善,12.7% 的被调查者认为邻里关系有一些改善,只有 4.2% 的被调查者感觉邻里关系有很大改善,另外有 31.4% 的社区居民认为邻里关系和之前差不多,没有很大变化,10.2% 的被调查者认为邻里关系比原来差很多。

第五章 商品房社区邻里关系改善的社会工作支持

表5.3 近五年来邻里关系的变化（N=118）

	频数（N）	百分比（%）
有很大改善	5	4.2
有一些改善	15	12.7
差不多	37	31.4
比原来差一些	49	41.5
比原来差很多	12	10.2
总计	118	100

注：N为调研样本总数。

三是对比外来人口，本地居民的邻里关系水平更高。本地居民由于长期居住在社区，与邻里的关系建立时间久、信任度较高。而外来人口由于文化、个人等原因，较少与邻里交流，此外因缺乏消息渠道、需要照看孙子女等原因较少参与社区活动，更加缺乏邻里交往的机会。由表5.4可看出，16.7%的户籍居民对邻里关系表示非常满意，30.6%的户籍居民对目前的邻里关系比较满意，这一数据对比非户籍居民来说有所下降，只有10.9%的非户籍居民对当前邻里关系表示非常满意，26.1%的非户籍居民对邻里关系比较满意。另外可以得出的是，无论是户籍居民和非户籍居民，大多数被调查者都对邻里关系表示"无所谓"的态度，分别占41.7%和32.6%，也可以得出社区居民对邻里关系的重视程度不足。

表5.4 对邻里关系满意程度 （%）

	非常满意	比较满意	无所谓	不满意	非常不满意
户籍居民	16.7	30.6	41.7	8.3	2.7
非户籍居民	10.9	26.1	32.6	17.4	13.0

访谈3：

这几年我觉得和邻居来往还不错，我们老协经常开展活动的！

大家一块儿学电子琴，社区也给我们提供场地，我们过几天又要开展活动，只要在公众号提前预约就好了，非常方便。

——一位老协成员，本地户籍

访谈4：

我来S市主要是为了帮儿子儿媳带两个孙女，我家在外省，来这儿好几年了从来没参加社区活动，和邻居也不怎么说话，每天要做家务、接送孩子，也没时间和邻居去交往。

在老家当然好，都是老邻居，都认识，平常一起聊家常、锻炼身体。这边谁也不认识，我普通话也不好，不好意思跟别人交流。

——一位社区居民，非本地户籍

三 存在问题及成因分析

尽管在S市政府的倡导下，每年S市各街道、社区都会开展"社区邻里节"活动，但效果并不十分显著，更像是一场短暂的"狂欢"。经过调查访谈，本书也发现当前商品房社区邻里关系存在着居民对邻里关系的重视程度逐渐下降、邻里互动平台缺乏且存在壁垒、邻里互助资源未做有效整合等方面的问题。

（一）居民对邻里关系的重视程度逐渐降低

与过往传统街坊式、单位社区相比，商品房社区居民对邻里交往的重视逐渐下降。根据ZY社区基本资料可知，当前户籍人口14000余人，流动人口7000余人，本地人口与流动人口的比例为2∶1。社区呈现出人口流动性大、本地人口与外来人口混合居住的特征，ZY社区地处S市中心区，周边CBD众多，较多职员租住在此，人口素质较高，年龄处于18—45岁。当被问到"是否愿意与周围的邻居交往时"，虽然有31%的被调查者表示比较愿意与邻居交往，但仍有40.68%的被调查者对邻里交往表示一般、无所谓的态度，20.34%的被调查者不太愿意与周围邻居交往，体现了居民的邻里交往意愿不强，对邻里关系的维护表示无所谓。见表5.5。

表 5.5　　　　　　　　是否愿意与周围的邻居交往（N = 118）

	频数（N）	百分比（%）
很愿意	8	6.78
比较愿意	31	26.27
一般、无所谓	48	40.68
不太愿意	24	20.34
不愿意	7	5.93
总计	118	100

注：N 为调研样本总数。

究其原因，一是相比建立良好的邻里关系，ZY 社区大多数青、中年居民进行社会交往的场域偏向工作场域，人们花费大量时间和精力进行业缘、亲缘的交往和维护，社会交往的目的主要是个人利益取向，而忽略了社区中的邻里交往，认为邻里交往的好坏并不影响自身的生活，从而使邻里这一初级群体走向衰落。二是社区的非本地户籍老年群体大多是跟随子女迁来 S 市的，大多时间忙于做家务、抚养孙子女，他们多数文化程度不高，尽管存在社区参与的意愿，尝试建立邻里关系，但由于个人时间不允许、表达能力有限无法迅速融入、社区邻里交往圈子已经固定等原因，很少参与社区活动，认为只要不影响生活，邻里关系也不是很重要。不论是社区中哪种群体，都因为人际互动观念和生活方式的改变，对邻里关系的重视程度不断降低。

（二）邻里互动平台缺乏且存在壁垒

从整体来看，社区党群服务中心不仅为社区居民提供社会交往的场地，还鼓励居民发展社团，形成兴趣、交友社群，但实际上，仍然缺乏真正开放的邻里互动平台。当前社区的邻里交往主要通过老年人协会、星光之家自行组织活动，社区社工也开展其他活动。从表面看，社区邻里交往平台已经初显规模，邻里交往是持续性且有组织性的。但实际上，由于长期以来本地居民的交往频繁，因为自身兴趣特长已经形成自有的文化交往圈，热衷于参与社区活动的居民很少与性格内向、没有兴趣爱好或者语言不通的外来人口进行邻里互动，因此后者的几类群体很有可能被已经固定的交往圈所排斥；此外，又因为数字鸿沟导致许多居民缺乏消息渠道，无法获得社区活动资讯，不知如何参与社区活动，进行社会交往，导致无法融入社区，因此当前商品房社区可能缺乏一个真正包容的公共交往平台，从而导致本地人口与外来居民之间的交往出现壁垒，无法实现真正的社区融合。

访谈5：

合唱队成员当然有外地的了，S市是开放的城市，各地的人都有，不过我们的圈子确实也是比较固定的，有些外地的不知道我们这边会有活动。

——一位老协成员，非本地户籍，来S市20余年

访谈6：

因为要定时更新数据，网格员经常去居民家里走访的，我们发现非本地户籍的居民基本不参加社区活动，他们每天负责接送孩子、给子女做饭、做家务什么的，业余的娱乐活动就是晚上在小区散散步，没有什么社交的，年轻人更不用说，白天都见不到的。

——社区网格员

（三）邻里互助资源未做有效整合

自ZY社区成立以来，社区红色资源雄厚，共有党员1600余名，其中退休党员1200余名，具有丰富的志愿资源。在2020年年初抗击疫情期间，辖区退休老党员积极主动参与疫情摸排工作，一直坚守在党员志愿先锋岗，在社区治理工作中发挥了不可替代的作用。但根据了解，作为自组织，社区党员志愿者队伍仍然存在管理混乱、志愿服务水平较低的情况，党员志愿者们在大多时间内是做一些为辖区清洁家园、困难群体送米送油、社区志愿者岗位值班等工作，呈现出单一化、非专业等问题，价值感与自我获得感偏低，在邻里互助工作方面并未充分发挥作用。社区志愿者队伍也缺乏一定的奖励机制，完全依靠党员志愿者的自主性，丰富的红色资源并未规范、持续性地运用起来。

访谈 7：

因为之前基建工程兵转业全部就地安置，所以我们辖区的退休老党员真的很多，这是相比于别的社区非常突出的优势，红色资源一直是我们重视发展的。但是目前我们对党员志愿者队伍的管理还是不多的，一般都是鼓励他们参与义工服务，有活动需要就打电话邀请他们来，属于有问题了才找他们。

——ZY 社区志愿服务岗工作人员

由访谈 5 可知，社区一直尝试利用辖区优势资源，试图打造一支较为专业的党员志愿者队伍，激发党员志愿者的活力。但由于主客观因素，抱着"问题为先"的管理观念，有问题、需要帮忙了才找党员，并未真正开发利用这一宝贵的社区资源。

第二节 商品房社区邻里关系改善的社会工作实践

随着城市化进程不断加快、社会分工与社会阶层的分化，我国社区异质化不断增强，传统社区邻里关系开始发生变化，以往传统街坊社区、单位制社区的亲密、互助的邻里关系逐渐弱化，邻居间热情地打招呼，逢年过节互相串门、互相帮忙的现象已经不再，如今社区邻里关系更趋向于表面化与浅层化，是一种趋利关系。特别是 ZY 社区这一典型的商品房社区，通过前期需求调研了解到，社区居民的邻里关系水平逐渐下降，居民们与邻居互不相识，人口流动性较大，不同于过往单位制社区或农村社会，商品房社区居民之间缺乏血缘、业缘的社会联系，邻里关系十分冷漠。通过调查研究发现，当前商品房社区邻里关系冷漠的原因主要有在观念上居民对邻里关系不再重视、社区层面公共互动平台存在壁垒、邻里互助资源未能有效整合等原因。因此，本书尝试通过组建邻里小组提供邻里之间深入了解的机会，加强对邻里关系的重视；搭建包容的邻里互动平台来促进居民互动，社工、社区、社区居民共同参与、合作；通过整合辖区红色资源，打造特色义工队伍，加强居民之间的信任和互助意愿的培养，加强居民之间的互助，从而加深居民对社区的认同感和归属感，最终促进社区的和谐发展。

一　服务目标和服务策略

（一）服务目标

本书主要从三个方面设定服务目标：一是重新建立各种社会网络。试图通过开展小组工作、社区活动等服务，为居民进行社会交往提供平台。通过满足社区居民不同的需求和兴趣让邻里之间重新相聚在一起，鼓励党员志愿者对社区困弱群体组成结对帮扶，重新构建各种社会网络。二是增加居民互动及交往。通过传统节日、书友会等形式向所有居民传达善意，居民们通过不同的活动形式去体验彼此的快乐、悲伤、孤独等情绪，加深彼此了解与互动程度。三是改善邻里关系。邻里之间的陌生或者邻里矛盾同样是影响邻里关系的因素之一，通过小组工作的开展，向居民呈现不同的邻里矛盾，利用情境扮演等方式增强居民之间的相互理解，了解处理邻里矛盾的方式，以改善邻里关系。

基于此，服务目标确定为：一是立足于社区，通过服务提供，在邻里意识提升、邻里互助平台搭建、邻里互助资源整合的实践过程中提升居民对邻里关系的重视，改善当前商品房社区邻里关系淡漠的现状；二是为邻里关系改善提供可借鉴的社区实务经验，探索社会工作服务策略，构建社区邻里关系改善模式。对居民来说，改变居民的陌生状态，提升居民对邻里关系的重视程度，促进居民之间的情感互动，逐步加强信任感，居民互助次数增加，打造居民共同的社区支持网络；对社区来说，搭建邻里交往平台以便居民及时获取活动资讯，参与社区活动，亲近邻里，加强彼此之间的沟通，逐步打破居民之间封闭、半封闭状态，加强对社区活动的参与。同时，挖掘并整合商品房社区资源，打造党员志愿者队伍，真正实现"在家门口做服务"，促进社区居民的交流与互助，提升社区服务质量，构建稳定有序、守望相助的和谐社区。

（二）服务策略

在服务策略方面，通过改善社区沟通渠道，充分利用当地资源，解决现有的社区问题。在邻里关系改善的过程中一是加强与社区权力机构、社区领导者的合作，在宣传邻里文化、培育辖区党员志愿者队伍过程中，注重与社区党委的沟通合作，获取社区党委的正式支持，在活动开展时邀请社区领导，实现资源的互惠互换。二是重视居民及地区团体的资源。充分利用辖区红色资源，激发辖区党员志愿者的助邻意愿，促进其积极参与到社区事务当中，实现资源的有效整合。主要基于传统邻里文化的宣传基础，通过三大计划为社区居民提供相应服务，以此改善商品房社区居民的邻里关系。

社工在服务提供过程中主要担任的角色有：引导者角色，协助居民组织起来，帮助其建立良好的沟通和信任关系；教育者角色，协助训练居民联系邻里、处理邻里矛盾以及助邻的技巧方法。具体服务策略见图5.1。

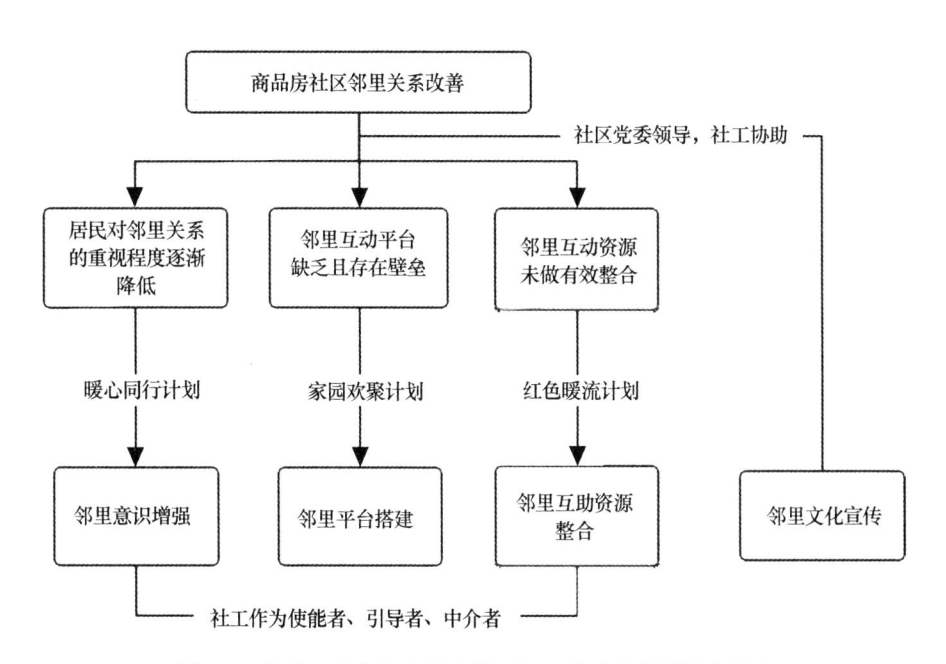

图5.1 社会工作参与商品房社区邻里关系改善的服务策略

二 服务设计

以下为本书策划的"家在 ZY·邻里同行"项目的设计，主要从"暖心同行"计划、"家园欢聚"计划和"红色暖流"计划三大服务板块开展实施，以期让社区居民改善当前邻里关系，感受到"家在 ZY，邻里同行"的温暖与关怀。

板块一　暖心同行计划

服务目标：提升居民对邻里关系的重视，促进居民交流；服务内容："邻里同行"小组，"巧手互助"手工坊活动；服务方式：小组活动。

板块二　家园欢聚计划

服务目标：搭建社区交往平台，及时获取活动资讯，参与社区活动，亲近邻里，探索社会工作者的角色；服务内容："粽情邻里"端午节欢聚活动，"畅享书海"书友会活动，"情暖中秋"中秋节欢聚活动；服务方式：社区活动。

板块三　红色暖流计划

服务目标：充分利用社区志愿服务资源，促进社区居民的交流与互助；开展党员志愿者结对服务，为邻里互助寻求正式、非正式支持资源；服务内容：党员志愿者能力提升小组，"睦邻亲善，守望相助"困难群体探访活动；服务方式：小组活动、社区活动。

三　服务实施

服务实施从项目暖心同行计划、家园欢聚计划、红色暖流计划三大方面出发，介绍项目服务的前期准备与具体服务过程，社工通过加强与社区党委、社区网格以及党员居民的合作，在服务对象招募、服务提供的过程中，引导邻里互动，从邻里意识增强、邻里互动平台搭建、社区互助资源整合等方面加深邻里熟悉、信任与互助程度，重建居民社交网络。作为使能者、引导者、资源链接者，社工在各个服务阶段发挥着自己的优势。

（一）暖心同行计划

通过前期的社区邻里关系调研，商品房社区邻里之间的关系逐渐冷漠，其中的原因之一是社区居民对邻里关系不再重视，从意识层面忽略了邻里和谐的培养。人们缺乏对邻里关系的正确认识、抑或不知如何处理现代的邻里关系，导致邻里之间存在隔阂与矛盾，因此开展"邻里同行"小组，旨在打开参与者的心门，促进社区居民之间的交流，提升社区居民处理邻里关系的能力，增强邻里互信与互助，最终实现社区的邻里关系和谐。由于篇幅原因，本书只概要介绍暖心同行计划中"邻里同行"小组活动。本次小组为封闭式小组，通过易拉宝、业主群内发布招募通知进行组员招募，共招募 8 名希望加深邻里交往的居民，参与居民主要为 55—70 岁的老年群体。小组总共分为六节，聚会频率为每周一次，视组员时间而定。小组活动开展过程中至少有两名社工参与，一名社工承担着小组的主持人、引导者、教育者等角色，负责把握小组活动进程、组员情绪等工作，另一名社工则为机动人员，负责观察、记录小组活动情况以及应对突发状况等。

（1）活动目的

增进居民之间的认识和了解，建立和谐、熟悉、信任的邻里关系。

具体目标：目标一，组员间能够相互认识、熟悉，了解对方的姓名、大致住址和其他基本情况；目标二，组员除了认识小组内部成员，还能认识其他 2—3 户邻居；目标三，增强组员之间的相互信任程度，使互助意愿增强。

（2）活动内容（见表 5.6）

表 5.6   "邻里同行"小组活动主要内容

小组活动单元	小组活动目标	活动主要内容
邻居你好！	认识组员；了解小组活动目标；订立小组规则	社工自我介绍； 破冰：组员之间进行自我介绍。（介绍自己的姓名、大致住址，下一位接着介绍上一位的基本信息与自己的，以此类推……） 介绍小组目的及内容，并澄清组员的期待、解答疑惑，社工与组员共同订立小组规范； 真情寄语：社工为每人分发一张卡片，组员写下自己对这次小组、组员的愿望，写完之后向组员们相互分享，最后由社工收回寄语卡； 社工对第一次活动作总结，并告知组员下次聚会时间和大致内容

续表

小组活动单元	小组活动目标	活动主要内容
邻里,敞开心扉	深入了解、情绪分享	社工回顾上次活动内容,并简单介绍此次活动; 社工邀请居民们对邻居之间的矛盾进行讨论,每人轮流回答,鼓励大家多发言,并指定组员记录主要的邻里矛盾。社工鼓励居民们相互分享面对居民矛盾时解决问题的方法。 社工讲述沟通的重要性以及情绪管理技巧,引导组员认识情绪;发现自身情绪;学会适度表达情绪。组员分享学习后的心得与想法。 社工总结此次内容并布置小组任务:尝试和曾经有过矛盾的邻居沟通,如果没有过邻里矛盾的,可尝试和与不太熟悉的邻居进行深入交流
邻里相处之道	学习邻里矛盾的处理方式	社工回顾上次活动,并介绍此次内容;由小组组员对上次小组布置的任务进行分享,谈论与邻里沟通的感悟; 情境扮演:邻里相处之道。社工与组员共同设定情境,让组员轮流扮演角色。例如,处理公共区域垃圾纠纷;邻居遇上困难时如何处理等情境。 组员分享情境扮演的感受,社工引导居民联系现实生活,社工总结此次活动内容,并提前告知下次活动内容
邻里敲敲门	认识1—2户邻居,与邻居相互了解、熟悉	社工引导组员相互到组员家中做客,主动敲开邻居的门,一起邀请邻居来自家做客,增进邻里感情(此次活动持续两次,需要联系志愿者、租借相机等,留下邻里之间的美好瞬间)
邻里,不说再见	回顾小组过程、目标达成情况,帮助小组组员处理离别情绪	社工总结小组历程,协助组员一起回顾活动; 向组员发放第一次聚会时组员写的寄语卡,帮助组员回顾此次小组目标是否完成,组员最初的愿望是否完成,由组员分享感受。 节目表演:组员可自行结对表演节目,或者为组员送上寄语或者贺卡等。 处理离别情绪。告知组员,小组虽然已经结束,但组员之间的联系还在继续,邻里之间的感情不会变化

(3) 活动过程

鉴于篇幅原因，本书主要详述第一节、第三节和第六节小组活动内容，包括小组目标、小组流程与小组成员表现三方面内容。

第一节小组主题为"邻里你好"。本小节共有三个目标：一是组员至少认识其他 4 位小组成员；二是了解小组活动目标、共同制定出至少 3 条小组规则；三是 100% 的小组成员完成贺卡，写下对小组的期望。第一次小组聚会，社工与小组成员熟悉度不高，氛围显得比较正式、严肃，社工负责开场向大家简要介绍了自己和开展邻里同行小组的目标和内容，并向小组成员表示欢迎，小组成员礼貌回应，眼神中有期待和陌生感；在破冰环节，大家在记忆力的考验下迅速熟悉了起来，特别是当 WYP 介绍自家住址时，发言积极的 MYJ 叔叔立马反馈到自己和 WYP 阿姨住在同一个小区，离得很近。组员之间的距离逐渐拉近。随后社工向大家介绍了小组的主要目标，并邀请大家分享自身对小组的期望，可以写成贺卡，M 叔叔谈到"自己年纪大了，没什么才艺也没机会参加老年社团，在家待着感到孤单无聊，利用这个机会来到小组就是想多认识认识朋友"。HCY 主动袒露心声，说道"自己家人都不在本地，丈夫前几年走了，这次是社工邀请我过来的，好久我都待在家里，在社工的鼓励下我也想走出来了"。本地人 ZX 则说"来了 S 市就是 S 市人，不要怕，大家住在同一个小区，就像一家人一样的"。经过一番自我介绍，小组成员都对彼此有了一定的了解，并制定了小组规则，如尊重每个人，不评判任何一位小组成员；按时参加小组活动，有事请假需要提前一天等。大家都对小组规范达成一致意见，要求大家一定按时参加活动，尊重彼此。最后社工收回了大家的寄语卡，并告诉大家会在小组结束时归还，到时大家可以看看是否实现了自己的目标。小组成员都十分配合，通过破冰游戏和真情寄语环节对彼此有了一定的了解，并且对接下来的小组活动产生较大的兴趣和期待。

第三节小组主题为"邻里相处之道"。本小节共有两个目标：一是 8 位成员都完成上次小组活动布置的作业；二是 8 位成员在情境扮演中至少扮演 1 个角色。第一个环节，社工邀请每位组员分享自己上周的任务完成情况和感受，HCY 是小组第一个举手分享的，H 阿姨说道"这几次活动我知道在社区里应该多交朋友，而不是封闭自己，我平时和邻居没什么矛盾，主要就是没机会说话，我是东北人，前几天在家包了饺子，也是为了完成作业嘛，就端了饺子敲了邻居家的门，邻居一开始挺惊讶的，因为平常我们碰见了也就是微笑一下，她看见我端了饺子可开心了，说下次要我教她擀皮呢！"小组成员和社工听了都感受到了 H 阿姨与邻居交流的兴奋，大家都笑了起来，社工对 HCY 的主动发言表示了鼓励和感谢，经过 H 阿姨的分享，大家情绪被调动起来，纷纷分享了自己的小组作业情况，有阿姨主动去和之前吵过架的邻居讲和，"虽然有点拉不下面子，但还算是努力了吧，伸手不打笑脸人嘛，都是邻居也不能搞得那么僵，抬头不见低头见的"，大家都表示邻里关系其实对自己日常生活还挺重要的，邻里关系和谐了才能让自己在社区生活得更加舒心，大家在不断地分享过程中感受到邻里和谐对生活的重要性。第二个环节，是邻里矛盾的处理，社工引导大家通过情境扮演的形式，让大家感受邻里矛盾产生时的情绪以及表演如何处理，8 名组员分为两组，四个人分别扮演不同角色，如自己、邻居、邻居家人或自己家人、社区工作者。一开始组员都对这种形式感到十分新奇，也表示自己不会演，展现出又期待又害羞、怕自己做不好的表情。此时，社工向小组成员做示范，用 5 分钟的时间展示如何表演，场景设定为"在炎热的夏天，对门邻居因为没有及时倒垃圾导致楼道里有厨房垃圾的污水和臭味出现，你发现了想找对门邻居理论"，双方分别扮演自己和邻居。社工用比较夸张的方式进行示范，狠狠地敲开了邻居的门，对"邻居"大声喊叫"你下次垃圾不要丢在楼道里过夜行吗，大夏天的味道那么重，你不觉得臭也想想对门呀，怎么这么没素质呢?"，"自己"和"邻居"很快争吵起来……这种生活化的场景很快让组员们主动起来，大家有些跃跃欲试，社工鼓励组员积极参与到 10 分钟的情境扮演中。在两组组员表演完毕后，请两组相互点评并分享感受，CXB 说道"第一组演员们对邻里矛盾的处理方式还是有些激进的，一上去就争吵无法解决问题，我们可以选择温和一些的方式"，SYL 阿姨分享了自己的感受，"我太懂垃圾乱丢楼道的感受了，要是我，我也会上去嚷嚷，不过刚刚看到这幅场景，觉得确实挺不好的，两个人都在气头上，不好好说话就没法解决矛盾"。扮演"邻居"的 H

阿姨也有话说，"我个人脾气比较急躁，虽然在刚才情境里先犯了错，但是被人一通骂肯定也不能接受"。经过情境扮演，小组成员对处理邻里矛盾都有了新的感受，并表示沟通非常重要，特别是不带负面情绪的沟通，很多人都无法做到。最后，社工引导小组联系现实生活，思考自己在未来遭遇邻里矛盾时的解决方式，并提前告知下次的活动内容。

第六节小组主题为"邻里，不说再见"。本小节共有两个目标：一是组员共同回顾小组目标达成情况；二是对每位小组成员送上祝福寄语。小组的最后一次聚会，此时经过了前面五次的了解，小组已经到了成熟期，不需要社工的引导，小组运行十分流畅，小组动力较强。热情开朗的MYJ叔叔带领组员共同回顾了小组活动内容，通过敞开心扉、情境扮演、邻里敲门等方式，大家加深了对彼此的了解，也逐渐感受到邻里关系对生活的重要性，还学会了如何面对邻里矛盾。社工针对M叔叔的话做相应梳理和补充，并感谢所有小组成员一直以来的积极参与和共同组织。之后，社工给大家分发了第一节小组聚会时填写的卡片，带领组员共同检验小组目标是否达成，回顾第一次小组聚会时的期待，经过一个多月的时间大家已经由陌生变得熟悉起来，大家都彼此分享了当初的真情寄语，HCY的寄语卡里写道："希望能在这次小组里交到好朋友，大家开心度过这段时间！"ZX的寄语卡里写道："组里的朋友都还不错，感觉挺真诚，希望能够坚持完成小组。"MYJ的寄语卡里则写道："我这急躁的脾气希望能改改，各位朋友好好监督我……"每位组员都念出了自己的寄语，有些温情、有些搞笑，小组气氛变得热烈且不舍。之后，每一位小组组员给彼此送上了祝福寄语，W阿姨希望H阿姨以后能够坚强一点、开朗一些，Z叔叔希望M叔叔少抽烟，注意身体……最后，社工向小组成员表示小组活动虽然结束了，但是这段时间建立的亲密的邻里关系不会结束，大家同住一个社区，以后来往很方便，在未来的生活中也能够继续交往；同时社工也鼓励大家在未来的邻里相处过程中，可以回顾在小组中学习到的感悟，"大家可别一转身就忘了，咱们不要再和邻居吵架啦，邻里之间和和气气才好呢"。邻里同行小组在温暖的氛围下解散，大家一起合影纪念。

参与者总体表现：参与程度较高，因为小组共8人，小组规模适中，方便社工把控小组进程、观察组员情况，每位组员都有发表意见、表达自我的机会。小组较少出现沉默者，经过社工鼓励都能够表达自己的想法，但是存在过于积极的成员，在前两节小组聚会中，出现过两次打断小组成员说话的举动，后期经社工与小组组员提醒小组规则，MYJ 有所转变，逐渐学会倾听他人。小组成员的投入程度较高，小组活动分为六次聚会，聚会次数适中，不容易让组员产生倦怠感，且每次小组聚会主题鲜明突出，活动内容不重复，组员们受到各种形式的吸引，对小组活动的关注和投入较高。

工作者表现：社工在小组服务过程中运用专业技巧，在不同小组进程中表现不同的态度并扮演不同角色，组员很快与社工建立一定的信任关系。①专注与倾听。社工通过友善、真诚的眼神向小组组员传递尊重，让小组成员感受到自己的表达是被重视且有价值的，有助于营造平等的小组气氛。②适当帮助梳理。在制定小组规则时，小组成员显得有些混乱和意见不一，社工及时出现帮助小组成员梳理小组规则，列出优先次序。③促进相互回馈。在最后一次小组聚会中，小组面临解散，社工及时引导组员对彼此进行回馈，奠定温馨气氛，鼓励大家分享参与小组的感受，加深服务效果，让组员感受到邻里之间的支持作用，体会到邻里关系的重要性。

（二）家园欢聚计划

项目中"家园欢聚"计划中端午与中秋欢聚的活动性质与活动目的相似，鉴于篇幅原因，将对"畅享书海"书友会活动与"情暖中秋"邻里欢聚活动的实务过程进行详述。

1. "畅享书海"书友会活动

随着我国城市社区的不断发展，邻居间热情地打招呼，逢年过节互相串门、互相帮忙的现象已经不再，如今社区邻里关系更趋向于表面化与浅层化，再加之疫情影响，社区居民长时间缺乏互动，社区成为一个冷漠的关系体。经过调查研究，尽管 ZY 社区的部分居民群体积极进行社区参与，但多局限于本地居民，且已经形成了固定的交往圈，与非户籍居民存在壁垒，非户籍居民的社区参与受到一定排斥，体现了社区缺乏包容的公共交往平台。本次活动尝试通过开展社区邻里书友会活动，希望能够丰富居民的日常生活,以"积极""乐观"为主题的书友会拉近彼此之间的距离,感受到邻里之间的支持。

(1)活动目的

通过"积极""乐观"为主题的书友会拉近邻里之间的联系,感受彼此的支持。

具体目标:目标一,在老师带领下,能够与两户以上家庭进行话题讨论;目标二,在世界咖啡屋环节,与小组伙伴共同完成一幅主题画,体会合作的意义。

(2)活动内容(见表5.7)

表5.7　　　　　"畅享书海"书友会活动主要内容

环节	主要内容	物资
布置场地	拉横幅,装饰场地;设置签到处,摆放好相关物资;调试好活动设备	横幅、装饰品、桌布、U盘
活动签到	为前来参加活动的服务对象测量体温,并引导他们之间保持相对的距离	体温枪、签到表
开场	社工开场,介绍活动的流程、目的	/
读书分享	舒缓的音乐导入,放松服务对象情绪,吸引服务对象的兴趣,随后开始分享文学作品,并阅读片段,观看视频	音乐、视频
朗读	讲师带领服务对象选择性朗读文学作品,体会积极乐观的生活态度	文学材料
世界咖啡屋环节	在讲师、社工引导下共同为小组取名、绘画组员符号、送上对彼此未来的祝福,最后完成小组主题画。社工引导服务对象进行活动总结分享	大纸、彩笔若干
发放满意度问卷、活动宣传品	发放满意度调查表;发放活动小礼品和签收表	问卷、活动礼品、签收表
合照	社工组织全员拍大合照	相机

(3) 活动过程

活动准备阶段：本次书友会活动地点选择在社区党群服务中心，方便服务对象前来参加活动，距离适中，有助于活动顺利开展。考虑到有部分服务对象工作日要上班，为了给每位有参与意愿的居民提供机会，本次活动时间选择在周六下午。本次书友会活动共招募 16 位社区居民报名参与，但由于天气原因，服务对象年龄较大，因此请假 6 人，到场的 10 位服务对象有 4 位为非户籍居民，6 位户籍居民；共 7 名女性，3 名男性。

活动开展阶段：活动流程顺利进行，包括社工开场、老师分享书籍、服务对象朗读精彩语录、茶歇时刻、大家一起做健脑操、咖啡屋分组讨论分享、社工总结等。在社工和老师的引导下，服务对象共同参与交流，在场 10 位服务对象都分享了自己的想法，参与度较高，大家在活动中获得了积极的能量和支持鼓励。在导入环节，讲师播放舒缓音乐，邀请到场的社区居民描绘自己像什么植物，C 阿姨说道自己是外地人，年老的父母都在老家，而自己孩子远在国外，回家很少，描述"自己像一棵小草，周围什么也没有，无依无靠"，说着隐忍地流泪，阿姨的反应让在场的居民都有所动容，这时坐在 C 阿姨旁边的 J 阿姨主动打破沉闷的气氛，说出自己的经历，讲道无论遇到什么事应该让自己生活得更好，才不会让家人担心，也符合今天的书友会主题。此时社工为 C 阿姨递上纸巾，并轻轻地拍阿姨的肩膀，向阿姨投注认真倾听与关注的眼神，等待阿姨的沮丧情绪过去，及时安慰道"阿姨，亲密的家人无法团聚，应该会感觉很孤单吧？但是今天您过来参加活动，不就是不想再像之前一样封闭自己吗，希望今天阿姨能够有所收获、不再孤单……" C 阿姨点了点头，感受到社工对她的支持，也看到了在场居民对她的关注与包容，迅速整理了情绪。随后讲师继续开始书友会内容，通过朗读书中精彩段落、观看影片，在场 10 位居民都对书中主人公遭遇困境仍乐观生活的态度感到敬佩，并与大家共同回忆以前的生活，大部分在场居民都出现了共鸣，进行热烈的交流。但活动中仍存在沉默者，W 阿姨的普通话并不标准，表示自己说话怕大家听不懂，因此很少表达观点，这时讲师与社工鼓励阿姨表达自己的看法，表示每个人的经历都是有价值的，我们都愿意听阿姨说，W 阿姨便说道自己的经历和书中主人公很像，"那时候家庭条件不好，作为姐姐拉扯着弟弟妹妹长大，也是吃了很多苦，一直这样过来了，现在条件好了，这样的日子需要珍惜"；茶歇阶段大家仍在互相交流过往经历，在世界咖啡屋环节，把在场居民分为两个小组，社工也参与其中，共同完成咖啡屋任务，这一新奇体验让大家都非常踊跃地表达想法，小组成员共同为小组取名，为小组设置记录员、计时员等，最终完成小组主题画，并选出代表介绍成品意义。

参与者表现：现场参与者表现良好。参与者参与程度高，随着讲师参与到认识自我、品书故事、诵读语录、健脑操、分组头脑风暴流程环节，参与者身心投入，进行良好沟通交流、乐享书友会。出席率较低。本次书友会报名有 16 人，当天请假的人数达到 6 人。根据社工的回访，服务对象表示身体以及天气炎热是影响其参与的重要因素。社工要多关注本次的活动影响参与度的因素。

工作者表现：活动现场前期社工分工明确，准备工作良好。负责社工按照预定的分工计划，进行活动前期的准备。包括装饰品、书籍的摆放、音响投影设备的调试、义工的分工。活动中，社工首先担任小主持热情开场，介绍讲师，过渡自然。为引导活动的开展，社工们穿插在服务对象中，引导和鼓励居民们投身到各个环节中，促进了活动的开展，体现了社工引导者的角色。在遭遇突发情况（服务对象哭泣）时，社工及时对服务对象给予安慰与鼓励，体现了支持者的角色，社工表现良好。

社工技巧：①积极引导，进行开场和总结。社工引导整个活动流程的进行，进行轻松愉悦的开场，活动结束后进行总结合影，保证活动环节的完整和顺利进行。②提供鼓励支持。在服务对象分享和讨论时，社工认真倾听，并及时给予回应，对服务对象进行鼓励和支持，社工此时更像是服务对象的伙伴、合作对象。③帮助服务对象梳理。在分组讨论交流环节，服务对象发言后，社工帮助其梳理思路，让组员的分享内容更具有条理性、逻辑性，加深组员的理解。

2. 情暖中秋邻里欢聚服务

（1）活动目的

目的：通过中秋佳节欢聚活动能够促进居民之间的交流，彼此获得了解与支持。

具体目标：目标一，90%的服务对象享受中秋节节日欢聚服务，在活动中与2户以上家庭进行良好沟通，获得关怀问候。目标二，90%的服务对象能够在活动环节中与至少1户邻居合作，感受到彼此的支持与信任。

（2）活动内容（见表5.8）

表5.8 "情暖中秋"邻里欢聚活动主要内容

环节	主要内容	物资
活动签到	为前来参加活动的服务对象测量体温，并引导他们之间保持相对的距离。督促参加人员签到	酒精、体温枪
开场	社工温馨开场，介绍活动的流程、目的；社工讲解活动中的注意事项	/
中秋习俗知多少	简单介绍中秋节的典故；根据中秋习俗进行互动交流，引导参与者之间互动交流；设计中秋灯谜竞猜；引导服务对象分享自己老家的中秋风俗	PPT、麦克风、灯笼、灯谜、标签
茶歇	社工引导服务对象交流、分享生活	
中秋团团乐	团队游戏——珠行万里，游戏规则：所有人站成一列，每个人拿着球槽，然后让球在球槽里滚动传递，在球不落地的情况下传递到末端社工杯子为成功。 团队游戏——十指同心，游戏规则：将参与者分成两组，组员围成一圈，同时伸出食指，社工将圆板放在组员手指上，然后将小球放在圆板上。将球带到指定桶里为成功	游戏道具、麦克风
活动总结	邀请服务对象分享活动感受；对活动做总结提炼	

续表

环节	主要内容	物资
发放满意度调查表	发放满意度问卷，填写过程中注意了解服务对象的需求；收集服务对象关于活动的开展建议	
合照；发放活动小礼品		相机、小礼品

（3）活动过程

活动前期准备：①活动成员招募，为了破除户籍居民与非户籍居民的文化交流壁垒，为更多居民提供社区参与的机会，本次活动招募将控制户籍与非户籍居民的参与比例，以防部分非户籍居民被社区本土文化所排斥。需要说明的是，家园欢聚计划并不是将服务偏向于非户籍居民，而是试图鼓励更多的较少参与活动的户籍、非户籍居民共同进行一定的社会交往，建立邻里关系，增进彼此之间的交流与沟通。本次活动共招募16户家庭共21人，其中包括8户非户籍家庭，分别来自四川、河南、吉林等地。②物资准备良好。社工在活动开展前已经将各项物资基本准备完毕。不足之处：在场地布置时缺乏暖场音乐，前期气氛并未烘托到位，在细节处仍需加强。③活动分工明确，活动前进行活动分工，负责社工提前讲解活动具体环节，从主持、沟通秩序到机动人员、摄影人员的分工，各工作人员参与度较高。不足之处：由于在中秋活动开展前社区事务较多，社工团队在一些互动以及游戏环节并未提前做好演练，影响现场互动的质量，但社工迅速反应，及时补充主持人B角，使活动顺利开展。

活动开展阶段：社工按照活动的流程进行，完成了活动的开展。活动中，社工各司其职，从签到、开场，到中秋习俗知多少、猜灯谜的环节，以及中秋茶歇、游戏互动环节等，社工积极投入到活动中，并相互督促，活动按照预定的流程完成。在签到环节，社工便利用抽卡方式将到场居民分成两组，引导大家入座，让到场居民们对接下来的活动产生好奇与期待。活动开始，社工运用PPT讲解，向在场居民介绍全国各地不同的中秋风俗，勾起大家对于家乡的回忆，随后邀请在场居民分享自己的中秋回忆，来自延边的 W 阿姨介绍到延边独特的朝鲜族美食与风俗，吸引了大家的兴趣，旁边的 H 阿姨还表示要学习做朝鲜冷面，两位阿姨互相交换了联系方式。本地居民 C 叔叔也热情地向大家介绍当地的特色传统美食，另外一位 M 叔叔也说："我们家住得近，有机会可以一起去探探美食！"尽管在场人数较多，无法实现每位参与者都能够与对方交流，但大家都能够与邻座进行友好的交谈。在灯谜环节，社工尝试采取新颖的猜题方法，将居民 A1 的灯谜答案放在居民 B1 的灯笼中，同理居民 B2 的灯谜答案也在居民 A2 的灯笼中，以此来实现居民之间的交流，把主动权交给参与者，活动现场气氛十分热烈。短暂休息后，在游戏环节，分为两组的居民开始游戏比拼，珠行万里环节考验着集体协作能力，尽管两组都出现了失误，但大家都迅速调整，肢体残疾的 W 叔叔尽管行动不便，但还是在组员的帮助下参与了游戏比拼，而 M 叔叔 15 岁的女儿被推选为游戏裁判。组员之间相互合作，中秋气氛逐渐升温。

参与者表现：服务对象参与度较高，积极参与活动的各个流程。服务对象在活动中，在中秋习俗知多少环节，社工主持人介绍"滇式月饼"时的错误发音，惹得现场大笑，拉近了彼此之间的距离。在中秋猜灯谜环节，居民们积极参与互动及交流，相互猜题且给出答案，在中秋茶歇环节，聊着共同感兴趣的话题，在游戏互动环节，一起鼓励加油。整个活动下来，服务对象参与度较高，感受中秋的氛围，参与了良好的邻里互动交流。在活动结束后，居民参与者交换彼此的联系方式，期待下次活动再见面。社会支持理论中，社区组织的活动一般体现为正式的支持，而这种活动往往只是一种契机，更重要的价值是为居民交流提供平台和机会，这种正式的社会支持无形中促进了居民之间非正式支持的发生，邻里之间的交往紧密了居民联系，使邻里关系在活动中升温。

工作者表现：①积极引导。社工鼓励服务对象参与到中秋节活动的各个环节中来，活动中服务对象踊跃参与，完成了猜灯谜、中秋团团乐游戏互动环节，参与度较高。②鼓励、支持。在活动的游戏环节中，社工鼓励每一位服务对象参与到游戏互动环节中来，在服务对象完成游戏任务后，给予点赞支持。不足之处：在猜灯谜环节社工主持人由于经验不足并未阐释清楚规则，导致场面一时有些混乱，到场居民不了解灯笼里两张便笺纸的意义，随后机动位置的社工迅速反应，向大家说明规则，并担任了主持人 B 角，活动恢复了秩序。

（三）红色暖流计划

1. 服务概述

（1）服务背景

ZY 社区红色资源雄厚，共有党员 1600 余名，其中退休党员 1200 余名，在 2020 年年初抗疫期间，辖区退休老党员积极参与疫情摸排，在党员志愿先锋岗发挥了不可替代的作用。但当前仍然存在管理混乱、志愿服务水平较低的情况，党员志愿者们大多是做一些为辖区清洁家园、困难群体送米送油等工作，呈现出单一且不可持续的问题。社区党委、社工一直尝试利用辖区优势资源，打造一支较为专业的党员志愿者队伍，建设邻里和谐的社区。根据目前 ZY 社区掌握的数据，社区弱势群体中残疾人所占比重较大，辖区残疾人数为 300 余人，且残障种类多样，残疾人成为社区重点关注与服务的群体。可仅仅依靠 1 位社区残联专干与 4 名社工的人员配置远远无法满足 300 余残疾人的服务需求，亟须志愿者的加入与支持。因此设计红色暖流计划中"党员志愿者队伍的招募与培训"和"睦邻亲善，守望相助"困难群体探访活动计划，尝试充分利用社区志愿服务资源，真正实现社区居民"在家门口做义工"，促进社区居民的交流与互助。开展党员志愿者结对服务，构建专业化的志愿服务体系。

（2）服务目的与目标

总目的：利用辖区党员志愿者服务资源，提升辖区志愿服务的水平，让社区居民能够实现"在家门口做义工"，最终达致邻里互助，促进邻里支持不断加深，建设邻里关系和谐的社区。

具体目标：目标一，通过志愿者培训，社区老党员从服务精神、服务价值理念等方面对志愿服务有更全面的认识；目标二，社区老党员学习到 1—2 个入户探访的技巧，能够说出探访应该秉持的 1—2 个基本价值理念；目标三，在探访过程中，社区老党员能够协助残联专干、社区社工摸排残疾人家庭，了解其家庭情况。

2. 服务实施

"党员志愿者队伍的招募与培训"和"睦邻亲善，守望相助"困难群体探访活动具有相当的关联，因此本书将二者合并梳理，"党员志愿者队伍的招募与培训"为困难群体探访活动前的人员筹备内容（见表5.9）。

表5.9　　　　　　　　　红色暖流计划主要内容

活动环节	主要内容	物资
活动筹备	社工向社区残联专干获取ZY社区残疾人名单并致电，确认探访名单与探访时间 党员志愿者招募与培训，主要包括： 招募：向社区宣传栏、社区居民群张贴海报、发送招募志愿者的通知（鼓励社区老党员积极参与）； 培训：第一次培训（破冰游戏；志愿服务精神与理念；志愿服务对社会发展的意义；观看视频） 第二次培训（辖区困难群体的整体情况；介绍探访活动的目的及志愿者任务目标） 第三次培训（探访技巧：入户自我介绍、基本价值理念、沟通技巧、礼貌告别等内容；现场模拟探访；志愿者分享感受）	海报、PPT、视频
活动开展	"睦邻亲善，守望相助"困难群体探访：社区党委、社工与党员志愿者对辖区48户残疾家庭进行探访与信息建档，记录社区内残疾家庭的基本情况与需求	
活动总结	总结残疾人问题及需求，与社工共同对其评估等级；参与探访活动的15名党员志愿者分享探访感受，体会邻里互助	

活动前期阶段：在前期准备阶段，目标为招募辖区党员志愿者，具有一定指向性，因此社工通过辖区党员群组向党员发布招募通知与海报，通知相关培训与服务内容。前期招募名额为20名，共15名社区老党员报名，15名社区老党员均参与三次党员志愿者培训，学习相关内容；此外，

社工积极发现辖区社区领袖并发挥其优势，邀请1位具有十年志愿服务经验的老党员Z阿姨作为讲师，向大家介绍其服务经历与价值理念。

第一次志愿者培训小组，部分老党员们实际上相互认识，他们大多在ZY社区居住了二三十年，因此社工作为引导者，经过组织简单的破冰游戏，大家很快熟悉起来，小组气氛良好。愿意参与辖区志愿服务的党员们一般性格较为热情开朗，社区参与意愿较强。大家认真聆听志愿讲师Z阿姨十年的志愿服务经验，并开始思考自己做义工的意义与初心，C叔叔谈道："身为一名党员，本来做的就是为人民服务的事，以前工作的时候就在做，退休后趁着还年轻继续做着！"对此在场的老党员们纷纷表示赞同，而另一位阿姨则不好意思地表示"做义工更像是退休后想要发挥自己的余热，不想让自己显得退休了就对社会没有用了"。无论是出于个人还是社区利益的考量，培训中老党员们共同思考做义工的意义，不断用正向、积极的词语烘托小组整体的气氛，最后大家在观看志愿者宣传片的过程中感受志愿者队伍对社会进步发展的意义，获得价值感与荣誉感。

第二次志愿者培训小组，主要活动内容为向党员志愿者介绍辖区困难群体的整体情况，介绍接下来辖区探访活动的目的及邀请老党员们共同设定志愿者任务目标。此次小组主持人为社工，首先社工运用图文并茂的形式向社区老党员们介绍辖区困难群体的整体情况，说明了当前社区面临着困难群体多且问题需求多重复杂、专职工作者岗位设置不足、资金不够等问题，亟须建立党员志愿者服务体系，依托党员志愿者队伍的力量来为更多的社区居民提供服务。其次ZY社区党支部书记也来到小组中，向大家传达了发展红色资源的重要意义与感谢，"在场的老党员们过去为社区做出了许多贡献，在未来的社区服务中，也依然希望能够得到支持。老党员们真正实现'在家门口做义工'，既能够促进居民之间的关系建立，加深彼此的邻里互助，还提升了社区居民的社区事务参与感，增强大家的社区归属感"。最后社工引导小组成员共同讨论此次辖区困难群体的探访目的，在场的党员志愿者们表示希望在探访过程中能够充分发挥"老居民""老朋友"的身份，和社区有困难的邻居们唠家常、拉近关系，协助社区开展此次"睦邻亲善，守望相助"探访活动。

第三次志愿培训小组中,社工担任教育者的角色,为大家开展入户探访技巧的培训,为到场的党员志愿者讲解入户探访时的注意事项、与残障群体的沟通技巧等,如秉持着尊重、平等的价值理念,耐心倾听残疾人及监护人的需求,"同情"与"同感"的区别等内容。通过培训,党员志愿者表示"以前做义工大多是引导员、清洁卫生等工作,第一次学习到专业的工作技巧,还挺新鲜的,也很有意义"。H阿姨分享到"以前总觉得我们需要同情残疾人,但是今天学了才知道有时候他们可能并不需要我们同情的眼光,有时候这反而是一种歧视和伤害,今天的课确实很有意义,以后要多开"。一位叔叔说道:"我的身体算好的,生活也比较积极,希望能够通过努力影响到他人,让他们开心一点,感觉到有人重视和陪伴。"总体来说,通过培训,社区党员志愿者能够了解当前社区残疾人服务现状,也有效提升了社区志愿者的服务能力和工作效率,为入户探访活动奠定了良好的基础。

"睦邻亲善,守望相助"困难群体探访活动开展阶段,活动共计探访了48户残障家庭,社工、党员志愿者与各家庭进行时间沟通与协调,探访活动持续两周。参与培训的15名党员志愿者各自分配任务,与社区党委、社工上门探访社区残障家庭,以聊家常的形式,了解残障家庭的生活现状和需求,如询问进行社区康复是否方便、家庭医生上门服务的情况如何以及是否需要申请免费的辅具,等等,主动拉近与被探访者的距离,鼓励其多与人沟通,要有好的心态,同时也邀请照料压力大的监护人适当参与社区的活动。社工在探访过程中除与社区居民建立信任关系,更多的是引导社区老党员与残障家庭进行沟通,担当着记录者和观察者的角色。不仅记录社区残障家庭的信息,同样也观察老党员的表现。

第三节 商品房社区邻里关系改善的社会工作实践评估

本书通过过程评估和结果评估方法检测服务效果。过程评估主要包括的是,在服务过程中对服务对象的表现、社会工作者的表现及专业技巧运用的评估,以便于在服务提供过程及时发现不足、改进服务,保障后期服务效果；结果评估主要通过目标达成情况、服务对象满意度反馈以及服务对象自我评价来反映服务是否有效、是否达致服务目标。评估主要采用的方法有观察、问卷和访谈。

一 服务评估

（一）暖心同行计划服务评估

1. 过程评估

对"邻里同行"小组开展过程中服务对象的表现以及社会工作者的专业表现进行评估与反思。

（1）小组成员表现

小组组员个人的变化。小组成员的变化受到许多因素的影响，每个成员的表现和变化都会影响到自己。总体来说，小组组员通过六次的小组聚会，对邻里关系的重视、邻里矛盾的处理能力以及邻里沟通方式都有了较大的提高。特别是在 MYJ 的积极影响下，小组成员都感受到小组包容、温暖的氛围。MYJ 在小组前期是一名过于积极的成员，出现过两次打断小组成员说话的举动，经社工与小组组员提醒小组规则，有所转变，逐渐学会倾听他人，在后期也成为小组的组织者、合作者；WYP 是一位普通话不是非常标准的阿姨，小组初期发言时从不主动，口头禅是"我不会说，你们说就好了"，在组员和社工的不断鼓励下，WYP 的发言次数变多，主动与组员联系；HCY 是社工主动邀请来参加小组活动，通过几次的聚会，一直封闭自我的 H 阿姨也努力尝试主动与邻居交往。在为期 6 周的小组活动中，在社工的引导下，组员之间形成了稳定的社交网络，彼此之间互相提供情感性支持。

组员之间的交往程度加深，内部动力加强。小组成员在第一次小组聚会中，社工与小组成员熟悉度不高，小组氛围显得比较正式、严肃，成员之间的联结是松散的。随着小组活动的开展，组员之间逐渐熟悉，小组动力较强，组员都比较活跃，凝聚力较强。尤其是在第三次聚会成员分组完成情境扮演环节时，小组成员从未体验过角色扮演，这一新奇的方式让组员形象地看到邻里矛盾发生时不同的处理方式会导致不同的邻里互动结果，因此组员在"邻里相处之道"聚会感悟特别深刻，发言也特别热烈。

在小组服务中，组员之间从相识、相互了解到相互支持，彼此之间建立起一定的社交网络，在小组进程中为对方提供着非正式支持，大家在社工的带领下剖析自身的情绪、倾听组员对邻里关系的看法，为组员提供着情绪性支持。

（2）社会工作者自评

一是小组氛围的引导。"邻里同行"小组规模适中，共8人，方便社工把控小组进程、观察组员情况，并根据组员的变化和小组内容的变化引导小组氛围。第一次开展小组活动时，社工便通过眼神向小组组员传递尊重，让小组成员感受到自己的表达是被重视和尊重的，每位组员都有发表意见、表达自我的机会，营造出平等、包容的小组氛围。在后期进行一些沟通技巧、邻里矛盾处理方式的学习时，社工则营造出较为认真、严谨的氛围，以提高组员对小组活动内容的专注度。

二是工作者角色的转变。在不同的阶段，社工的角色和态度随之发生转变。在小组初期社工承担着组织者的角色，小组成员都十分依赖社工的"指令"，社工引导组员们熟悉、制定小组规范、进行小组互动，耐心倾听组员的想法和意见；小组中后期，社工通过不同的形式激发组员对邻里关系的重视，了解进行良好的邻里互动的方式，扮演了教育者的角色。同时，社工在小组整个发展过程中，都不断地给予组员支持与鼓励。工作者的角色在服务过程中并不是一成不变的，而是根据小组进展和组员的关系联结情况作出相应改变。

2. 结果评估

"邻里同行"小组运用问卷调查法、访谈法进行小组成效评估。主要通过满意度反馈、组员自评表等方面来表现。总体上小组成员实现了邻里之间的相识、相互支持，学会倾听邻里意见、处理邻里关系，邻里互助意愿有所增强。

（1）小组活动满意度及成效反馈

小组活动共持续6次，由于每次小组聚会时间由组员约定，因此并无请假组员，每次发放8份满意度问卷，通过表5.10和表5.11可看到第一次和第六次小组组员的满意度反馈。第一次小组聚会，组员对小组的总体评价较高，均分为4.88分。此外小组成员对社工的服务态度与小组场地安排十分满意,均值为 5 分,但是在初次聚会时,大家都对彼此有些趋避心理,对组员和社工不熟悉,因此对小组的投入程度分值较低,均分为 4.75 分。第一次小组的三个目标均达成,87.5% 的小组成员表示至少认识了其他 4 位组员,全体组员合作共同探讨、制定了至少 3 条小组规范,在场组员写下对小组的期望,完成了寄语卡。

第六次"邻里不说再见"小组聚会,经过六次聚会的相识与磨合,此时小组处于分别状态,组员对小组产生不舍的感情,因此对小组的满意度较高,体现在"对小组的投入程度"均分为 5 分,87.5% 的组员认为小组对自己很有帮助,均分为 4.88 分,相比于初次聚会均值提升了 0.25 分。在目标达成情况方面,组员们一起回顾寄语卡,87.5% 的组员认为自己完成了进组时的目标;每一位小组组员给彼此送上了祝福寄语,W 阿姨希望 H 阿姨"以后能够坚强一点、开朗一些",Z 叔叔希望 M 叔叔"老哥年纪大了少抽烟,可要注意身体"。组员之间的联结逐渐变得紧密,建立了深厚的情谊。

表 5.10　　　　第一次小组满意度和成效反馈 (N = 8)

	调查项目	1 分	2 分	3 分	4 分	5 分	平均分
满意度调查	1. 本次小组对我很有帮助				3	5	4.63
	2. 我对小组的投入程度				2	6	4.75
	3. 我认为社工的带领技巧				2	6	4.75
	4. 我认为社工的态度					8	5.00
	5. 我觉得小组的时间安排				1	7	4.88
	6. 我觉得小组的场地安排					8	5.00
	7. 我满意小组的流程内容安排				1	7	4.88
	8. 我对本次小组的总体评分				1	7	4.88
目标达成情况	1. 组员至少认识其他 4 位小组成员				1	7	4.88
	2. 我了解小组活动目标,和组员共同制定出至少 3 条小组规则					8	5.00
	3. 我完成贺卡,写下对小组的期望					8	5.00

注:N 为参与活动总人数。

表5.11　　第六次小组满意度和成效反馈（N=8）

	调查项目	1分	2分	3分	4分	5分	平均分
满意度调查	1. 本次小组对我很有帮助				1	7	4.88
	2. 我对小组的投入程度					8	5.00
	3. 我认为社工的带领技巧				1	7	4.88
	4. 我认为社工的态度					8	5.00
	5. 我觉得小组的时间安排					8	5.00
	6. 我觉得小组的场地安排					8	5.00
	7. 我满意小组的流程内容安排				1	7	4.88
	8. 我对本次小组的总体评分				1	7	4.88
目标达成情况	1. 我认为我实现了进组时的目标				1	7	4.88
	2. 我为每位组员送上了离别祝福					8	5.00

注：N为参与活动总人数。

(2) 组员邻里关系自评表

组员自评表主要用于监测是否完成小组总目标，即通过组员之间的互动，是否有效促进了居民之间的熟悉、信任和互助程度。其中邻里熟悉程度主要体现在了解邻居的名字、家庭、爱好、工作等内容，邻里信任程度包括是否愿意与邻居交流家里事、倾诉烦恼等，邻里互助意愿主要体现在是否愿意帮助邻居和是否愿意寻求邻居的帮助，此外还对小组成员的邻里关系总体水平进行测量，共14道题。

表5.12　　　　　　　　小组邻里关系自评表

内容	题目	前测均值	后测均值
邻里熟悉程度	我了解邻居的名字	2.88	4.00
	我了解邻居的家庭成员	2.75	3.88
	我了解邻居的爱好	2.38	3.75
	我了解邻居的工作单位	2.25	3.63

续表

内容	题目	前测均值	后测均值
邻里信任程度	我愿意和邻居分享家里事	2.63	3.75
	我愿意邀请邻居到家做客	3.13	4.00
	我遇到烦心事时，会找邻居聊天	2.50	4.00
	邻居问我借钱时，我愿意伸出援手	2.00	2.88
邻里互助意愿	我愿意帮邻居捎带东西	3.38	3.88
	邻居有事时，我愿意帮邻居照看子女	3.13	4.00
	我有困难时，愿意向邻居求助	3.13	4.00
其他	我和邻居的关系程度	3.38	3.50
	邻里关系的好坏对我生活的影响	2.88	3.13
	对目前的邻里关系是否满意	2.88	3.00

通过小组成员自评表可以看出，提供系列的邻里关系服务，如通过邻里沟通技巧、邻里矛盾处理的学习和邻里敲敲门等活动形式能够在一定程度上提升居民之间的熟悉、信任和互助程度，居民能够了解邻居的基本情况，在"我了解邻里的爱好"前测均值为 2.38 分提高到 3.75 分，开始对邻居产生一定的信任，在"我愿意邀请邻居到家做客"前测均值为 3.13 分提高到 4.0 分，但是在被问到"邻居问我借钱时，我愿意伸出援手"时，分数与其他指标相比仍然较低，有 2.0 分提升到 2.88 分。此外居民由以前的"从不向邻居寻求帮助"变得"愿意尝试与邻居交朋友"，居民对邻里关系的重视程度也得到了提升。

> 虽然有点拉不下面子，但还算是努力了吧，伸手不打笑脸人嘛，都是邻居也不能搞得那么僵，抬头不见低头见的。
> ——第三次小组，组员对邻里沟通作业的反馈

> 认识大家十分开心，我感觉就跟个8个人的大家庭似的，邻居之间就是要多来往，这活动是真的不错，以后还有的话我还要来参加！
> ——第六次小组，组员反馈

（二）家园欢聚计划服务评估

家园欢聚计划中包含"畅享书海"邻里书友会、"情暖中秋"邻里欢聚活动等多次活动，鉴于篇幅考虑，对家园欢聚计划进行总体评估。其中过程评估包括对活动招募方式、参与者表现和社工表现进行评估，结果评估则对目标达成情况和服务满意反馈进行评估。

1. 过程评估

（1）活动招募方式的评估。社区广泛招募与社工主动邀请相结合。在以往的活动成员的招募与筛选中，大多数工作者们往往更倾向于招募热衷于社区活动的居民，无形中忽略了一些有邻里交往需求而因为各种原因未能参加的社区成员，把他们排斥在外。为了建立真正开放、包容的邻里交往平台，除招募一些积极进行社区参与的居民，社工借助社区网格员基础数据以及走访信息记录，主动邀请较少参与社区活动的居民来到家园欢聚活动中。"家园欢聚"计划则尝试鼓励不同文化、户籍、信仰的社区居民进行邻里交往，增进不同个体甚至家庭之间的交流。但是值得继续思考和探讨的是，社工有选择地控制不同社区居民的参与比例，是一种利弊都存在的招募方式，这是在后期需要根据实际情况进行调整的。但通过对家园欢聚计划的总体观察，这种较为公平的招募方式，较好地顾及了不同社区居民的需求。

> 这是我们新的尝试，因为你可以看到有些社区居民的社交方式是非常多的，大多积极参加社区活动的成员其实都是有钱又有闲的人，他们的邻里交往我们其实不用担心，他们的组织力是比较强的，我们只需要协助就好。而通过社区走访还有网格员的信息，我们发现因为各种原因很多居民没参加过社区活动，很少进行邻里交往，这个项目更希望回归社会工作的初心吧，为更多真正需要的居民提供服务。
>
> ——项目主任

（2）活动参与者表现的评估。现场参与者表现良好，参与程度较高。如在邻里书友活动中，由于天气原因，最终共 10 名社区居民参加。在场的社区居民跟随讲师参与到各个环节，最后通过分组进行世界咖啡屋，共同完成画像。在分享环节，JAX 作为组长代表为我们介绍画像意义。最后大家都加入了社区服务群组，以便于及时接收社工发布的社区服务资讯。

  活动片段1：
  我们给自己取名叫"邻里一家亲"小组，在画上呢，有我们每个人的手掌，这个想法是我们社工小陈想出来的，意味着我们希望邻里之间要手拉手，心连心，互相帮助、扶持。画里还有向日葵和太阳，希望在座各位都开心、快乐！

  在端午和中秋传统节日欢聚活动中，服务人次为40余人。来自五湖四海的社区居民，借助传统文化与大家分享自己家乡习俗，大家都与两户以上家庭进行了交流；在游戏竞赛环节，社区居民还主动提出当裁判，活动结束后帮助社工整理游戏道具，在此过程中社工与居民、居民之间都得到了彼此的支持。通过家园欢聚计划的各种活动为社区居民提供了平台进行邻里互动，居民们通过不同活动形式不断加深对邻里的了解，建立了一定的信任关系。

  （3）社会工作者表现及技巧运用的评估。活动筹备时，社工分工明确，准备各项物资、进行场地设置。活动中，社工作为主持人，热情开场，介绍活动内容，过渡自然。社工作为引导者，穿插在服务对象中，向社区居民介绍活动内容、游戏规则，促进居民迅速投身到活动各个环节中。在活动的游戏环节中，社工鼓励每一位服务对象参与到游戏互动环节中来，在服务对象完成游戏任务后，给予点赞支持。

  在遭遇突发情况（服务对象哭泣）时，社工及时向服务对象表达安慰与鼓励，运用了共情的技巧，体现了支持者的角色。

  活动片段2：
  社区居民：自己就像一棵小草，周围什么也没有，无依无靠。
  社工轻拍阿姨的肩膀，递上纸巾，阿姨，亲密的家人无法团聚，应该会感觉很孤单吧？但是今天您过来参加活动，不就是不想再像之前一样封闭自己吗？希望今天阿姨能够有所收获、不再孤单……

2. 结果评估

主要采用的测评方法为满意度问卷调查。家园欢聚计划借助传统文化，通过社区活动为社区居民提供较为开放的邻里交往平台，促进居民之间的互动，社区居民感受到了邻里之间的支持和凝聚力。

书友会共发放 10 份满意度问卷，通过问卷反馈可看到，90% 的服务对象对于活动流程、社工服务的满意度较高，均值为 4.9 分。在目标达成情况问卷中，有 90% 的服务对象达成"与两户以上家庭进行话题讨论"目标，在世界咖啡屋环节，90% 的服务对象达成"能够与小组伙伴完成一幅主题画，体会邻里合作的意义"的目标。但是在活动投入程度上，2 位服务对象认为自身的投入程度不够，这可能与活动形式存在一定关系，社工在后期服务也会根据服务对象的意见进行调整（见表 5.13）。

表 5.13 书友会活动满意度和成效反馈（N = 10）

	调查项目	1 分	2 分	3 分	4 分	5 分	平均分
满意度调查	1. 本次活动对我很有帮助				1	9	4.9
	2. 我对活动的投入程度				2	8	4.8
	3. 我认为社工的带领技巧				1	9	4.9
	4. 我认为社工的态度				1	9	4.9
	5. 我觉得活动的时间安排				1	9	4.9
	6. 我觉得活动的场地安排				1	9	4.9
	7. 我满意活动的流程内容安排				1	9	4.9
	8. 我对本次活动的总体评分				1	9	4.9
目标达成情况	1. 我能够与两户以上家庭进行话题讨论				1	9	4.9
	2. 与在世界咖啡屋环节，与小组伙伴共同完成一幅主题画，体会合作的意义				1	9	4.9

注：N 为参与活动总人数。

"情暖中秋"邻里欢聚活动共发放 21 份满意度问卷，100% 的服务对象对活动的时间、场地安排非常满意，认为活动对自身很有帮助，社工的态度非常好，均值为 5 分；有 2 名服务对象认为社工的带领技巧还有待提高，平均分为 4.9 分，主要是在活动开场稍显凌乱，与社工本身的实务经验有关，活动后社工也会继续吸取经验，完善后续服务。总体来说，服务对象对活动的评分为 4.95 分，满意度评价较高。在目标达成情况方面，根据问卷反馈，服务对象均表示"在活动中与 2 户以上家庭进行良好沟通，获得关怀问候"，均值为 5 分，95.2% 的服务对象表示实现了"至少与 1 户邻居合作，感受到彼此的支持和信任"。因此通过服务对象反馈可得，邻里欢聚活动为居民提供了一个邻里交往的平台（见表5.14）。

表 5.14　"情暖中秋"邻里欢聚活动满意度及成效反馈（N=21）

	调查项目	1分	2分	3分	4分	5分	平均分
满意度调查	1. 本次活动对我很有帮助					21	5.00
	2. 我对活动的投入程度			1		20	4.90
	3. 我认为社工的带领技巧				2	19	4.90
	4. 我认为社工的态度					21	5.00
	5. 我觉得活动的时间安排					21	5.00
	6. 我觉得活动的场地安排					21	5.00
	7. 我满意活动的流程内容安排				1	20	4.95
	8. 我对本次活动的总体评分				1	20	4.95
目标达成情况	1. 在活动中与 2 户以上家庭进行良好沟通，获得关怀问候					21	5.00
	2. 与至少 1 户邻居合作，感受到彼此的支持与信任				1	20	4.95

注：N 为参与活动总人数。

（三）红色暖流计划服务评估

1. 过程评估

现场参与者表现良好，参与程度高。无论是志愿服务价值的思考、对辖区困弱群体整体情况的把握，还是对入户探访技巧的学习，在三次志愿者培训小组中，参与者都十分踊跃，乐于分享，讨论热烈，特别是在志愿服务经验丰富的社区领袖的情绪调动下，大家都对邻里互助更加抱有热情和期待，邻里互助意愿增强；在探访过程中，党员志愿者也表现出热情、包容的一面，真正实现了邻里互助。

社工的表现与技巧运用。在培训和探访的过程中，社工营造轻松、安全的氛围，用正向、积极的话语开场，引导在场志愿者们回顾做义工的初心，让大家畅所欲言；专注与倾听，对每位发言者都投注认真的目光，对无论是出于个人利益还是社会利益的志愿者们表示尊重，传达包容。示范引导，在第三节培训小组中，为党员志愿者做入户探访的示范，在情境演绎中引导大家学习探访技巧。

2. 结果评估

此次"党员志愿者队伍的招募与培训"和"睦邻亲善，守望相助"困难群体探访活动主要运用问卷调查法、访谈法进行活动成效评估。主要从培训满意度调查和目标达成情况等方面来表现。共发放15份满意度问卷，回收15份。由满意度问卷数据可知，93.3%的参与培训的党员表示此次培训对自身很有帮助并且也认为自己在小组中比较投入，平均分为4.93分；参与培训的党员对社工的带领技巧和态度表示十分满意，都为5.0分；参与培训的党员给小组流程内容评分为4.87分，说明小组内容还有待提升，小组结束后根据组员的反馈可知，在探访技巧的学习过程中，一位党员建议："理论学习对我们来说还是有些枯燥，后面的模拟探访还可以，你们的活动还可以做得更好。"

目标达成情况方面，86.7%的参与培训的党员认为对服务精神、价值理念等方面有了更全面的认识，均值为4.87分；每位参与培训的党员都在第三次培训时"学习到1—2个入户探访的技巧，能够说出探访应该秉持的1—2个基本价值理念"，最后93.3%的党员认为自己在探访活动中协助残联专干、社区社工摸排残疾人家庭，了解其家庭情况，均值为4.93分。

表 5.15　　党员志愿者培训小组满意度及成效反馈（N=15）

	调查项目	1分	2分	3分	4分	5分	平均分
满意度调查	1. 本次小组对我很有帮助				1	14	4.93
	2. 我对小组的投入程度				1	14	4.93
	3. 我认为社工的带领技巧					15	5.00
	4. 我认为社工的态度					15	5.00
	5. 我觉得小组的时间安排				1	14	4.93
	6. 我觉得小组的场地安排					15	5.00
	7. 我满意小组的流程内容安排				2	13	4.87
	8. 我对本次小组的总体评分				1	14	4.93
目标达成情况	1. 我对志愿服务精神、服务价值理念等方面有更全面的认识				2	13	4.87
	2. 我学习到1—2个入户探访的技巧，能够说出探访应该秉持的1—2个基本价值理念					15	5.00
	3. 我能够协助残联专干、社区社工摸排残疾人家庭，了解其家庭情况				1	14	4.93

注：N 为参与活动总人数。

红色暖流计划经过小组培训和探访活动，有效提升了社区党员志愿者的志愿服务价值感、助邻意愿和助邻能力。此次计划作为邻里互助资源整合的一次尝试，可以看到，通过社区党委、社区领袖与社区社工的合作，对社区红色资源进行能力培训和价值感的激发，使得社区邻里互助资源有效地发挥作用，实现了在家门口做义工。邻里互助是一种双向反馈，社工通过资源链接，充分发挥社区党委、社区领袖和社区党员志愿者的作用，为邻里关系改善服务提供正式与非正式的双重支持，使社区居民感受到邻里之间的情感支持，促使其在未来主动将温暖传递给他人。

二　服务总结与反思

（一）服务总结

"家在 ZY·邻里同行"项目通过小组、社区活动等形式，从"暖心同行""家园欢聚""红色暖流"计划三方面对商品房社区进行居民邻里意识的提升、邻里平台的搭建与邻里互助资源的整合，加深了商品房社区居民之间的邻里相识、邻里互信、邻里互助程度，在一定程度上提升了该社区邻里关系的水平，激发了居民的互助意愿，促进了商品房社区的邻里关系改善。同时，梳理出在邻里关系改善过程中社工服务的主要内容以及各支持提供者的分工，为邻里关系改善提供可借鉴的社区实务经验，探索服务策略，构建社区邻里关系改善模式。

表5.16　　　　　　　　社区邻里关系服务责任主体分工

主体	主要内容	角色
政府	政策支持；资金提供	政策指导
社区党委	信息提供；场地支持；邻里文化宣传；社区居民动员	引导；支持
社工	邻里文化宣传；邻里意识提升；重构邻里支持网络；邻里互助资源整合与培育	协助者；使能者；中介者
社区社团	社区领袖；邻里互助	参与者；协助者

首先，在邻里意识提升方面，增强了居民对邻里关系的重视。通过"暖心同行"计划中的邻里敲敲门小组，为居民提供深度交往的机会，招募了8名想要加深邻里交往的居民，服务人次共48次。通过六次小组聚会，在微观层面有效地提升了居民对邻里的重视程度，感受到社区邻里之间的支持，邻里关系逐渐紧密。从小组发展过程来看，社工一方面秉持着尊重、包容的态度，营造小组安全、温暖、平等的氛围，为小组发展奠定了基调；另一方面，小组成员在每一次小组聚会中学习邻里之间情绪与合理诉求的表达，观察并反思邻里矛盾的处理，参加敲开邻里之门等活动，通过各种形式不断加深彼此之间的互动，最终达致小组目标。

其次，在邻里平台搭建方面，拓宽了居民进行邻里交往和社区参与的平台。通过"家园欢聚"计划中的节日欢聚与邻里书友会活动，形成商品房社区常态活动清单，借助社区工作站、社工的工作网招募服务对象，打破户籍居民与非户籍居民之间的交往壁垒和文化排斥，为流动性较大的商品房社区居民建立一个包容的邻里交往平台。从活动内容上看，项目中"家园欢聚"计划与通常的社区活动并无不同，大多是借助节日或是居民自身兴趣招募组员，展开一般性、娱乐性活动，但值得关注的是"家园欢聚"计划的成员招募方式，社工有选择性地控制户籍与非户籍居民的参与比例，社区广泛招募与社工主动邀请相结合。除以往积极进行社区参与的居民，社工借助正式支持的力量，利用社区网格员数据，并在社区走访所收集信息的基础上，邀请"困难群体"参与社区活动，如性格内向、来S市照看孙女却从没有参与过社区活动的叔叔，又比如空巢多年、家人难以团聚的阿姨，还有因为肢体残障较少出门的叔叔……在以往的活动成员的招募与筛选中，大多数工作者们往往更倾向于招募热衷于社区活动的居民，因为由此产生的"活动成效"会更好，但在无形中，社区活动成为部分积极居民的专属，忽略了一些有邻里交往需求而因为各种原因未能参加的社区成员，把他们排斥在外。"家园欢聚"计划则秉持着平等与尊重的社会工作价值观，尝试鼓励来自不同文化、户籍、信仰的社区居民进行社会交往，增进不同个体甚至家庭之间的交流。根据评估数据显示，家园欢聚计划累计服务50余人次，20余个家庭通过品书读书、世界咖啡屋、互动竞赛等方式，分享彼此的家乡文化、生活态度，与居民们合作交流，100%的服务对象认为在活动中与2个以上家庭进行良好沟通，增强了居民之间的熟悉与信任程度。

最后，在邻里互助资源整合方面，实现了党员志愿者与居民的邻里互助。通过"红色暖流"计划进行党员志愿者的招募与培训，社工发挥资源链接者的作用，推动社区党委、社区领袖、社区党员各方合作，为邻里关系改善提供政策、知识、人力资源等支持，充分利用社区丰富的党员志愿资源，推动了商品房社区居民之间的邻里互助。从理论层面，对社区党员志愿者们进行志愿精神的宣传，促进大家了解志愿服务对社区发展的意义以及服务价值理念、入户探访的技巧培训等内容，为后期党员志愿者服务奠定基础；另外，通过辖区困难群体探访活动，党员志愿者们得以将培训内容付诸实践，真正实现在"在家门口做义工"，很大程度上提高了志愿服务能力与工作效率，促进了社区邻里之间的互相帮助，使有需要的社区居民得到邻里的支持。此外，具备专业性、持续性服务的社区志愿者队伍还能够有效缓解社区工作者数量不足导致难以为社区居民提供服务的困境，为社区治理注入新的动力。根据评估数据显示，每位党员志愿者表示学习到了1—2个入户探访的技巧，能够说出1—2个基本的服务价值理念，93.3%的党员志愿者能够在探访过程中协助残联专干、社区社工摸排残障群体家庭情况，实现了邻里之间的互助。

（二）服务反思

尽管通过项目运行，商品房社区的邻里关系得到改善，取得了一定的效果，但在服务过程中仍存在不足。

首先，社会工作在宏观层面发挥的作用不足。无论是组建邻里小组、搭建邻里家园还是组建社区党员志愿者队伍，可以看出服务策略主要是从微观层面或中观层面推进商品房社区居民之间的社会交往，营造社区和谐邻里的氛围，服务的广度仍然不够。本项目只能基于对部分社区居民的情况分析从社会工作实务促使部分群体的邻里关系得到改善，发挥的作用相对有限。

其次，除项目资金外，社工较少主动挖掘外部资源，资源整合的能力仍需加强。项目资金来源单一，导致子项目的服务内容、形式受到一定影响，服务对象的参与积极性以及对服务本身的评价也会降低。

另外，社工本身的专业性与经验积累也是影响服务效果的重要因素之一，社会工作行业普遍年轻化，一线社工的经验不足，理论难以嵌入实务工作中，遇到突发状况很难及时有效地回应，影响到服务进程，尽管及时调整，但还是影响了服务成效。

基于对上述问题的反思，在此提供一些项目调整思路：

首先，仅仅从微观和中观层面来改善商品房社区邻里关系是不够的，仅仅依靠单个社区的社会工作实践更是无法满足目前越来越多邻里关系逐渐淡漠的商品房社区居民的需求。改善商品房社区邻里关系，需要打通政府、社区、社会组织等各方的沟通渠道。一是邻里关系改善应当成为社区治理创新过程的重要内容，面对当前人际关系逐渐疏离的社区，改善个体之间、个体与群体之间的邻里关系需要政策上的支持，吸引正式资源的投入；二是需要借助社会媒体的宣传与推广，使追求邻里关系和谐成为社会性共识,为社会营造一个友好和谐邻里的氛围。

其次,在资源整合方面,社工可以多发掘社区内部资源,争取社区商家的支持,另外可以积极寻找社会资源,丰富活动的形式、充实活动内容,为居民提供更为专业、更具吸引力的服务。社工应当多链接相应的专业资源,寻求更多的外部支持;大包大揽并不是体现社会工作专业价值的方式。只有回归服务对象需求本身,针对需求提供相应资源才能够真正促进服务对象的改变。

最后,针对一线社工队伍年轻化导致经验不足的问题,应当充分发挥社会工作督导与培训的功能。加强对一线社工的实践教学,社会工作督导可以与社工进行集体督导,对各类情况进行情境演绎,使社工在实践中学习服务技巧、内化社会工作价值理念。

第四节 结论与讨论

自我国社区的空间形态发生转变,商品房社区应运而生,来自不同地域、不同职业、不同经济收入的人们居住在同一社区。受到各种内部、外部环境的影响,商品房社区邻里关系逐渐呈现出表面化、浅层化的特征,居民间无法像过去一样再形成相互熟悉、信任的社会关系,在邻里意识、邻里平台、邻里互助资源方面出现了不同的问题与挑战。以往对于邻里关系改善的实践服务往往呈现活动内容单一、可持续性不强的特点,本书通过项目化服务,针对不同层面的邻里关系存在问题较为完善且具有针对性地进行了实践,发现社会工作在商品房社区邻里关系改善工作中发挥了重要、独特的作用。在地区发展模式和社会支持理论的指导下,社会工作服务能够在政策支持的基础之上,链接社区党委、社区社团的支持,有效地分析、整合社区资源,促进人际互动,重建社区邻里支持网络,促进邻里之间的信任和互助,有效改善了邻里关系。但结合在项目运行过程中的经验反思,也针对商品房社区邻里关系改善提出几点建议。

一　发挥社会工作专业力量

要发挥社会工作专业力量，首先，遵守"平等与尊重"的社会工作价值观是邻里关系改善服务提供的基础。社会工作价值观作为对社会工作者的行为起指导和规范作用的一种信念体系，饱含着人文关怀理念。"平等与尊重"作为社会工作核心价值观之一，应当始终贯穿于服务提供的过程。在实际的服务过程中，社工往往会因为主客观因素的影响，无形中违背了"平等与尊重"。商品房社区呈现出社区异质性较强的特征，如果社会工作者无法在服务中时刻进行自我觉察，关注到不同群体的服务需求，就很容易造成对社区差异化群体的忽视，将缺乏社区参与渠道的社区居民排除在社区这一场域之外。社工应尽量规避这类情形发生，尝试为居民提供一个真正包容的邻里交往平台。

其次，充分发挥社会工作的专业性，是服务干预的有效性与持续性的保障。无论是通过对社会互动、社会支持的深度分析来加深对个体之间进行人际交往的理论性认识，还是运用不同的社会工作服务模式来指导服务的假设、理念、策略、内容，社工应充分发挥专业水平。作为教育者，社工通过组织系列社区活动，建立沟通渠道，让居民相互熟悉、交往沟通；在面对邻里纠纷、矛盾或是社区居民志愿者队伍的招募与培训，社工通过分享情绪表达技巧、情境扮演以及培训志愿服务技能，来促进居民之间的理解与支持。作为中介者，社工通过挖掘社区中人力资源，如发现、挖掘居民骨干，居民骨干作为邻里互助的表率，邀请其分享邻里互助经验，推动社区党员志愿者队伍的建设，凝聚力量。作为引导者，社工采用营造轻松氛围、鼓励与支持、关注与倾听等服务技巧，为社区居民提供服务，对于建立信任关系、把控服务进程、获得服务效果都具有重要作用。

二　发挥社区党委体制优势

社会工作不是万金油，也不是一座孤岛，社区党委的积极支持在服务过程中也是不可或缺的。

首先，社区党委要转变治理理念，由以往的被动服务转向主动服务。

仍有相当大一部分社区的基层治理观念落后，拘泥于以往的行政性工作，实际上在社区治理进程中，邻里关系改善的服务不是表面工程，不是应付了事，而是要社区党委真心实意地为社区居民提供服务。治理理念的转变能够为后续服务奠定坚实的基础，指导邻里关系改善服务的工作。

其次，社区党委要将营造邻里和谐、守望相助的社区纳入社区事务性活动当中，保障邻里关系改善服务的可持续性。一是可以从宏观层面协同社区各方资源进行社区邻里文化宣传，营造良好的邻里社区氛围；二是充分发挥体制性优势，联动社区内外部资源，寻求更多支持，如联系社区网格、社区领袖获取更多信息和居民需求，寻求相关社会组织的支持，充实活动形式与内容，有效推动邻里关系服务的常态化和长效性。

三 发挥政府层面支持作用

无论是对日益冷漠的邻里关系改善的服务，还是对其他弱势群体的服务的提供，社会治理探索进程都离不开政府的政策指导和支持。首先，政府相关部门应当细化社区治理相关政策指引，保障政策落实的可行性。培育和谐的社区邻里关系作为社区治理的一环，对维护社区稳定有序、建构守望相助的社区有着重要的作用，因此政府应当尽快对邻里关系服务的主体、准则、服务内容、配套措施保障等内容进行完善，也为社区党委、社会组织开展服务提供动力。

其次，助推商品房社区邻里关系和谐也离不开相应的资金配套保障。虽然社会服务不能完全依靠政府，可以寻求其他的资源支持，但有限的资金难免会限制活动的形式、内容以及范围，一些欠发达城市由于治理理念的落后，基层社区更是缺乏资金，无法贴合居民需求给予有效回应。

第六章

城市居民垃圾分类行为养成的社会工作支持

随着我国可持续发展战略的实施和社会治理的创新，垃圾治理成为我国公共服务领域的重要议题。垃圾分类不仅是实现垃圾减量化、无害化与资源化的前置条件，也是人类文明程度和社会治理水平的重要体现。2017年国务院颁布《生活垃圾分类制度实施方案》，"要求到2020年底基本建立垃圾分类法律法规及标准体系，形成可复制、可推广的生活垃圾分类模式"[1]，这标志着我国垃圾分类进入一个全新时代。回顾我国的垃圾分类历程，可以看出政府对于垃圾分类始终保持高度的重视，但现实的垃圾分类工作并未取得显著的成效。垃圾分类困境形成的原因既涉及前端环节的分类收集和分类投放，也涉及中端环节的分类运输和末端环节的分类处理，这是一个系统工程。本书关注垃圾分类前端环节的重要主体之一——社区居民，城市社区中的大部分居民虽不参与垃圾的分类运输和分类处置，但其在垃圾分类的前端环节扮演着非常重要的角色，其外显的生活垃圾分类收集和分类投放的行为是导致垃圾分类困境的源头。社区中垃圾的产生源于居民的日常活动，居民按照所在城市生活垃圾分类的标准将生活垃圾分类收集和分类投放是一个意识和行为养成的过程，单纯依靠社区和相关部门的宣传和推广难以从根本上促成居民垃

---

[1] 中华人民共和国中央人民政府：《国务院办公厅关于转发国家发展改革委住房城乡建设部生活垃圾分类制度实施方案的通知》，http://www.gov.cn/zhengce/content/2017-03/30/content_5182124.htm，2017年3月30日。

圾分类行为的养成，需要从居民自身的改变入手。垃圾分类的主体是人，垃圾分类的最终目标不只是垃圾减量和环境保护，更是人的改变，是人类自身文明水准的提升。垃圾分类作为一种"利他行为"，在提升个体公共意识的同时，更有利于社会的和谐。社会工作一直致力于生态环境建设和保护，其在促成居民垃圾分类行为养成方面具有独特的专业优势：一是其所秉承的以人为本、助人自助的专业价值观，其所追求的人的需求满足和能力发展，其所关注的社会变迁和人类关系的融洽，都有助于居民生活垃圾分类收集与分类投放意识和行为的养成；二是其所拥有的专业理论、方法和技巧能够以居民喜闻乐见的方式，通过相关的社区活动、小组活动的宣传引导，逐步改善社区居民的垃圾分类意识和分类行为；三是在垃圾分类制度试行初期，居民、居委会等社区各利益团体之间可能会出现某些冲突和矛盾，而社会工作者作为协调者可以成为各团体之间的沟通桥梁，缓解矛盾冲突，促进社区垃圾分类治理有序开展。因此，运用社会工作的专业服务促进居民垃圾分类行为的养成是一个值得探讨和思考的重要课题。

社会学习理论强调认知对行为的影响，以及外部因素对个体行为的促进作用。社会工作在开展实务的过程中，通过多样化的服务，从居民对垃圾分类的认知、行为及社区环境等方面入手，在改变居民对垃圾分类的认知、提升居民垃圾分类意识的同时，通过在居民中树立垃圾分类的榜样强化居民的自我效能感和自信心，使居民逐渐养成良好的垃圾分类习惯。同时，通过优化社区管理方式、提高宣传教育成效、加强垃圾分类监督、解决垃圾混合清运等方式，营造良好的外部支持环境，以促进居民垃圾分类行为的实施。基于此，本书将在调查研究的基础上，分析城市居民垃圾分类的参与现状和需求，运用社会工作的专业理论、方法和技巧提供专业服务，旨在强化居民垃圾分类意识，促进居民垃圾分类行为习惯的养成，提升居民参与社区公共事务治理的热情，探索社会工作参与社区治理的路径、方式。

第一节　城市居民垃圾分类行为现状分析

一　样本选取

（一）选取方法

本书以×社区垃圾分类试点小区居民为研究对象，根据研究需要，通过资料分析、问卷法、访谈法等方式了解社区和居民的基本情况。

为具体了解社区内垃圾分类的开展情况和居民的垃圾分类行为，首先进行问卷调查，了解居民垃圾分类态度、居民对垃圾分类的了解程度、居民参与垃圾分类情况等问题；基于社区中的垃圾分类收集和投放是一种不拘于年龄、性别、身份的大众行为，本书在问卷调查时并没有进行特定的样本选择，统一采用随机抽样方式，调查对象覆盖了不同阶段、不同性别的年龄群体（样本基本情况见表6.1），共发放问卷150份，回收有效问卷136份。其次，为进一步了解社区垃圾分类工作开展情况、居民对垃圾分类的真实想法和实际分类情况等，本书还采用正式和非正式的非结构访谈的方式对社区工作人员、物业人员、社区居民、社区志愿者等进行了调研。访谈对象包括社区居委会工作人员1人，社区督导员2名、社区志愿者2名、社区居民若干。

表6.1　　　　　　　样本基本情况1（N=136）

自变量	类别	频次	百分比（%）
性别	男	62	45.59
	女	74	54.41
年龄	20岁以下	11	8.09
	21—40岁	49	36.03
	41—60岁	50	36.76
	61岁及以上	26	19.12

续表

自变量	类别	频次	百分比（%）
文化程度	小学及以下	37	27.20
	中学	32	23.53
	大专	41	30.15
	本科	24	17.65
	硕士及以上	2	1.47
政治面貌	中共党员或预备党员	10	7.35
	共青团员	25	18.38
	普通群众	101	74.27
	民主党派	0	0
	无党派人士	0	0
社区身份	社区工作人员	2	1.47
	社区志愿者	4	2.94
	普通居民	130	95.59

注：N为调研样本总数。

（二）样本描述

×社区隶属苏州市昆山市，社区始建于2004年，区域面积约7.1平方千米。下辖11个居民小区，根据2020年人口统计，社区现有人口约4万人，其中常住人口约3万人，户籍人口约3000人，流动人口较多。辖内外资企业140多家，民营企业20多家，社区现有办公用房3000平方米，文体活动中心面积200平方米，室外健身场地约500平方米，配备健身器材，居民休闲中心约600平方米，配有棋牌室、健身室、图书馆、老年活动室，为小区居民的日常娱乐休闲提供了充足的场地。

目前×社区的垃圾分类试点小区共有4个。C小区自2019年率先进行了垃圾分类试点工作，目前小区已实现了智能分类垃圾桶全覆盖。2020年为响应苏州市垃圾分类政策，×社区又陆续开放地理位置彼此相连、规模较小、人口较少、管理较为方便的D、G、P三个小区为垃圾分类试点小区，本书的重点放在这三个新开放的垃圾分类试点小区上。

此次问卷调查中（见表6.1），调查对象的基本情况表现为：在性别方面，男性占45.59%，女性占54.41%，男女比例差别不大；在年龄组成方面，20岁及以下的占8.09%，21—40岁的占36.03%，41—60岁的占36.76%，61岁及以上的占19.12%；在文化程度方面，被调查者中小学及以下的占27.20%，中学占23.53%，大学专科占30.15%，大学本科占17.65%，硕士及以上占1.47%；在政治面貌方面，被调查者中普通群众占74.27%，共青团员占18.38%，中共党员或预备党员占7.35%，民主党派为0，无党派民主人士为0；在社区角色方面，被调查者中社区工作人员占1.47%，社区志愿者占2.94%，普通居民为95.59%。

访谈对象的基本情况见表6.2。其中，社区工作人员为×社区的党群服务中心办公室主任，是社区垃圾分类主要负责人，对社区整体情况和垃圾分类开展情况最为清楚；2名社区督导员为试点小区的垃圾分类督导员和社区物业环卫工人，对所在试点小区居民垃圾分类参与情况有直观的认识；2名社区志愿者均为垃圾分类试点小区志愿者，对所在小区较为熟悉，且社区志愿服务年限均在3年以上，与居民关系融洽，是社区骨干；另有10名社区居民，为试点小区的常住人口，身体状况良好。

表6.2　　　　　　　　　　样本基本情况2

访谈对象	性别	年龄	文化程度	政治面貌	备注
社区工作人员	女	38岁	大学本科	中共党员	社区办公室主任，垃圾分类负责人
社区督导员A	女	57岁	小学	普通群众	物业环卫工人兼职
社区督导员B	男	63岁	小学	普通群众	物业环卫工人兼职
社区志愿者A	男	64岁	中学	中共党员	社区骨干，志愿服务年限3年以上
社区志愿者B	女	55岁	中学	普通群众	社区骨干，志愿服务年限3年以上

续表

访谈对象	性别	年龄	文化程度	政治面貌	备注
社区居民 A	女	44 岁	大专	普通群众	本地人，社区常住人口，身体状况良好
社区居民 B	女	65 岁	小学	普通群众	本地人，社区常住人口，身体状况良好
社区居民 C	男	52 岁	中学	普通群众	本地人，社区常住人口，身体状况良好
社区居民 D	女	62 岁	小学	普通群众	本地人，社区常住人口，身体状况良好
社区居民 E	男	39 岁	大专	普通群众	本地人，社区常住人口，身体状况良好
社区居民 F	女	47 岁	中学	普通群众	本地人，社区常住人口，身体状况良好
社区居民 G	男	58 岁	中学	中共党员	本地人，社区常住人口，身体状况良好
社区居民 H	女	42 岁	高中	普通群众	外地人，社区居住满 2 年，身体状况良好
社区居民 I	女	62 岁	小学	普通群众	本地人，社区常住人口，身体状况良好
社区居民 J	女	67 岁	小学	普通群众	本地人，社区常住人口，身体状况良好
物业人员	男	50 岁	大专	普通群众	物业经理

二 现状分析及存在问题

本书结合问卷调查结果和访谈结果，对当前×社区居民垃圾分类参与状况和社区垃圾分类开展状况进行分析，结果如下：

（一）居民垃圾分类参与状况

1. 认知状况

（1）对垃圾分类必要性的认知

居民对垃圾分类必要性的认知可以体现居民自身的环保素养，代表居民对垃圾分类的认同和支持程度。调查显示（见表6.3），16.18%的居民认为垃圾分类对于保护环境必不可少，十分有必要进行垃圾分类；18.38%的人认为垃圾分类是保护环境的重要举措，比较有必要进行垃圾分类；40.44%的居民认为其是保护环境的可有可无举措，必要性一般；21.32%的人认为垃圾分类是环境保护的不重要举措，没什么必要；另有3.68%的人认为垃圾分类完全没必要。由此可见，大部分居民对于垃圾分类的必要性持一般和否定的态度，居民对垃圾分类必要性的认知程度一般。

表6.3　　　　　　　　对垃圾分类的看法（N=136）

选项	频率	百分比（%）
保护环境必不可少，十分有必要	22	16.18
保护环境重要举措，比较有必要	25	18.38
可有可无，一般	55	40.44
保护环境不重要举措，没什么必要	29	21.32
完全没必要	5	3.68
总计	136	100.0

注：N为调研样本总数。

（2）对垃圾分类价值和意义的认知

对垃圾分类价值和意义的认知会直接影响居民对垃圾分类的态度，调查显示（见表6.4），11.03%的居民认为自己对垃圾分类的价值和意义完全了解，27.94%的人表示比较了解，36.03%的居民认为自己对垃圾分类的价值和意义的了解程度一般，15.44%的人表示自己不太了解，另有9.56%的人表示没有了解过垃圾分类的价值和意义。根据以上数据分析可以发现，清楚知晓垃圾分类价值和意义的调查者不到四成，半数以上的调查者对垃圾分类价值和意义的了解不足。

表6.4　　　　　垃圾分类的价值和意义了解程度（N=136）

选项	频率	百分比（%）
完全了解	15	11.03
比较了解	38	27.94
一般	49	36.03
不太了解	21	15.44
没了解过	13	9.56
总计	136	100.0

注：N为调研样本总数。

（3）对垃圾分类政策的认知

当前的垃圾分类是在相关政策视域下进行的，居民需要了解和遵守垃圾分类政策中的有关规定。在"您是否了解垃圾分类的相关政策"一题中（见表6.5），仅有14.71%的人表示自己完全了解，19.85%的人表示比较了解，30.88%的人认为自己了解程度一般，24.27%的人表示自己不太了解，10.29%的人表示自己完全不了解。从以上统计中可以看出，能够非常清楚了解垃圾分类相关政策的居民不到调研总人数的一半，可见垃圾分类政策在当前社区中没有较好地推广开来，居民对政策根本不了解又何谈遵守。

表6.5　　　　　垃圾分类政策了解程度（N=136）

选项	频率	百分比（%）
非常了解	20	14.71
比较了解	27	19.85
一般	42	30.88
不太了解	33	24.27
完全不了解	14	10.29
总计	136	100.0

注：N为调研样本总数。

(4) 对垃圾分类标准和方法的认知

居民对垃圾分类标准和方法的了解程度直接关乎居民垃圾分类行为的实施程度和准确性,在"您是否了解垃圾分类的标准和方法"一题中(见表6.6),23人表示"非常了解,并十分清楚如何分类",占16.91%;35人表示"比较了解,知道大部分如何分类",占25.74%;56人表示"了解一般,大致清楚如何分类",占41.17%;16人表示"不太了解也不太清楚如何分类",占11.76%;6人表示"完全不了解",占4.41%。由以上数据统计和分析可知,大部分居民对垃圾分类的标准和方法的了解程度一般。

表6.6　　　　　垃圾分类标准和方法了解程度（N=136）

选项	频率	百分比（%）
非常了解,并十分清楚如何分类	23	16.91
比较了解,知道大部分如何分类	35	25.74
了解一般,大致清楚如何分类	56	41.17
不太了解也不太清楚如何分类	16	11.76
完全不了解	6	4.41
总计	136	100.0

注：N为调研样本总数。

综合以上分析可以看出,大部分居民对于垃圾分类只是浅层片面的了解,对于垃圾分类的价值和意义、政策、垃圾分类标准、垃圾分类方法等没有很好地掌握,甚至部分居民对垃圾分类完全不了解。

2. 参与状况

(1) 参与程度

调查发现(见表6.7),绝大部分居民都进行过垃圾分类,但频率不高。每次都进行垃圾分类的人仅有13.97%、经常进行垃圾分类的人占比稍多但也仅有15.44%、选择"看情况"进行垃圾分类的人占比最多,为36.03%、偶尔进行垃圾分类的人占比次多,为31.62%、从未进行过垃圾分类的人非常少,仅为2.94%。无论是基于何种原因,绝大部分人都对垃圾进行过分类，但大部分人垃圾分类的持续性不强，没有形成垃圾分类的习惯。

表 6.7　　　　　　　　　　垃圾分类频率（N=136）

选项	频率	百分比（%）
每次都会分类	19	13.97
经常	21	15.44
看情况	49	36.03
偶尔	43	31.62
从不	4	2.94
总计	136	100.0

注：N 为调研样本总数。

（2）准确程度

分类的准确程度与居民分类行为习惯的养成密切相关，一方面，居民对垃圾分类的准确程度越高越能体现居民分类习惯的养成状况；另一方面，居民对垃圾分类进行分类时，分对的概率和频次越高就会越有垃圾分类的成就感和满足感，在以后扔垃圾时也就越有可能再次分类投放，久而久之就会形成习惯。通过与督导员的访谈（见访谈1和访谈2）了解到，当前居民的垃圾分类准确率不高，在投放垃圾时，很多居民依然遵从原有的习惯，把所有垃圾混合在一起，直接丢入垃圾桶，有的居民尽管对垃圾进行了分类，但是许多垃圾分得都不准确，特别是厨余垃圾基本没有破袋投放，对于一些特殊的垃圾类型，居民分类的准确程度更低，甚至还有一些人乱扔垃圾，当前居民垃圾分类的参与情况非常不好。

访谈1：（节选）

笔者：阿姨，现在小区居民垃圾分类分得怎么样，准确率高不高？

督导员A：分得不好，有的人根本不分类，直接一个垃圾袋往垃圾桶里一丢就不管了。有的人即使分类了，分得也不好，厨余垃圾里面还有卫生纸，连着袋子一起丢到垃圾桶里。塑料餐盒里面还有剩饭，也不拿出来直接就丢到其他垃圾（桶）里了，讲了很多次厨余垃圾要破袋扔，但是按要求扔的人很少。最糟糕的是一些人不愿意听我们的指导，都不来（垃圾投放固定）点位这里丢垃圾了，直接扔到楼道附近，有时候我们上午刚把整个小区都打扫完，中午楼道底下就堆满了，因为这事还有的居民投诉我们，说我们打扫得不干净，你说气人不气人？

访谈2：（节选）

笔者：叔叔，您认为现在小区居民分类分得怎么样，出错率高吗？

督导员B：他们的出错率还是挺高的，这四种垃圾类型，分得都不太好，对于生活中比较常见的垃圾还好，他们根据垃圾桶上的标识也能分出一部分，但是一些比较特殊的垃圾，分得很差，每次扔垃圾能完全分对的人不多。

（二）社区垃圾分类开展状况

1. 宣传推动

社区对垃圾分类的宣传力度会直接影响垃圾分类理念、知识等在社区中的传播和普及程度。调查显示（见访谈3），当前社区对于垃圾分类的宣传主要是宣传单页发放、横幅、海报、警示标语的张贴，较少开展文艺汇演、趣味讲座、亲子游戏等活动，社区当前的垃圾分类宣传方式比较单一，难以吸引居民参与，并且宣传频率也不高，因此宣传成效并不显著，垃圾分类在社区中的推广和普及效果较差。

访谈3：

笔者：现在社区对于垃圾分类的宣传怎么样？

社区工作人员：咱们社区的垃圾分类"三定一督"工作刚开始没有多久，所以对于居民的动员宣传做得还不够多，张贴了横幅、海报、警示标语，主要就是发放宣传单页，但是感觉没有太大的效果,接下来我们也希望你们能够加大宣传力度,在内容和形式上都能有所创新,什么文艺会演啦、趣味讲座啦、亲子活动啦,我觉得居民对于这些类型的活动比较感兴趣,但这种宣传活动我们开展得很少,你们可以多开展诸如此类的活动。

2. 设施投放

×社区的垃圾分类模式为"三定一督"垃圾分类源头开展模式,即"定时定点定人督导"。社区撤除了楼道及道路两旁原有的垃圾桶,根据人口密度和建筑分布选取合适的位置设置分类垃圾桶,作为垃圾分类投放点,并在固定时间开放,配备相应的垃圾分类督导员,专门的垃圾分类收运负责人。考虑到生活垃圾产量主要以厨余垃圾和其他垃圾为主,有害垃圾和可回收物的丢弃相对较少,×社区在垃圾分类点位设置了足够数量的投放厨余垃圾和其他垃圾的垃圾桶,集中配置了有害垃圾和可回收物垃圾桶。此外,×社区还在垃圾分类投放点附近设置了垃圾分类标准告示牌,放置清水桶等洗手清洁设备以及垃圾分类宣传牌等。目前为止,×社区在垃圾分类试点小区内基本按比例配齐了垃圾分类投放的基础设施,为居民的垃圾分类投放提供了较为完备的硬件基础(见访谈4)。

访谈4:(节选)

笔者:目前咱们社区的垃圾分类相关工作进行得怎么样?我看试点小区已经有分类垃圾桶了。

社区工作人员:咱们社区的垃圾分类马上就要正式实施了,准备工作已经进行得差不多了。三个试点小区都已经完成了撤桶、设点工作,并且按照昆山市有关的政策标准配齐了分类垃圾桶,还有相关的清洁设备,并在附近张贴了告示牌和宣传海报,基本上每个小区里面平均100户人就有一个分类投放点,并配有一到两名垃圾分类督导员,整体上来说,相关的分类设施已经配备齐全了。

3. 管理监督

当前×社区试点小区的垃圾分类由物业进行日常事务的管理。居委会向物业下达垃圾分类的行政命令，物业负责执行。包括物业组织相应的垃圾分类督导员和保洁员，并联系政府指定的垃圾分类清运单位，协商具体的垃圾分类清运时段，居委会负责对物业进行定期的监督和指导。在整个管理过程中看不到居民的决策参与，居委会下达命令，物业负责执行，居民被动接受，当前×社区的垃圾分类管理是一种"自上而下"的管理方式（见访谈5）。

垃圾分类是一个系统工程，不仅需要源头的分类收集和分类投放，还需要中端的分类运输和末端的分类处理。当前小区由于刚刚开始垃圾分类，大部分居民的分类投放情况尚不符合垃圾运输部门分类收运的要求，因此当前的垃圾分类收运方式依然以混合收运为主（见访谈6）。但物业和居委会并未对这种情况向居民作出解释，沟通不足可能会产生矛盾，降低居民垃圾分类参与的积极性。

通过调查了解到（见访谈5），当前×社区对于居民垃圾分类的监督主要是通过垃圾分类督导员进行监督，垃圾分类督导员承担了监督与指导的双重责任。社区内尚未有其他的监督方式。而本研究通过社区走访进一步了解到，督导员只在分类投放点开放时段对居民的分类行为进行监督，不负责点位关闭以后的工作，因而社区点位关闭时段的监督存在漏洞。通过社区走访观察发现，督导员有时并不会对垃圾投放不正确的居民进行劝导，而是代替居民进行垃圾分类投放。社区的垃圾分类督导员都是社区的环卫工人，他们在督导点位关闭时负责社区的环境清理工作，在点位开放时又负责垃圾分类督导工作。虽然由于工作原因，他们对于垃圾分类有较多的了解，但是他们在上岗之前并没有进行过系统的培训，对于自身职责的认知模糊不清，并且很多督导员在多次对居民劝导无果后逐渐心灰意冷，也就不愿多言。仅依靠督导员这一个群体对居民行为进行监督，效果并不理想。

访谈5：(节选)

笔者：那试点小区内的垃圾分类主要由谁负责管理呢？

社区工作人员：主要责任肯定还是在街道和我们居委会，但是小区内垃圾分类的日常管理主要由物业负责，物业对小区各方面都比较熟悉，由他们管理小区的垃圾分类工作比较方便，督导员、保洁员都是物业工作人员，垃圾分类清运单位的时间也是由物业与他们沟通协商好清运时间，我们会对物业进行监督，如果他们哪里做得不好，我们也会要求他们改正。

笔者：居委会主要监督物业的工作，那对于居民的分类行为有没有监督的方法？

社区工作人员：垃圾分类刚刚开始实施，对于居民来说肯定需要一段时间的适应，不能指望他们马上达到要求，直接硬性的监督手段，比如惩罚、曝光等，很容易引起居民的逆反心理，现阶段对于居民行为的监督主要依靠督导员，其他的监督方式就没有了。

访谈6：（节选）

笔者：当前咱们小区的垃圾清运是分类运的吗？

物业：现阶段对垃圾的运输还是混合收运，主要是因为小区刚开始试行垃圾分类，分类效果很差，达不到分类清运的标准线，只能混合收运。

笔者：这种情况居民了解吗？

物业：我们也不知道，这种情况也没有办法，达不到标准，清运公司也不愿意分类收运。等到后面居民的分类情况变好了，会逐渐开始分类运输。

第二节　城市居民垃圾分类行为养成的社会工作实践

一　需求评估

（一）提升垃圾分类意识

居民的垃圾分类意识与居民的垃圾分类行为息息相关。居民的垃圾分类意识主要包括两部分内容，一是居民对垃圾分类实施必要性、价值和意义的认知，反映了居民对实施垃圾分类的认同和支持程度。二是居民对垃圾分类政策、标准、流程的了解，对垃圾分类知识与技能的掌握，对垃圾分类专业知识的认知程度。居民对垃圾分类的认同和支持能够提升居民参与垃圾分类的意愿性和积极性,居民具有足够的垃圾分类知识也能够提升垃圾分类的执行倾向和保证垃圾分类投放的准确性。从前文的调查中可以了解到由于×社区垃圾分类开展时间较晚,加之社区内对垃圾分类的宣传不足,因而当前居民对垃圾分类的支持和认知程度一般,居民垃圾分类意识整体上较为薄弱,居民垃圾分类的参与度和准确度较低。问卷调查显示,85.29%的居民认为自己需要接受垃圾分类知识培训与教育(见表6.8);访谈结果显示,居民不仅希望社区能够加大宣传力度,对居民进行多宣传多教育,对于宣传形式也有要求,派发宣传单页、将垃圾标识印在垃圾桶上等方式不能够完全满足居民对垃圾分类知识获取的需求,居民青睐于更详细丰富、更具有针对性、更通俗易懂的宣传方式(见访谈7)。此外,研究还发现,能掌握更多正确的垃圾分类知识最能够提升居民参与垃圾分类的意愿,其次为知晓垃圾分类的意义和好处、社区加大宣传力度。由此可见加强宣传,让居民对垃圾分类有更多的了解能够提升居民的垃圾分类意愿,提升居民对垃圾分类认知度也能够提升居民垃圾分类支持度(见表6.9)。

表6.8　　　　　　　是否需要相关培训与教育(N=136)

选项	频率	百分比(%)
是	116	85.29
否	20	14.71
总计	136	100.0

注:N为调研样本总数。

访谈7(节选):

社区居民A:还是应该多宣传,现在一些老人,他们对垃圾分类根本不了解,突然让他们对垃圾进行分类,老人适应不过来啊,社区应该对他们多进行宣传。

社区居民B:社区就发过一些宣传单页给我们,让我们自己看,我年纪大眼睛又不好,那么一点小字看也看不明白,要是有人能给我详细讲一讲怎么分就好了。

社区居民 C：大多数老年人不识字，垃圾桶上的标识不认识，主要是记不住，需要加强宣传。

社区居民 D：我本人是愿意支持垃圾分类的，但是我也不知道要怎么分类，垃圾桶上的那些标识就那几种，上面有的我知道分到哪个垃圾桶里面，上面没有的我就不知道怎么分了，如果你们能够开活动给我们多宣传宣传，我肯定参加。

表6.9 影响因素（N=136）

题 项		百分比（%）
社区加大宣传力度	我更愿意进行垃圾分类	78.92
社区对垃圾分类有奖励措施		74.43
社区对垃圾分类有惩罚措施		68.41
垃圾分类知识储备更充足		80.96
知晓垃圾分类的意义和好处		80.17
社区居民都参与		75.73
家人和朋友参与		77.93
社区制定了垃圾分类的居规民约		72.14
及时的垃圾分类收运服务		58.16
垃圾箱的设置很合理方便		78.72
垃圾分类督导员能力充足		73.23

注：N 为调研样本总数。

因此，在社区中加强垃圾分类的宣传力度，采用居民更青睐的宣传方式，帮助社区中的居民学习垃圾分类的相关知识，不仅能够提升居民对垃圾分类的认知，还能够提升居民对垃圾分类的支持，使居民的垃圾分类意识增强。

（二）优化垃圾分类管理

当前社区由于刚刚开始垃圾分类，大部分居民的分类投放情况尚不符合垃圾运输部门分类收运的要求，因此当前的垃圾分类收运方式依然以混合收运为主，但居民认为这种收运方式让自己的垃圾分类丧失了意义。在之前与社区工作人员的访谈中，工作人员表示小区垃圾分类工作验收通过后就会按照相关要求对垃圾进行分类收运。然而居民只认为是社区垃圾分类相关负责人不作为。社区对垃圾的混合收运打击了居民的积极性，从而不愿配合社区的垃圾分类工作，物业由于居民的不配合导致垃圾分类工作难度加大，从而也对居民不满，沟通不足和信息的不对等造成了居民与物业和居委会之间的矛盾有加深的趋向。此外，当前这种"自上而下"的垃圾分类管理方式使居民处于被动位置，居民作为垃圾分类主体的主动作用难以发挥，其垃圾分类参与的积极性也就不高。因而优化当前社区对垃圾分类事务的管理方式，让居民参与到社区垃圾分类的事务中也就显得尤为必要。访谈结果显示居民希望能够召开居民议事会，让自己参与到社区垃圾分类的事务中，自己反馈的问题能够得到有效解决（见访谈8）。

通过议事会的形式让居民参与到社区的垃圾分类事务中，既能够让居民对垃圾分类有更多的了解，也能够优化社区对垃圾分类的管理方式，发挥居民的主人翁精神，增强居民对社区垃圾分类的配合度和积极性。

访谈8（节选）：

社区居民E：现在这种情况不知道有什么意义，我们辛苦分好的垃圾也不分类就清走了，感觉是在做无用功，难道社区只想搞面子工程？这种情况要持续多久总要给我们个说法，如果一直混合清运那（垃圾分类）还有开展的必要吗？

社区居民F：对于垃圾分类我们有一些意见建议想要跟社区说，但是不知道怎么跟他们说，还有现在社区垃圾分类开展到哪一步了我们也不知道，我认为这些事情社区就应该公示出来或者把大家召集起来开个会，主动告诉我们。

（三）加强垃圾分类监督

促进居民垃圾分类行为的养成，除要提升居民的分类意识和优化社区管理，也应加强对居民分类行为的监督，通过外部监督确保居民分类行为的持续性和准确性。由前文调查可知，当前试点小区对居民垃圾分类行为在监督力度和监督范围上存在较大的漏洞，不利于居民垃圾分类行为习惯的养成。问卷调查显示（见表6.10），80.15%的居民认为当前社区需要加强对垃圾分类的监督力度。访谈结果显示（见访谈9），当前居民希望在社区建立监督机制的意愿比较强烈，有居民建议在社区垃圾点位附近安装摄像头，以便监督居民的垃圾分类行为，防止有人乱放垃圾，也有的居民表示希望能够建立专门的监督机制，对居民进行监督。由此可见，居民对于分类行为监督的需求较为迫切。社区工作人员也表示（见访谈10），当前社区对于居民的垃圾分类行为监督不足，希望能够成立相应的监督队伍对居民进行监督。因此，对居民垃圾分类行为监督的加强不仅是居民的需求，也是社区的需求。

表6.10　　　　　　　是否需要加强监督力度（N=136）

选项	频率	百分比（%）
是	109	80.15
否	27	19.85
总计	136	100.0

注：N为调研样本总数。

访谈9（节选）：

社区居民G：现在大家分类的意识比较差，很多人都没有自觉性，如果有个专门的东西监督大家，效果可能会好一点。

社区居民H：我经常看到有些人不按规定扔垃圾，他们还专门赶在垃圾房关闭、没有人看着的时候，我觉得可以在垃圾房附近安一个摄像头，把乱扔垃圾的人曝光出来，防止他们乱扔垃圾。

访谈10（节选）：

笔者：仅依靠督导员对居民的分类行为进行监督，能否达到督导效果？

社区工作人员：我们也关注过这个问题，目前来看，督导员对于居民的监督和指导具有一定的效果，一些居民根据他们的指导，能够分得不错，但是小区里面还是有一些人会乱扔垃圾，特别是在督导员不上班的时间段里，这种情况较为严重。这也是我们一直在头疼的问题，最好是能够成立一支专门的队伍负责在小区内巡视，对乱扔垃圾的居民进行劝解教育。

笔者：好的主任。现在社区里面有一些叔叔阿姨很喜欢参加我们的活动，我觉得我们可以将这些人发展成志愿者，成立一支专门针对垃圾分类的志愿者队伍，负责小区的巡视、宣传等活动。

社区工作人员：你这个想法很好，咱们社区里面有一些居民很热心，比较愿意参与社区事务，他们跟居民也比较熟悉，小区里面熟人比较多，现在大家也都好面子，让这些人组成志愿者队伍进行巡视劝解应该会有不错的效果。另外，我希望你们能够对督导员做个培训，主要是针对垃圾分类知识、督导员的职责等这些问题，现在有的督导员的工作做得不是很好，希望能够通过培训提升一下他们的督导能力。

二 服务设计

（一）服务目标

1. 总目标

依据社会工作理念和方法，结合社区实际情况，通过提升居民的垃圾分类意识、优化社区垃圾分类管理，加强垃圾分类监督等帮助社区居民养成垃圾分类的行为习惯，并在此基础上，提升居民对社区的关注度和责任感，进而提升居民的公共意识。根据此项目实践探讨社区垃圾分类治理的完善策略以及社会工作参与社区治理的路径、方式，以促进社区治理发展。

2. 具体目标

第一，居民垃圾分类意识提升。居民对垃圾分类的作用和意义全面深入了解，对垃圾分类的认同和支持程度提高，有较高的垃圾分类行为意向，环保意识和公共意识也得到提升。对于垃圾分类知识掌握程度较好，熟知垃圾分类标准和内容、垃圾处理运行系统、社区垃圾分类运行流程等，垃圾分类的准确度提高。

第二，社区垃圾分类管理优化。加强居民与社区物业、居委会的沟通、促进各方通过协商处理社区垃圾分类事务。居民对社区垃圾分类开展情况有更深入的了解，能够参与到社区垃圾分类事务的管理中，从而对社区的垃圾分类工作更加配合和支持，不仅是垃圾分类事务，居民也逐渐愿意参与社区其他事务，居民公共意识得到提升，居民对社区的归属感增强。

第三，垃圾分类行为监督加强。招募居民在社区成立垃圾分类监督管理自组织，持续督促居民落实垃圾分类行为，从而使居民更快速地养成垃圾分类行为习惯。

（二）服务策略

1. 理论支持

社会工作者以社会学习理论与态度—行为—情境理论为主要指导理论，并通过地区发展模式的服务策略开展相关专业服务。

第一，态度—行为—情境理论认为，如果个体没有足够积极的态度意识使环境行为达成，有力的外部环境因素能够发挥较大的作用，通过创造有力的外部环境给予个体足够的外部强化，能够促进环境行为的发生。即个体对垃圾分类的态度不积极时，可以通过创造有利的外部情境因素促进个体垃圾分类行为的产生。在态度行为情境理论的指导下，创造良好的外部社区垃圾分类环境，包括良好的宣传教育氛围、有力的监督环境、有效的激励举措等促进居民达成垃圾分类行为养成的目标。

第二，社会学习理论首先强调认知因素能够对人的行为进行控制和调节，因而本书在实务开展过程中，通过小组、社区等形式的一系列活动，让居民了解垃圾分类的作用意义、政策与专业知识，加强对垃圾分类的整体认知，提升垃圾分类意识，从而改变行为。其次，社会学习理论强调榜样的力量，因而本书通过树立垃圾分类榜样，以替代经验和替代强化的方式提升居民垃圾分类的积极性，强化社区内居民对垃圾分类的参与，让居民逐渐养成垃圾分类的行为习惯。最后，该理论还强调自我效能感，因此在活动过程中，社会工作者要及时对参与活动的居民进行表扬和奖励，增强他们的自我效能感，提高他们参与垃圾分类的自信心和积极性。

第三，地区发展模式重视居民参与，认为通过居民的积极参与能够解决社区问题，改善社区环境。本书在服务开展过程中，积极鼓励居民自主参与社区垃圾分类事务管理乃至社区其他事务管理，鼓励社区居委会、居民、物业等不同的垃圾分类责任主体之间通过友好沟通和平等协商的方式就社区中的垃圾分类问题解决达成一致意见。社会工作者在服务过程中还注重发掘和培育垃圾分类志愿服务队这一"草根"垃圾分类监督宣传组织，通过居民间的自我监督和自我教育提高社区居民垃圾分类行为实施的频率以及行为实施的规范性和准确性。

2. 角色支持

第一，社会工作者扮演教育者角色，教育居民相关的垃圾分类知识，帮助居民习得垃圾分类的意义、政策和专业知识等内容，提升居民垃圾分类的技能，增强分类行为投放的准确性。

第二，社会工作者在活动中也扮演资源链接者的角色，链接社区内外多种资源，调动社区、专家等多种力量，使垃圾分类相关活动更具有专业性，最大限度达成活动目标，促进居民垃圾分类行为的养成。

第三，社会工作者扮演协调者的角色，协调和缓解居委会、居民等各方之间的矛盾，促进多方互动与交流，增进各方协商，增强社区凝聚力，从而创造良好的社区垃圾分类环境和氛围。

第四，社会工作者扮演引导者的角色，引导社区居民表达感受，熟悉活动内容与流程，使社区居民尽快参与到活动中。

第五，社会工作者扮演支持者的角色，为参与活动的居民提供专业支持和情感支持等，鼓励社区居民积极参与垃圾分类和社区活动，肯定社区居民的良好表现，提升社区居民垃圾分类的成就感和自信心。

3. 专业方法支持

主要运用小组工作和社区工作两大社会工作专业方法，一方面，采用小组工作方法，成立垃圾分类学习小组，对组员进行垃圾分类宣传教育。通过小组团体互动帮助居民更好地学习垃圾分类知识与技能，增强居民的责任意识和参与意识。另一方面，采用社区工作方法，通过入户宣传、主题便民活动、主题讲座、参学活动等，在社区内实现垃圾分类知识普及，并积极招募党员、社区志愿者等，成立社区垃圾分类志愿服务队，从而更好地对居民进行垃圾分类宣传和垃圾分类行为监督，同时召开垃圾分类居民议事会，加强居民与居委会的沟通，搭建无障碍沟通平台和社区垃圾分类事务协商平台，让居民了解社区垃圾分类开展情况，参与到社区垃圾分类实务的管理中。通过最美家庭评选、志愿者队伍常态化建设等增强服务的影响力度，确保能够持续强化居民的行为。

（三）实施计划

本书根据服务目标和服务策略，将服务实施计划分为以下阶段。

第一阶段，通过调研了解×社区及社区居民垃圾分类的现状并进行需求评估，然后根据需求评估结果，设计社工服务项目。

第二阶段，开展垃圾分类督导员培训，便于更好地指导居民垃圾分类。招募社区中的优秀骨干、积极分子组成垃圾分类专项学习小组，对小组成员进行垃圾分类宣传和教育，提高小组成员参与垃圾分类的意识，增强小组成员的垃圾分类知识，促进小组成员垃圾分类行为的持续性和准确性，使一部分社区居民先养成垃圾分类行为习惯，以期在社区内形成垃圾分类榜样标杆，并发挥社区骨干的作用，使接下来的垃圾分类宣传活动减少阻碍，更有效果。

第三阶段，扩大垃圾分类宣传范围和影响，通过开展入户宣传、知识讲座、便民活动、亲子活动、参学活动等，采用多样性的宣传方式，在社区内实现垃圾分类知识普及和居民分类意识提升。并召开垃圾分类居民议事会，加强居民与居委会的沟通，搭建协商议事平台，优化社区的管理方式。

第四阶段，积极招募党员、社区志愿者等，成立社区垃圾分类志愿服务队，从而更好地对居民进行垃圾分类宣传，也能更好地监督居民的垃圾分类行为。

第五阶段，通过最美家庭评选活动、志愿者队伍常态化建设等增强服务的影响力度，确保能够持续强化居民的行为。

第六阶段，服务评估与反思，通过问卷和访谈对居民垃圾分类行为养成情况进行分析，反思服务成效与不足。回顾项目实践，为社区垃圾分类治理提出建议，并讨论社会工作参与社区治理的路径和方式。

（四）服务内容

根据前期对×社区的调研分析，结合本书的服务目标，将服务内容分为三部分：提升垃圾分类意识、优化垃圾分类管理、加强垃圾分类监督。相关活动内容如下表（见表6.11）所示。

表6.11　　　　　　　　垃圾分类项目服务内容

服务目标	服务内容	工作方法
提升垃圾分类意识	垃圾分类专项学习小组 垃圾分类入户宣传活动 垃圾分类知识讲座活动 垃圾分类主题便民活动 垃圾分类亲子系列活动 垃圾分类相关参学活动 垃圾分类最美家庭评选活动	小组工作 社区工作
优化垃圾分类管理	垃圾分类议事会	社区工作
加强垃圾分类监督	垃圾分类督导员培训 垃圾分类志愿者队伍组建 垃圾分类志愿服务我先行系列活动 垃圾分类志愿者队伍常态化建设	社区工作

限于篇幅，本书主要按照社会工作专业方法，分别从小组活动和社区活动两个方面概述社工服务项目中的活动内容。

1. 小组活动内容

第一次小组服务。社会工作者引导组员填写垃圾分类前测问卷。随后展示关于环境污染的图片，引导成员诉说感受，通过环境污染图片的展示，引起成员对环保问题的热烈讨论，增强居民对环境污染严重性的认知，提高成员对垃圾分类实施必要性和价值意义的认识，深化成员对垃圾分类的责任和参与意识，提高成员对垃圾分类的重视。通过游戏开展提升居民的垃圾分类知识。

第二次小组服务。本次活动通过讲解生活垃圾投放具体方法，增加组员的垃圾分类的专业知识，通过模拟游戏，提高垃圾分类的实操能力。并布置家庭作业，要求组员对家人进行垃圾分类指导，带动全家参与垃圾分类。

第三次小组服务。此次小组服务社会工作者首先要对成员家庭作业完成情况进行检查，向组员介绍全国以及苏州市生活垃圾分类开展情况，帮助组员解读垃圾分类的相关政策制度，让组员从宏观层面对垃圾分类有更深入的了解，进而提升组员的垃圾分类意识。

第四次小组服务。向组员讲解垃圾分类查询 App 的使用，期望通过"互联网+"的形式提升居民对垃圾处理的便利性，增强居民垃圾分类的积极性，并开展游戏互动，游戏内容仍然以巩固成员的垃圾分类技能为主。

第五次小组服务。本次小组为外展小组。活动主要内容有二：一是让组员通过体验督导员工作，感受督导工作的辛苦，并通过督导居民垃圾分类巩固自己的垃圾分类知识和能力，提升对自我行为的约束，积极践行垃圾分类；二是从成员中招募垃圾分类志愿者，通过后续志愿者活动的开展，扩大活动宣传范围，感受志愿服务的成就感和自豪感，增进对社区的认同感，从而支持社区垃圾分类；本次活动过程中要注意先对居民进行简单的督导员话术培训。

第六次小组服务。本次活动是最后一次小组活动，首先需要对前面几次服务进行回顾和总结，随后社会工作者邀请成员分享参与活动后生活所发生的变化，提出对社区垃圾分类工作开展的建议，并通过手工制作体会到垃圾资源化的意义，强化垃圾分类意识。社会工作者邀请组员填写垃圾分类后测问卷。进行活动总结，处理离别情绪，并邀请居民参与后续的社区活动。

2. 社区活动内容

垃圾分类督导员培训活动。根据之前的调查，督导员工作能力不足严重影响了对居民垃圾分类行为指导与监督的效果，因而有必要对督导员展开培训。为提升督导培训的专业性，社工需要链接外部资源，邀请环卫局工作人员或垃圾分类负责人等专业者作为培训主讲人，围绕督导员的工作责任、专业知识、工作技巧、督导心态等具体内容展开培训。

入户宣传活动。社工联合志愿者和社区工作人员在试点小区进行入户宣传，主要活动内容是社工联合志愿者和社区工作人员挨家挨户向居民宣传垃圾分类知识，邀请居民签署垃圾分类承诺书，向居民详细讲解小区垃圾分类投放点的开放时间、厨余垃圾破袋投放等垃圾分类细则，提升居民对社区垃圾分类的知晓率，同时了解居民对当前社区垃圾分类的建议。

垃圾分类知识讲座活动。本次活动社工链接外部资源，邀请权威专家开展垃圾分类讲座，组织居民对垃圾分类的相关知识进行学习，并组织大家观看有关垃圾分类的宣传影片，对居民存在的垃圾分类困惑进行答疑，设置垃圾分类经验交流环节，邀请街道曾经受过表彰的垃圾分类先进个人或先进社区向居民分享经验和交流心得，设置互动游戏和有奖问答，增加居民参与的积极性。

垃圾分类主题便民活动。本活动将垃圾分类宣传活动与便民活动结合在一起，通过居民对便民活动参与的积极性带动居民对垃圾分类宣传活动参与的积极性，活动还邀请到了多位党员作为志愿者参与垃圾分类宣传活动，旨在通过党员在社区中的号召力增加社区居民对垃圾分类的关注度，带动更多居民参与垃圾分类工作，并以游戏、宣讲等多种丰富的宣传方式，提升居民的垃圾分类意识和知识储备。

垃圾分类亲子活动。本系列活动邀请亲子家庭参与活动，活动旨在通过"影响孩子，带动家庭，辐射社区"的方式，通过帮助孩子学习垃圾分类知识，强化垃圾分类意识，提高其父母和家庭对垃圾分类的认识，并逐渐由家庭辐射到社区，促进垃圾分类理念在社区的传播，形成人人参与垃圾分类的社区氛围。

垃圾分类相关参学活动。社工组织社区居民参观垃圾分类宣教体验中心、污水处理厂、厨余垃圾处理厂等，通过亲身体验和实地教学，让社区居民对垃圾分类有更为直观的认识，真正体会到垃圾分类的意义所在，进而强化居民的环保和垃圾分类意识。

垃圾分类议事会。为优化社区垃圾分类的管理方式，增进居民与社区的沟通，召开垃圾分类议事会。邀请居民代表、居委会代表和物业代表等共同协商社区垃圾分类事务。

组建垃圾分类专职志愿服务队和开展志愿服务。为加大垃圾分类宣传力度和对居民垃圾分类行为的监督力度，社工组建垃圾分类志愿服务队，志愿服务队负责垃圾分类的日常宣传、点位督导协助、投放点关闭时间段内的小区巡视等活动。

垃圾分类最美家庭评选活动。本活动目的在于促进居民垃圾分类行为的持续性，巩固居民的垃圾分类行为习惯。活动通过垃圾分类 21 天打卡挑战，使居民垃圾分类行为持续性实施，巩固居民垃圾分类的行为习惯。并根据活动结果评选出垃圾分类家庭榜样并给予奖励，通过榜样的力量和奖励发放刺激居民实施垃圾分类行为。21 天为一个活动周期，根据小区的实际情况，工作人员每天会在固定的时间段在投放点检查参与者的分类投放情况，并在记录表盖上印章确认"打卡成功"。根据打卡挑战的结果评选出社区垃圾分类最美家庭，打卡挑战前几名荣登社区垃圾分类光荣榜，并发放奖品以作鼓励。

志愿者队伍常态化建设。社工协助志愿者队伍规范化运行。社工根据志愿者的空闲时间，细化志愿者的服务时间和服务内容，制作出排班表，实行轮岗制，志愿者按表上岗，若临时有事不能到岗要提前告知，同其他志愿者换岗，这种方式能够保证志愿服务的持续性。社工联合社区举行最美志愿者评选活动。详细制定活动评选原则和流程，对突出表现的志愿者进行表彰，用于鼓励志愿者长期参与垃圾分类志愿活动。通过以上活动，使垃圾分类志愿服务队成为社区内常态化的志愿服务队伍，能够持续性地参与社区垃圾分类宣传与监督。

三 服务实施

本书主要采用小组工作方法和社区工作方法进行服务介入，分为小组服务过程和社区服务过程两部分，由于篇幅的限制，本书将有选择地详细介绍部分实务内容。

（一）小组服务过程

本次小组为垃圾分类专项学习小组，通过前期宣传，共招募到 8 位社区居民。小组性质为封闭性小组，本次小组活动分为六节，活动召开频率为每周一次。由于篇幅限制本书选择第一次、第三次和第六次活动进行介绍。

1. 小组目标

本次小组活动目的在于帮助小组组员意识到垃圾分类的重要性，掌握垃圾分类专业知识，提升垃圾分类意识，增加组员垃圾分类的准确性与持续性，进而使组员逐渐形成垃圾分类的行为习惯。具体目标为：100%的小组成员有垃圾分类的意识并愿意进行垃圾分类，90%的小组成员能够掌握基本的垃圾分类知识，80%的小组成员能够自觉进行垃圾分类并初步形成垃圾分类的行为习惯。

2. 小组过程

（1）第一次小组活动

初次小组服务，社工向组员介绍小组情况，引导组员进行了"击鼓传花"自我介绍的游戏，帮助成员尽快融入小组，建立小组关系。之后，社工引导组员讨论小组契约的问题。组员们开始比较沉默，社工询问了组员的建议，并指定了组员沙叔叔回答，随后社工对沙叔叔的回答进行简单的总结，指定第二位组员王阿姨回答，社工继续总结后，邀请组员主动回答，组员渐渐活络起来。经过组员们的讨论，形成了小组契约。随后社工邀请组员填写垃圾分类前测问卷，用于了解小组成员当前的垃圾分类态度、行为、知识掌握程度和参与情况。为加强组员间的沟通与交流，社工引导组员表达自己对垃圾分类的了解与认识。经过组员们的发言，发现成员对于垃圾分类实施的原因与迫切性没有很深的了解。

社工随后展示关于环境污染的图片，引导成员诉说感受，并在组内讨论环保的重要性，通过讨论环境保护的重要性向居民讲明垃圾分类的必要性和重要性。社工注意到随着社工对环境污染图片的展示和解说，组员的表情由平静到惊讶，图片展示结束后，社工鼓励成员诉说图片感受，沙叔叔主动回答说："环境污染太可怕，垃圾分类是很有必要的。"社工认可了沙叔叔的话，并鼓励其他成员作答。杨阿姨表示："我以前都不知道环境污染有这么大的危害，这些小动物真是太可怜了。"其他成员也抒发了自己的感受，如孙阿姨说："看到这些图片，我就想到了我们孩子的未来，我年纪大了不要紧，可是我孙子才这么一点，我不想让他像图片中的孩子那样因为环境污染得白血病。"

社工对组员的发言表示认同，随之引导成员对环保问题进行讨论，组内讨论热烈，成员纷纷分享了自己的感受与观点，白阿姨表示，"环境问题凭我们自己是不容易改变的，我觉得我们应该呼吁更多的人重视环境问题"。沙叔叔认可了白阿姨的话，并表示，"说得很对，不如就从垃圾分类开始吧，我们不仅要自己做好垃圾分类，还应该让自己的家人、朋友和其他居民也进行垃圾分类"，其他成员对此表示肯定。

社工认可了大家的讨论，随后开展了互动游戏环节，整体氛围较为轻松。社工首先向组员介绍了游戏规则，社工向每位组员分发了10张垃圾卡片，要求组员将垃圾图片与垃圾类别进行正确匹配，限时3分钟，随后社工对组员的分类进行了判断并公布正确答案，在这一过程中，社工发现组员垃圾分类认知水平存在一定的差异，除沙叔叔和沈阿姨分对了6个，其他组员的卡片分对率不足一半，这表明组员的垃圾分类知识确实需要加强。

社工在游戏结束后，对沙叔叔和沈阿姨进行了言语肯定和赞扬，颁发了奖品，对其他成员进行了言语鼓励并颁发了纪念品，而且号召大家向沙叔叔和沈阿姨学习。随后社工邀请成员诉说活动感受，陈叔叔表示："更深刻地意识到了环保的重要性，我会更加重视垃圾分类，也会更支持和配合社区的垃圾分类工作，坚持在日常生活中做好垃圾分类。"王阿姨说："我也认识到了垃圾分类的重要性，我会坚持垃圾分类。"其他成员也诉说了自己的感受。社工总结，预告下节小组活动。邀请组员进行满意度测评，询问组员活动感受。本次活动中，社工作为引导者，运用沟通技巧帮助组员减少了陌生感，使他们更快地融入小组。

社会学习理论认为个体认知对行为具有重要影响，个体行为受认知因素的调节，个体的认知越强，就越有可能实施行为。本次活动运用社会学习理论，以图片的形式向居民传输垃圾分类知识，通过环境污染图片的展示，引起成员对环保问题的热烈讨论，增强居民对环境污染严重性的认知，提高成员对垃圾分类实施的必要性和价值意义的认识，深化成员对垃圾分类的责任和参与意识，提高成员对垃圾分类的重视。社会学习理论还主张建立较高的自信心和重视榜样的作用，因而本次活动根据组员的游戏参与与结果对组员进行奖励和鼓励，以直接强化和替代性强化的方式帮助组员建立较强的自信心，提升他们的积极性。

(2) 第三次小组活动

本次小组服务，社工介绍了全国以及苏州市生活垃圾分类开展情况，让组员了解垃圾分类政策。社工首先与组员回顾了上节活动内容，并检查了上节小组预留的家庭作业，对作业完成较好的人提出表扬，并表示相信其他人在接下来的活动也将会做得越来越好。随后简要介绍了本次小组内容，介绍完之后，社工与组员进行了热身游戏，活跃了小组氛围，增进了组员间的联系。

社工介绍了苏州市的垃圾分类开展情况，包括垃圾分类的背景意义、垃圾分类的处理流程、垃圾分类的政策依据，其中重点介绍了本市垃圾分类管理条例，让组员对垃圾分类的政策有了更清晰的认识。接下来社工结合本次活动讲解内容进行了游戏互动。组员选择一个自己擅长的垃圾分类有关的问题小纸杯，对该分类小纸杯中的10个问题进行回答，社工发现本次活动中组员较前两次活动的正确率有所上升，这表明活动能够提升组员对垃圾分类的了解。之后社工邀请组员分享活动体会，王阿姨表示："原来已经有很多地区比我们更早开始垃圾分类，而且人家已经做出了成绩，我们要向人家学习。"沈阿姨表示："这次活动收获很大，对垃圾分类的政策有了更多的了解，我之前一直以为垃圾分类会是'雷声大雨点小'的一件事，没想到政府已经有了处罚和奖励的条例，看来接下来要好好进行垃圾分类了。"陈叔叔表示："原来国家为垃圾分类投入了这么多的人力物力，我看到了国家做好垃圾分类的决心，相信在大家的共同努力下一定会做好垃圾分类，大家齐心协力，咱们小区的环境也会越来越好。"其他组员对此表示赞同。社工与组员进行了总结分享，说明下次小组内容，并邀请组员填写满意度反馈表。

与前两次小组活动相比，组员在本次活动中参与互动的积极性更加强烈，此次小组服务中，社工从垃圾分类的背景意义讲起，让居民对垃圾分类有更加深入的了解，通过游戏互动方式，增进了组员的情感联系。社工在小组中主要发挥了教育者和引导者角色，促进组员讨论学习垃圾分类相关政策。

社会学习理论强调认知的调节作用，态度—行为—情境理论也强调社会规范对人的行为的影响，本次活动中社工向居民重点介绍了垃圾分类政策，让成员意识到垃圾分类已经有较为严谨的管理条例，甚至即将出台相关法律，垃圾不分类可能会受到处罚，让成员端正垃圾分类的态度，同时也通过居民对政策的学习，明确成员在垃圾分类中的责任。

(3) 第六次小组活动

本次活动中社工首先与组员回顾了小组活动过程。之后引导组员分享参与活动后自己生活所发生的变化。通过前面几次服务，可以看出组员们的参与热情明显提高。此次服务中，组员们参与讨论更为积极。杨阿姨表示："通过参加前面的活动，我学习到了不少垃圾分类知识，以前自己认为很难的事情，现在变得很简单，每天进行垃圾分类很有成就感。"顾阿姨表示："我特意买了好几个小的垃圾分类桶放在家里，每天对垃圾分类更方便。"陈叔叔说："我之前每次扔垃圾督导员都会说我哪个分得不对，现在他说得少了，我有好几次扔完垃圾督导员都没有再次分类，我现在分得很准确。"沙叔叔说："我加入了社区的垃圾分类志愿服务队，每天都过得很充实。"其他成员也纷纷发表了自己的感想。社工通过组员的发言，发现每个组员在对垃圾分类上都有不同程度的改变，大家对垃圾分类的意愿越来越高，垃圾分类行为越来越积极，分类的准确率越来越高，社区垃圾分类的氛围越来越好。

之后，社工对组员的改变表达了认可与祝贺，社工简略总结了成员的发言后，提问："大家实施垃圾分类也有一段时间了，那么现在大家对咱们社区的垃圾分类还有什么建议吗？或者大家希望未来社区垃圾分类有哪些改变？"组员的发言都很积极，顾阿姨说："我觉得现在咱们社区的垃圾分类做得越来越好了，乱扔垃圾的现象减少了很多，就是我看现在的垃圾分类房都是临时搭的棚子，一到下雨就很潮湿，要是能建个小房子就好了。"其他组员也发表了自己的建议，如白叔叔说："我看人家有的小区有智能分类垃圾桶，扔垃圾还能积分换东西，不知道咱们小区什么时候有？"孙阿姨说："现在咱们小区的点位开放时间有点短，好多上班的人下班晚就扔不了垃圾了，可不可以把时间延长？"社工总结了大家的建议，对成员的发言表示认可，认为大家的建议都很好并保证会将大家的建议反馈给社区。

随后社工开展了变废为宝的手工活动，两人一组进行环保笔筒手工制作，社工发现组员对小组的融入更加好了，彼此间的联系更加紧密，组员间自发组队，在社工的指导下进行手工制作，小组成员在此环节十分投入，成员间的配合非常默契。随后社工邀请成员分享小组活动与感受。组员们纷纷表达了对小组的积极认可和对社工服务的高度评价。杨阿姨表示："要不是这次活动，让我们分享自己的变化，我都没发现，我的生活改变了这么多。"沙叔叔表示："这个变废为宝的活动很好，身边的垃圾还有挺大价值，我对垃圾分类的意义有了更深入的认识。"其他成员也抒发了自己的感想，白阿姨表示："这一总结我发现咱们社区的垃圾分类挺好的，我对垃圾分类工作的开展十分有信心"。陈叔叔表示："你们这个活动举办得很好，以后咱们社区就应该多举办这样的活动。"社工也表示，看到大家参与活动都有很大的收获，作为服务提供者感到很有成就感。同时也表示期望成员能够参与接下来的社区活动。

社工邀请组员填写后测问卷，向组员告知小组活动在今日就会结束，但是接下来彼此还会在社区活动中相遇，所以希望组员不要过于不舍和难过。并且向小组成员们承诺，有不懂的问题随时可以跟社会工作者联系。由于社工的告知，小组成员并没有表现出明显的离别情绪。

社会学习理论强调自我效能感，认为良好的自我效能可以帮助服务对象树立较强的自信心。所以在活动过程中，社会工作者引导成员发现自身的改变，体会垃圾分类的成就感，肯定成员的努力，让成员认识到自身价值，提升成员垃圾分类的信心和积极性，进而促进成员垃圾分类行为的持续性。

（二）社区服务过程

由于社区服务较多，出于篇幅考虑，本书主要介绍部分垃圾分类宣传活动、垃圾分类议事会、志愿服务我先行活动等的服务过程。

1. 垃圾分类宣传活动

（1）垃圾分类主题便民活动

本次活动旨在发挥党员先锋作用，更好地带动群众参与垃圾分类，营造人人参与的社区氛围。通过垃圾分类宣传和趣味游戏强化居民垃圾分类意识，引导社区居民正确地进行垃圾分类，提升居民参与积极性。绿色便民活动整合社区资源，建立社区便民志愿服务机制，倡导志愿精神，方便居民生活。

活动开始，社工介绍活动开场，邀请党员代表宣读垃圾分类承诺书，在承诺墙上签名,并鼓励居民承诺践行垃圾分类。之后垃圾分类相关宣传活动和便民活动同时开展,党员代表们作为志愿者和社工一起引导居民参与活动。在垃圾分类宣传区,社工和党员志愿者扮演教育者的角色,向居民分发垃圾分类宣传折页和倡议书,讲解知识,回答问题,同时进行志愿者招募,鼓励社区居民参与社区垃圾分类志愿服务。通过社工和党员的积极宣传,活动当场招募到 5 名垃圾分类志愿者。社工发挥引导者的作用,积极引导居民进行垃圾分类闯关游戏。现场设置了飞行棋、投壶、大转盘、创意彩绘等丰富多彩的游戏形式,游戏规则通俗易懂,难度适当,上至六十多岁的老人,下至五六岁的儿童,每一年龄段的参与者都能感受到游戏乐趣,在玩乐中学习到垃圾分类知识。很多小朋友在玩过一轮游戏后意犹未尽,并表示"要是每天都有这样的活动就好了"。也有一些小朋友在玩过一轮游戏后,找来了自己的爷爷、奶奶、爸爸、妈妈或自己的小伙伴,希望能够再参与一次。通过小朋友的带动,本次活动宣传范围扩大,宣传效果明显。便民服务区,由社工链接到的便民志愿者为居民免费提供口腔检查、血糖血压测量、磨刀、理发等活动,其中磨刀和理发活动受到居民最热烈的欢迎,活动还未开始,就有居民拿着剪刀、菜刀等在旁边等候,正式活动开始的半个小时内,磨刀和理发的便民服务券就被一抢而空,有居民称赞这次便民活动满足了他们的日常需求,方便了他们的生活。

本次活动将垃圾分类与便民活动相结合,通过居民对便民活动参与的积极性带动居民对垃圾分类宣传活动参与的积极性,同时多种形式的宣传活动吸引了不同年龄群体居民的热情参与。在整个活动持续的两小时里,前来参与游戏和便民活动的居民络绎不绝,很多居民自发地在垃圾分类承诺墙上签名承诺;游戏闯关环节,不少大人带着孩子共同参与其中,亲子之间的互动氛围良好,活动总体取得了良好的效果。

(2)垃圾分类知识讲座活动

本活动通过主题讲座向居民传输垃圾分类知识,提升居民分类投放的准确性和规范性。通过先进个人的事迹分享,向社区居民树立榜样,提升居民参与垃圾分类的积极性。

活动中,宣讲专家结合苏州市垃圾分类管理条例和生活中常见的物品讲解了垃圾分类的具体知识，社工观察到在这一环节中大部分参与居民全程认真听取了宣讲内容，一小部分的居民的专注度不足，过程中出现了几次"开小差"现象，甚至有几位居民中途离场了，社工详细询问了离场的原因，有人表示自己有事情要忙，有人表示讲座时间太长，自己待得很累，需要起来休息一下，也有的居民表示活动不是很吸引自己。社工做出挽留，并尊重他们的去留。随后垃圾分类的宣传片播放环节，居民专注度有所上升。宣讲结束后居民纷纷向专家和社工提出自己对垃圾分类的疑惑，专家和社工对此进行了详细解答。社工还邀请垃圾分类先进个人陈叔叔向在座居民分享了自己的垃圾分类经历。62岁的陈叔叔，是一名退伍老兵。"刚开始的时候我也是很不适应，觉得垃圾分类过于麻烦，这么多垃圾类别要想全部分对太难了，但是社区志愿者上门一直鼓励我，除了指导垃圾分类，我生活中遇到什么困难，人家也会热情地帮助解决。后来我自己买了分类垃圾桶，还在墙上贴上了'垃圾要分类'的纸条提醒自己每次分类丢垃圾，时间长了，我也逐渐开始适应和熟悉了。垃圾分类虽然看着挺麻烦，但熟悉了之后也没有那么困难，只要坚持，大家都能够做好垃圾分类。"随后现场进行了垃圾分类趣味游戏。社工结合击鼓传花和垃圾分类转盘游戏引导居民了解生活中各种常见垃圾的类型，居民在此环节中参与热情高涨，现场气氛较为热闹，活动室中充斥着欢声笑语。最后还开展了有奖问答环节，居民在此环节中表现尤为积极，纷纷抢答，现场参与氛围浓厚。

社会学习理论强调认知对行为的影响作用，本次活动中通过讲座的方式让居民加强垃圾分类的认知，从而影响他们的行为。社会学习理论还重视榜样的作用，认为通过榜样的替代反应和替代强化可以帮助学习者更好地学习。因此在本次活动中，社会工作者邀请垃圾分类先进个人分享成功经验，发挥榜样的示范作用，提升居民参与垃圾分类的积极性。

（3）垃圾分类亲子活动之居规民约绘画评选

本次活动旨在通过"影响孩子，带动家庭，辐射社区"的方式，通过帮助孩子强化垃圾分类意识，进而带动其父母乃至整个家庭分类意识的提升，并逐渐由家庭辐射到社区，推动整个社区的垃圾分类参与。

本次活动主要以亲子家庭为服务对象。活动开始，社工首先对参与的亲子家庭表示欢迎,通过游戏"萝卜蹲"活跃现场气氛。之后社工进行垃圾分类宣讲和居规民约宣讲,活动过程中,家长和孩子都表现出了较高的参与度,特别是孩子,他们与社工的互动较为频繁。宣讲中,社工向在场的孩子提问:"有没有小朋友听说过垃圾分类的?知道的小朋友请举起你们的小手好吗?"针对社工的提问,孩子们的回应非常积极,纷纷举手示意。社工对此表示赞扬和肯定:"哇,这么多小朋友知道呢!大家都好厉害呀!那下面我来考考大家啊,有谁知道苹果皮是什么垃圾呢?"有小朋友抢答:"厨余垃圾。"社工回应:"回答正确,苹果皮是厨余垃圾,那你们知道厨余垃圾有什么特点吗?还有哪些垃圾是厨余垃圾呢?有没有小朋友知道?……"社工注意到对这一问题能够回答上来的孩子很少,社工由此向孩子介绍厨余垃圾的知识并以同样的问答形式介绍其他垃圾知识。随后社工向孩子和大人介绍社区垃圾分类居规民约,鼓励孩子和家长对社区居规民约中的垃圾分类顺口溜共同进行朗读和背诵,这一环节中亲子之间的配合度很好,彼此进行了居规民约的背诵和检查,但有的家庭一名家长带了多位孩子,在检查和背诵时,家长顾得了这个顾不了那个,有些孩子产生了不好的情绪,社工及时运用沟通技巧,安抚孩子的情绪,协助家长完成活动的阶段任务。之后在绘画环节,社工向亲子说明本次绘画的主题为"垃圾分类和美丽社区",并邀请专业绘画老师讲解绘画技巧,在老师的指导下,亲子间彼此协作,共同作画。亲子间的沟通加强,各组间关系和谐,现场氛围融洽。亲子在本次活动中增长了垃圾分类知识和绘画技巧,对垃圾分类有了更多的了解。

2. 垃圾分类议事会

根据前期调研显示,×社区垃圾分类管理存在漏洞,缺乏居民与社区的沟通平台和协商议事平台,且社区及居民对这方面的需求比较迫切。因此,为促进居民与社区的沟通,优化社区管理方式,让居民参与到社区垃圾分类事务的管理中。通过前期与居委会、物业和居民的协商沟通,社工协助举办了垃圾分类议事会,邀请三方代表协商处理社区垃圾分类事务。

活动中社工简单主持开场后,邀请社区工作人员为居民讲解社区垃圾分类工作进展,包括社区垃圾分类的基础设施投放、宣传推动、管监督现状以及之后的工作计划,让居民了解社区垃圾分类相关工作的开展进度和开展计划。之后居民代表针对现存的问题向社区进行询问。居民代表 A 提出疑问:"当前垃圾的混合收运问题,影响非常不好,如果一直这样大家都觉得垃圾分类没有必要继续下去了。请问这种情况要维持多久,社区是否会解决?"社区工作人员赵主任回答说:"根据居民的反映我们也注意到了这种现象,由于社区现在的垃圾分类还没有通过上级部门的验收,所以垃圾分类的质量存在问题,清运公司现在是混合收运,等到社区验收通过,他们就会分类清运,如果清运公司没有按相关要求进行清运,社区会考虑更换清运公司。请大家放心,这个问题我们会尽快解决。"也有居民代表反映小区楼下乱扔垃圾问题很严重:"我们楼下之前有一个垃圾回收点,现在撤桶以后,发现很多人还是往那里扔垃圾,现在天正热,每天那个气味太难闻了。不只是我们栋楼下,小区草坪上、其他栋楼下也有这种情况,现在小区环境脏乱差,我们向物业反映了很多次都没有得到解决,请问今天能不能给我们一个解决措施?"物业经理表示:"楼下的垃圾我们之前已经要求保洁清理过了,目前保洁员每天的工作次数已经由之前的两次增加到了四次,但是治标不治本,只要有人乱扔垃圾这个问题就会存在,其实只要大家不乱扔这个问题很好解决。"居民代表 W 表示:"可不可以在楼下增加摄像头,有监控可能就不会有人乱扔垃圾了"。居民代表 C 说:"我觉得安摄像头的作用可能不大,其实现在很多人没有垃圾分类的意识,最重要的还是让大家意识改变,社区应该加强宣传。"

居民代表 H 表示:"我认为可以成立一个专门的监督队,对乱扔垃圾的居民进行劝导和制止,这样既进行了宣传也能够解决垃圾乱扔的问题。"社区工作人员表示:"大家的想法都很好,也各有各的道理,我之前也跟社工说到这个问题,跟你们有些人的想法差不多,我们想从社区里面招募一些志愿者,成立一个专门的志愿巡视队,每天在固定时间对小区进行巡视,对于乱扔垃圾的居民进行教育,相信小区内乱扔垃圾现象会逐步改善。大家觉得怎么样,咱们举手表决一下。"在座的大部分居民举手表示同意。随后,大家还对社区垃圾桶的清洁问题、点位监管的规范问题、智能垃圾桶的引进问题等进行了商讨。

地区发展模式认为社区之所以产生矛盾和问题是因为社区内各个利益团体之间沟通不足、无法合作，通过增进大家的沟通，使彼此之间达成合作，矛盾和问题就会不攻自破，该模式还注重社区骨干精英的作用，强调居民参与，本次活动通过议事会的形式，促进了居民和社区的沟通，让居民对社区的垃圾分类工作有了更多的认同和支持，也通过垃圾分类议事会的成立，让社区居民参与垃圾分类事务管理，优化了社区管理方式，还解决了因垃圾混合清运而打击居民分类积极性等问题，让社区垃圾分类工作的开展和执行更为规范化。

3. 志愿服务我先行活动

本系列活动旨在招募居民组建垃圾分类志愿服务队，通过志愿服务的参与，提升志愿者自身的垃圾分类意识和公共意识，巩固垃圾分类行为习惯。扩大垃圾分类的宣传队伍进而影响垃圾分类的宣传范围，让更多居民知晓垃圾分类。通过在垃圾分类投放时段，志愿者协助督导员对居民垃圾分类行为进行指导，减轻督导员工作压力，提升居民垃圾分类投放准确率。通过在垃圾分类点位关闭时段，由志愿者在小区内进行巡视，加大对居民垃圾分类行为的监督力度，改善居民乱扔垃圾的不良行为。通过对小区公共区域进行清洁，美化社区环境。此活动为系列活动，基于篇幅考虑本书仅概述第一次活动过程（活动方案详见附录I）。

经过前几个月的招募，在第一次垃圾分类志愿服务开展前共招募到志愿者20名。本次活动开始前，社工首先对志愿者们进行培训，帮助志愿者们了解自身职责，掌握入户技巧和志愿服务技巧，其次向志愿者介绍本次活动的内容和流程，进行人员分工。活动开始后，社工与志愿者先是开展入户宣传，为居民介绍了社区垃圾分类投放点的开放时段、地点以及垃圾分类投放时的注意事项，鼓励居民积极参与。社工和志愿者在入户宣传时，大部分居民都比较友好，有的居民会主动询问哪种垃圾要怎么分，但也有的居民不屑一顾，闭门不见。针对这种现象，社工表示尊重和接纳，由于是第一次开展活动，居民对志愿服务队比较陌生，还不能完全信任社工和志愿者，相信随着后续活动的开展，居民会对志愿者和社工有更多的信任。随后志愿者在垃圾分类投放点位关闭时段进行社区巡视，对居民不按规定投放垃圾的行为进行劝阻，并向其宣传正确的垃圾分类知识。在巡视中，志愿者耐心地向居民解释垃圾分类的意义，并表示社区环境需要大家共同维护，号召大家按照社区规定定时定点地投放垃圾。志愿者还对小区内的环境进行清洁，清理小区草坪、路面上的垃圾，同时呼吁居民定时投放垃圾，不要乱扔垃圾。志愿者还在督导点协助督导员工作，对居民垃圾分类行为进行指导和纠正。

态度—行为—情境理论认为，当个体没有足够积极的态度使环境行为达成时，有力的外部环境因素能够发挥较大的作用，通过创造有力的外部环境给予个体足够的外部强化，能够促进环境行为的发生。地区发展模式也注重通过居民自助解决问题。因而本项目组招募居民组建垃圾分类志愿服务队，开展宣传、小区巡视、协助督导等垃圾分类志愿服务，加大对居民行为的监督力度，督促居民落实垃圾分类行为。同时志愿者通过活动，强化了自身的垃圾分类意识，巩固了垃圾分类行为习惯。本项目截至2020年11月底，已吸收志愿服务成员42名，累计开展志愿服务我先行系列活动8次，累计服务人次1000余人，累计入户600余户，发放倡议书、宣传手册、承诺书等相关活动资料2000余份。

第三节 城市居民垃圾分类行为养成的社会工作实践评估

本书通过过程评估和结果评估考察小组活动与社区活动在居民垃圾分类行为养成方面所达到的效果。过程评估主要对服务对象表现、社会工作者表现等进行评估，结果评估主要通过目标达成情况测评、服务对象满意度测评等评估服务效果是否达到服务设计的预期目标。评估主要采用观察法、问卷法和访谈法，观察法用于社会工作者在活动过程中观察服务对象的活动表现，问卷法用于服务对象前后测、对服务的评价、对社会工作者的评价以及对自身改变评价等内容，访谈法主要是通过服务对象反馈和相关方反馈，了解服务对象的改变，体现服务效果。本书主要对前文详述的部分服务活动以及服务整体目标达成情况进行评估。

一 服务评估

(一) 小组服务评估

1. 过程评估

本书以评估小组活动开展过程中的组员表现和社会工作者表现的方式进行过程评估。

(1) 组员表现

①组员参与度评估。在过程评估中,首先需要对小组成员的出席率进行评估。根据表 6.12 可以看出,在小组活动过程中,8 位小组成员都通过线下参与的方式准时参加活动,出席率高达 100%。成员对活动的参与非常积极,也反映出成员对于活动比较认同和满意。

表 6.12　　　　　　　　成员活动出席率统计

组员编号	参与途径	小组节数						出席率（%）
		一	二	三	四	五	六	
1	线下	√	√	√	√	√	√	100
2	线下	√	√	√	√	√	√	100
3	线下	√	√	√	√	√	√	100
4	线下	√	√	√	√	√	√	100
5	线下	√	√	√	√	√	√	100
6	线下	√	√	√	√	√	√	100
7	线下	√	√	√	√	√	√	100
8	线下	√	√	√	√	√	√	100

②活动过程中组员表现。在服务过程中,社工观察了组员的表现。社工注意到在具体的活动过程中组员的参与程度是有变化的。第一次小组活动中,除组员沙叔叔以外,其他组员的表现较为拘谨,能够主动回应社工的组员很少,需要社工指定和鼓励,组员才会作出回应,表达自

己的感受。游戏环节组员的表现相对积极，对于游戏较为投入，很多组员对游戏环节表现得意犹未尽，这提醒社工在以后的活动中可以尽可能地采用较为趣味性的活动方式，提升组员参与活动的积极性。第三次小组活动中，随着组员对小组的熟悉加深，组员变得热情起来，大部分组员能够积极主动地参与小组讨论，个别组员仍需要社工的鼓励。讨论过程中部分组员的发言模糊不清、没有重点，社会工作者及时帮助组员澄清观点和感受。游戏环节中组员答对垃圾分类问题的频率明显增加，说明通过参与小组活动，组员对垃圾分类的认知得到提升。第六次小组活动中，组员的参与更加积极，对社会工作者非常信任。所有组员都能够主动表达自己，他们对自身变化与社区变化有明显的认知，对垃圾分类，他们有较强的成就感和自信心，会积极主动地提出对社区垃圾分类的建议，组员的垃圾分类意识明显加强。

（2）社会工作者表现

在整个小组服务中，社工综合运用了引导、倾听、澄清、沟通、观察等技巧，遵守了尊重、平等对待、全心全意等专业价值信念和职业操守。社工首先运用引导和沟通技巧让小组成员相互熟悉并建立小组关系，营造轻松安全的小组氛围，接下来通过眼神和言语鼓励组员在小组内发言，并用点头等肢体语言表示专注与倾听，之后通过引导互动、提问和鼓励等方式促进组员之间的沟通交流，积极倾听组员表达感受并进行反映和总结，面对讨论过程中部分组员的发言模糊不清的问题，社会工作者及时帮助组员澄清和表达参与活动的感受。整个小组中社工充分发挥组员间分享、鼓励、互助等功能，力求通过社会工作专业支持和组员间的情感支持影响和改变每一位组员，提升所有组员的垃圾分类意识，进而促进组员垃圾分类行为习惯的养成。此外，社会工作者还制订了风险预案以应对突发状况，在活动过程中给予成员适当的鼓励、引导和照顾。

2. 结果评估

本书主要从服务对象满意度、目标达成情况等方面评估小组活动的服务效果。服务对象满意度评估主要从服务对象对活动的满意度、对社工的满意度、活动对自身的影响等方面进行。评估主要采用量表形式辅之以服务对象访谈反馈，小组成员根据量表对每个项目进行评分，根据组员赋分情况计算均值,均值越高,表示满意度越高。目标达成情况评估主要通过对比组员前测和后测的均值,评估整个小组的服务效果。

(1) 服务对象满意度评估

基于篇幅考虑,本书主要对第一、三、六次小组活动进行评估。

第一次小组活动中,成员对于活动总体满意度评分为4.75(详见表6.13),对活动的场地安排、时间安排、内容和流程等评分较高,但成员在活动中的投入程度相对较低,评分仅为4.38。有成员表示:"其实活动开展得挺好,主要是因为我第一次参加活动,跟其他人都很陌生,不太能够全身心地投入其中,需要时间适应。"在对社工的满意度方面,成员最满意社工的工作态度,认为社工的工作技巧和工作表现稍有欠缺。在活动对自身的影响方面,成员认为本次活动对于自己很有帮助,评分为4.5。通过参与,活动成员对于环境污染的危害认识更为深入,对垃圾分类的认识更为全面,评分分别为4.75和4.63。

表6.13　第一次小组活动满意度评估(N=8)

评估项	评估内容	1	2	3	4	5	平均分
对活动满意度	场地安排					8	5.00
	时间安排				1	7	4.88
	内容和流程				1	7	4.88
	活动投入程度			2	1	5	4.38
对社工满意度	社工的工作表现			2	2	4	4.25
	社工的工作态度				2	6	4.75
	社工的带领技巧			1	4	3	4.25
活动影响	本次活动对我的帮助			1	2	5	4.50
	对环境污染危害的了解				2	6	4.75
	对垃圾分类意义的了解			1	1	6	4.63
	活动总体满意度				2	6	4.75

注:N为调研样本总数。

第三次小组活动中,成员对于本次活动的场地、时间安排都非常满意,对活动的内容和流程较为满意,活动中投入程度较高。对于社工的工作态度表示高度认可,评分为5,分别有2名成员认为社工的工作表现和工作技巧存在不足之处,6名成员认为本次活动对于自己帮助很大,5名成员认为自己对垃圾分类政策的了解程度大幅提高,也有3名成员认为自己对垃圾分类政策虽然已经大部分知晓,但还需要继续巩固,6名成员认为自己的分类意识提升的目标完全实现,2名成员认为自己还有进步的空间。成员对活动总体满意度评分为4.88(详见表6.14)。

表6.14 第三次小组活动满意度评估(N=8)

评估项	评估内容	1	2	3	4	5	平均分
对活动满意度	场地安排					8	5.00
	时间安排					8	5.00
	内容和流程				1	7	4.88
	活动投入程度					8	5.00
对社工满意度	社工的工作表现				2	6	4.75
	社工的工作态度					8	5.00
	社工的带领技巧				2	6	4.75
活动影响	本次活动对我的帮助				2	6	4.75
	对分类政策的了解				3	5	4.63
	分类意识的提升				2	6	4.75
	活动总体满意度				1	7	4.88

注:N为调研样本总数。

第六次小组活动,成员对于活动各方面的满意率都有较大程度的提升,活动总体满意度评分为5(详见表6.15)。成员除对活动的场地、时间的安排较为满意之外,对于社工的认可也有较大程度的提升,100%的成员认为社工的服务态度值得肯定和表扬,分别有1名成员认为社工的表现和技巧运用还有继续进步的空间,100%的成员对活动中投入程度自评分数较高并认为整体活动对自己很有帮助,自己的垃圾分类技能获得了较大程度的提升,所有成员都认为本次小组带给他们很大的变化,通过一个半月的活动参与，自己的分类意识、分类技能提升明显。

表6.15　　　　　　第六次小组活动满意度评估（N=8）

评估项	评估内容	1	2	3	4	5	平均分
对活动满意度	场地安排					8	5.00
	时间安排				1	7	4.88
	内容和流程				2	6	4.75
	活动投入程度					8	5.00
对社工满意度	社工的工作表现				1	7	4.88
	社工的工作态度					8	5.00
	社工的工作技巧				1	7	4.88
活动影响	活动对我的帮助					8	5.00
	自身改变					8	5.00
	垃圾分类技能					8	5.00
	活动总体满意度					8	5.00

注：N为调研样本总数。

（2）目标达成情况评估

社会工作者在第一次小组活动时对成员进行了前测，在小组结束时再次使用同一量表对成员进行后测，对比成员的前测和后测的均值检验成员垃圾分类行为养成各方面情况。

根据成员垃圾分类情况前后测表（表6.16）可以看出，通过开展小组活动，小组成员在生活垃圾分类的态度、认知和行为方面有了很大的改善，居民更加清楚垃圾分类的意义，更具有保护环境的责任感，垃圾分类意识整体提升，对垃圾分类的政策、分类标准、处理流程、分类方法等，有更清晰的认识，成员垃圾分类认知度提升，厨余垃圾破袋率达到100%，每次都会进行垃圾分类收集和投放，居民的垃圾分类行为更加遵从分类标准，垃圾分类行为习惯基本养成。总体而言，8位小组成员通过对小组活动的参与，相关认知和整体意识大幅度提升，已经基本养成垃圾分类行为习惯。

表6.16　小组成员垃圾分类情况前后测（N=8）

评估项	评估内容	前测均值	后测均值
认知状况	我支持垃圾分类	4.38	4.88
	不进行垃圾分类我会感到愧疚	1.88	3.13
	我清楚了解垃圾分类的各种意义	4.25	5.00
	我觉得我有足够的垃圾分类技能	2.25	4.67
	我非常了解本市垃圾分类的政策条例	3.25	4.00
	我非常了解本市垃圾分类的分类标准	2.75	4.67
	我非常了解本市垃圾分类的处理流程	2.00	4.13
	对于各种生活垃圾所属的分类类别我十分清楚	3.13	4.50
参与状况	我现在每次扔垃圾时都会对垃圾进行分类收集	3.25	4.50
	我现在每次扔垃圾时都会对垃圾进行分类投放	2.00	4.88
	我会自觉对厨余垃圾进行破袋投放	1.38	5.00

注：N为调研样本总数。

（二）社区服务评估

1. 过程评估

本书从参与者表现、社会工作者表现等方面对部分社区活动进行评估。

（1）参与者表现

①垃圾分类主题便民活动。本次活动将垃圾分类与便民活动相结合，通过居民对便民活动参与的积极性带动居民对垃圾分类宣传活动参与的积极性，同时多种形式的宣传活动吸引了不同年龄群体居民的热情参与。活动预计招募服务对象100名，实际服务对象参与人数130余名，服务人次远超预期。在整个活动持续的两小时里，居民参与程度非常高，特别是一些年龄较小的参与者，非常积极主动地参与各种游戏活动，由于疫情原因，为保证安全，社工要求参与者戴好口罩，有序参与活动，大家都比较配合。活动过程中社工人手略有不足，一些居民自发帮助社工维持现场秩序，居民参与状况良好。

②垃圾分类主题讲座活动。本次活动服务人次80余位。活动过程中，社工发现大部分居民对于活动都表现出了较为浓厚的兴趣，特别是

在知识竞答环节中，居民参与度较高，纷纷抢答，但是知识讲座环节，部分居民一开始还能够集中注意力，并与专家进行互动，但随着时间的推移，部分居民的注意力开始转移，甚至有的居民离开了。居民表示"这个讲座的时间太长了，一个半小时一直坐在这里听课，身体有点吃不消"，社工在以后的活动中要注意把控好活动的时间，尽量将活动设计得更有趣味性。

③居规民约绘画评选活动。本次活动主要针对亲子家庭，预计招募亲子家庭15组，实际招募亲子家庭19组。活动中，与家长相比，孩子的参与度更高，他们与社会工作者的互动更加频繁，大部分家庭亲子之间的配合程度较好，能够彼此互动完成活动各环节的任务。但有的家庭一名家长带了多位孩子，做任务时，家长显得有些手忙脚乱，社工及时给予帮助，使亲子家庭顺利完成任务。有家长反馈，"这种活动内容比较简单，又很有趣，非常适合小孩子参加，我自己也跟着孩子学到了不少东西，既增长了垃圾分类知识，也提高了绘画水平，对社区的居规民约也有了了解，今后会多参与此类活动"。

④垃圾分类议事会。本次议事会共招募居民代表、居委会代表、物业代表共20余人。秉承"党建引领，议事协商，友好交流，共创和谐"的宗旨，针对当前社区垃圾清运等管理问题三方代表进行了协商，居民代表认真转述了社区居民的意见和疑问，居委会和物业就此作出回应，三方商定了垃圾分类的多项事务。此次活动发挥了社区居民的主人翁作用，真正做到了民主自决，加强了社区自治，优化了社区垃圾分类管理。

⑤志愿服务我先行系列活动。志愿者表现良好，天气虽然比较炎热，但志愿者没有丝毫懈怠，大家分工明确，配合默契，各司其职，认真对待自己的志愿工作，大部分居民对志愿者的工作表示支持和认可，现场宣传氛围浓烈。

（2）社会工作者表现

①垃圾分类主题便民活动。社工在活动开展之前，链接了多种便民服务资源，便民活动较为多样，活动所用的横幅、游戏道具、水等活动物资准备充足，但奖品准备不太充足，活动参与人员较多，活动开展后期奖品发放稍微不足。社会工作者在以后的活动中应充分注意物资的准

备。活动按照预计方案完全开展，活动现场分成两个大的活动区，一个是便民服务区，一个是垃圾分类宣传区。便民服务区中由社工链接到的口腔医生、中医、磨刀师、理发师等便民志愿者提供相关便民志愿服务。垃圾分类宣传区中由社工链接到的党员进行宣誓，一名志愿者负责签到工作，一名社工和党员志愿者负责垃圾分类宣讲，一名社工引导居民在背景板上签名和维持现场秩序，指引居民参与活动。三名社工负责游戏闯关环节的计分工作，一名社工和一名志愿者负责游戏券发放和兑奖，一名志愿者负责创意绘画区，一名社工负责志愿者招募，一名社工和志愿者负责录像和拍照。本次活动分工明确，工作人员之间配合较为默契。但是本次活动由于参与人员较多，工作人员较为忙碌，人手有些许不充足。

在本次活动中社工主要扮演引导者和教育者的角色，教育居民了解垃圾分类知识，引导居民熟悉活动内容与流程，使居民能够迅速参与到游戏中来。

②垃圾分类主题讲座活动。物资准备比较完善，链接到了垃圾分类宣讲专家资源和垃圾分类先进个人榜样，活动采用昆山市垃圾分类办公室官方专用宣讲课件，宣讲资料具有权威性，活动所用的横幅、游戏道具，水、奖品等活动物资准备充足。活动按照预计方案完全开展，活动现场一名志愿者负责签到，社工链接到的专家负责垃圾分类知识PPT，一名社工负责播放宣传片和维持现场秩序，垃圾分类先进个人负责经验交流与分享，一名社工负责垃圾分类游戏，一名社工负责垃圾分类有奖问答和兑奖，一名社工负责拍照。分工明确，工作人员之间配合较为默契，活动形式较为简单，人手充足。

活动中，社工主要扮演教育者、引导者以及资源协调者等角色。社工作为活动主持，认真把控活动的每一环节，针对居民在讲座环节中注意力分散的问题，社工积极向居民询问原因，并鼓励居民完成后续活动，留去与否都对居民表示尊重，并欢迎居民参与下次活动。在答疑环节，社工表达专注与倾听，并对居民作出积极回应。在游戏环节，引导居民积极参与活动，社会工作者表现良好。

③居规民约绘画评选。社工物资准备比较完善，社工链接的专业绘

画老师到位，活动所用的横幅、游戏道具、画笔、彩纸、水、奖品等活动物资准备充足。活动按照预计方案完全开展，由社工进行垃圾分类相关知识宣讲，专业绘画教师负责指导绘画技巧，最后社工与绘画教师共同进行奖项评选。本次活动内容较为简单，活动人手充足，方案执行符合预期。

活动中，社工密切关注参与者的需求，及时为有需要的家庭提供帮助，对于小孩子的回应及时表达肯定和鼓励，营造轻松欢乐的活动氛围。

④垃圾分类议事会。社工在活动中扮演协调者的角色。活动筹备期，在居委会、物业与居民代表之间进行联络和沟通，增进协商，促成垃圾分类议事会的召开。活动开展期，社会工作者作为活动主持，把控环节，引导三方友好协商。活动结束后，社工督促社区落实协商事务。

⑤志愿服务我先行活动。活动所用的横幅、志愿者马甲、胸牌、水、宣传材料等物资准备充足。活动按照预计方案完全开展，部分志愿者负责入户宣传，部分志愿者负责环境清理，部分志愿者负责协助督导员工作，部分志愿者负责小区巡视。社工在活动中首先充当教育者的角色，对志愿者们进行活动前的培训，让志愿者掌握志愿服务的技巧，其次社工充当支持者的角色与志愿者共同提供志愿服务。

2. 结果评估

对于社区活动的结果评估，主要从服务对象满意度、目标达成情况等对部分社区活动进行评估，其中服务对象满意度的评估方式与小组活动相似，依旧采用量表形式，主要从服务对象对活动的满意度、对社工的满意度、活动对自身的影响等方面评估活动情况。目标达成情况评估主要从居民的改变和社区的改变对整个服务项目的效果进行评估。

(1) 服务对象满意度评估

①垃圾分类便民服务活动。本研究随机选取居民进行活动评估，共回收评估问卷30份。通过参与者对活动的评价可以看到，参与者比较认可社工提供的服务（详见表6.17）。参与者对本场活动的整体评分为4.87。本次活动的场地安排在了小区内的广场上，比较方便居民参与，居民对场地安排的评分很高。但时间安排的评分较低，因天气原因，该场活动被推迟了好几次，又因工作人员的协调问题，原本定于周末的活

动只能放在了周四的上午举行，不少人表示自己的孩子对这场活动期待了很久，但因时间原因上学的孩子没有办法参加，孩子比较失望。"你说他都期待了这么久，我也答应陪他一起参加，但你们时间一改再改，还放在了周四，他参加不了肯定失望啊！"社工在以后活动的时间安排上要注意尽可能安排在居民空闲时间比较多的时候。居民对本次活动的内容和流程评分高达4.83，100%的居民认为自己非常投入，说明本次活动的内容和形式非常吸引居民，对社工的表现、态度和服务技巧整体都比较满意，三项评分均在4.90以上。在活动对自身的影响方面，通过问卷反馈可以看到大部分组员认为本次活动对他们很有帮助，30位居民通过参与活动能够非常有效地学习到垃圾分类知识，个人自身的垃圾分类积极性获得了很大程度的提升，28位居民对本次活动中的便民服务非常满意，2位居民认为便民服务的提供还可以进一步完善。

表6.17　　　　垃圾分类主题便民活动满意度评估（N=30）

评估项	评估内容	1	2	3	4	5	平均分
对活动满意度	场地安排					30	5.00
	时间安排				11	19	4.63
	内容和流程				5	25	4.83
	活动投入程度					30	5.00
对社工满意度	社工的工作表现				2	28	4.93
	社工的工作态度				2	28	4.93
	社工的工作技巧				3	27	4.90
活动影响	本次活动对我的帮助				7	23	4.76
	学习到垃圾分类知识					30	5.00
	垃圾分类的积极性					30	5.00
	便民活动满意度				2	28	4.93
活动总体满意度					4	26	4.87

注：N为调研样本总数。

②垃圾分类知识讲座活动。本书随机选取了15位服务对象进行满意度调查,通过参与者的评分情况(见表6.18)可以发现,93.3%的参与者对本场活动非常认可,有3名居民认为活动的时间和场地需要调整和改进,但最需要改进的地方是内容与流程,此项评分为4.60,是本次评估最低分。本次活动采用讲座为主、游戏为辅的形式,尽管游戏环节具有趣味性,但讲座时间有点长,超出了居民预期,使居民感到枯燥,社工在以后的活动中会注意增强活动的趣味性。在对社工的评分方面,居民对工作态度的评分为5.00。有3名居民认为社工的工作表现有所欠缺,4名居民认为社工的工作技巧需要提升。这主要是因为社工的专业经验不足,无法很好地应对活动中参与者中途离开的情况,社工在以后的活动中会注意吸取经验。在活动影响方面,14名居民表示本次活动对自己非常有帮助,所有居民均表示通过参与活动,自己的垃圾分类认知度提升明显。14名居民表示自己充分学习到了先进个人的垃圾分类经验,13名居民认为通过经验学习,自己对垃圾分类的积极性和自信心有较大提升。

表6.18　　垃圾分类知识讲座活动满意度评估(N=15)

评估项	评估内容	1	2	3	4	5	平均分
对活动满意度	场地安排				3	12	4.80
	时间安排				3	12	4.80
	内容和流程			2	2	11	4.60
	活动投入度				1	2	12	4.73
对社工满意度	社工的工作表现				3	12	4.80
	社工的工作态度					15	5.00
	社工的工作技巧				4	11	4.73
活动影响	本次活动对我的帮助				1	14	4.73
	垃圾分类认知提升度					15	5.00
	先进个人经验学习				1	14	4.87
	对垃圾分类积极性和自信心			1	1	13	4.80
活动总体满意度					1	14	4.73

注:N为调研样本总数。

③垃圾分类居规民约绘画评选活动。本书随机选取参与活动的15组家庭进行满意度调查,通过表6.19可以看出,亲子家庭对本次活动的整体满意度评分为5.00。本次活动社工将时间安排在周末,充分考虑到了亲子家庭的作息时间,父母和孩子对活动的时间安排比较满意,对场地安排的评分有所下降,本次活动为室内活动,由于社区提供的活动室稍小,且本次活动参与人员比预计人员多,所以场地稍显拥挤,给参与者造成了不好的体验,社工在以后开展活动时要注意协调好人员和场地问题。亲子家庭对本次活动的内容和流程较为满意,评分高达4.93,活动投入程度自评分数为5.00。说明本次亲子活动的内容和形式比较吸引居民。居民认为社工在工作表现、工作态度、工作技巧等方面发挥良好。从活动对自身的影响来看,大部分亲子家庭认为自己在本次活动中收获很大,垃圾分类认知和绘画技巧有很大程度的提升,通过活动亲子关系也有了一定程度的改变。

表6.19　　　　居规民约绘画评选活动满意度评估（N=15）

评估项	评估内容	1	2	3	4	5	平均分
对活动满意度	场地安排				2	13	4.87
	时间安排					15	5.00
	内容和流程				1	14	4.93
	活动投入程度					15	5.00
对社工满意度	社工的工作表现					15	5.00
	社工的工作态度					15	5.00
	社工的工作技巧			1		14	4.87
活动影响	本次活动对我的帮助					15	5.00
	垃圾分类知识提升度					15	5.00
	绘画技巧提升度					15	5.00
	亲子关系提升度				3	12	4.80
活动总体满意度					1	14	4.93

注：N为调研样本总数。

表6.20　　　　　垃圾分类居民议事会满意度评估（N=18）

评估项	评估内容	1	2	3	4	5	平均分
对活动满意度	场地安排				1	17	4.94
	时间安排				1	17	4.94
	内容和流程					18	5.00
	活动投入程度				1	17	4.94
对社工满意度	社工的工作表现					18	5.00
	社工的工作态度					18	5.00
	社工的工作技巧					18	5.00
活动影响	本次活动对我的帮助					18	5.00
	相关问题解决程度			1		17	4.89
	垃圾分类管理方式改进				1	17	4.94
	各方沟通情况					18	5.00
活动总体满意度					1	17	4.94

注：N为调研样本总数。

④垃圾分类议事会。本书选取参与活动的18位居民代表开展满意度调查，由表6.20可知，参与者对活动总体满意度评分为4.94。各项评估得分都比较高。对场地安排和时间安排较为满意，评分均为4.94。18位居民代表对活动的内容和流程都非常满意。对社工的工作表现、工作态度和工作技巧都给予了高度肯定，评分均为5.00。本次活动的影响力度较大，绝大部分居民代表都认为本次活动对他们很有帮助，相关问题解决程度评分为4.89，表明通过议事会，原有问题绝大部分得到解决。垃圾分类管理方式改进评分为4.94，表明居民认为让居民参与决策，平等协商社区事务的方式，优于原有管理方式。各方沟通情况评分为5.00。表明本次活动达成了预期效果，居民、物业和居委会之间沟通良好。

⑤志愿服务我先行活动。从下表可以看出（见表6.21），参与活动的20位志愿者对活动总体满意度评分为5.00。对活动的满意度和对社工的满意度较高，活动过程非常投入。在活动的影响方面，志愿者认为本次活动对他们很有帮助，自己的志愿服务技巧和垃圾分类意识与公共意识都有提升，90%的志愿者对自己提供的志愿服务的效果自评分数较高，

认为自己提供的志愿服务能够帮助居民改善垃圾分类行为。有志愿者表示："我在入户宣传的时候,一些年纪比较大的老人看不清宣传页上的内容,我都跟他们很详细地讲了,他们夸我有耐心。"也有志愿者反馈:"有些人的垃圾分得不对,我就跟他们说哪里不对,他们就会把错的垃圾分出来,还有一些人厨余垃圾不破袋,我跟她们说了以后,他们也改正了。"

表6.21　　志愿服务我先行活动满意度评估（N=20）

评估项	评估内容	1	2	3	4	5	平均分
对活动满意度	场地安排				1	19	4.95
	时间安排				1	19	4.95
	工作分配					20	5.00
	活动投入程度					20	5.00
对社工满意度	社工的工作表现					20	5.00
	社工的工作态度					20	5.00
	社工的工作技巧					20	5.00
活动影响	本次活动对我的帮助					20	5.00
	志愿服务技巧提升				1	19	1.95
	垃圾分类意识与公共意识提升					20	5.00
	自身服务提供效果				2	18	4.70
活动总体满意度						20	5.00

注：N为调研样本总数。

综上所述,社区居民对社工开展的小组活动和社区活动总体上都比较满意,并且活动对他们自身的影响较大。通过参与小组活动和社区活动,居民不仅对垃圾分类的价值意义、政策制度、具体方法等认识深刻,自身的参与意识、公共意识也得到了提升,甚至还拓展了一些绘画技巧、志愿服务技巧、社区自治经验等。

（2）目标达成情况评估

为评估服务项目对整个社区的服务效果以及项目整体成效,在项目结束后对服务对象与相关人员进行了访谈。

①居民的垃圾分类意识提升，参与情况明显改善，部分居民初步养成垃圾分类行为习惯。通过与居民的访谈发现（见访谈11），他们自身的责任感增强，对垃圾分类的支持和认同度更高，愿意主动自觉地进行垃圾分类，部分居民已经能够习惯性地对垃圾进行分类。通过与垃圾分类督导员的访谈发现（见访谈12），居民的垃圾分类行为有较大程度的改善，定时定点投放情况转好，居民的垃圾分类投放准确率明显提升。

访谈11：（节选）

社区居民I：我参加过你们的活动，你们活动办得挺好。垃圾分类我本来是不太愿意的，觉得既没用又浪费时间。但是参加你们的活动之后，我觉得我有责任进行垃圾分类，现在环境污染这么严重，大家都有责任做一些环保的事。

社区居民J：以前对垃圾分类了解不深，宣传册上那么多的类别看得头大，参加过几次活动后，发现这分类也没有那么难嘛，还是很容易的，我现在基本上每次都会分类。垃圾分类是好事情，应该支持。

访谈12：（节选）

笔者：现在居民的垃圾分类投放情况有改善吗？

督导员A：现在乱扔垃圾的少了，楼下基本上没有垃圾堆放，大部分人都非常配合我们的工作，以前不管我们怎么说，他们就是不分类，该怎么扔还是怎么扔，你说得多了他就嫌你烦，现在不一样啦，我们说他们开始听了，而且态度还挺好，有的人不用我们说都会自觉地把厨余垃圾破袋，不用我们指导就能扔对垃圾了。

②社区垃圾分类开展情况良好，垃圾分类管理方式得到优化，常态化的垃圾分类监督机制基本建立并运行良好。在与社区工作人员的访谈中发现（见访谈13），通过六个月的活动开展，社区的垃圾分类取得了良好的效果，社区内垃圾分类参与氛围浓厚，连续四个月被评选为本市生活垃圾分类红榜社区。社区对垃圾分类的管理也打破了原本的"自上而

下"的管理方式，居民真正参与进社区垃圾分类事务的管理中，形成了居委会、物业、居民、社区社会组织四方合力，社区自治水平得以提升，社区凝聚力更强。通过与居民的访谈发现（见访谈14），当前居民对社区垃圾分类工作开展的满意度有所提升，更认可和配合社区的垃圾分类工作，居民的社区归属感明显增强，公共意识得以提升。通过与志愿者的访谈发现（见访谈15），社区内垃圾分类志愿者队伍能够独立自主运行，小区巡视、点位督导等活动在社区已经成为一种常态化的志愿服务，服务效果比较明显。

访谈13：（节选）

笔者：主任，通过之前的活动，现在社区垃圾分类开展得怎么样？

社区工作人员：通过你们的活动开展，咱们社区现在垃圾分类的氛围非常浓厚，居民垃圾分类的意识很明显提升了，越来越多的人会主动在垃圾桶前面分类。我们跟居民的联系也更加密切，通过召开议事会，感觉居民对社区事务的参与更加积极，也更愿意配合社区的工作了。咱们社区连续四个月登上了市生活垃圾分类社区红榜名单，得到了上级领导的肯定。

访谈14：（节选）

笔者：你觉得现在社区垃圾分类工作开展得怎么样，还满意吗？

社区居民F：满意。居委会和物业都挺负责任的，我们有疑问的地方，他们都很耐心地解答，还听取了我们的想法，有问题的地方说整改就整改。他们现在的工作做得这么好，我们也愿意配合他们的工作。

笔者：您参加社区事务后，有什么感受吗？

社区居民H：感觉自己有了另一个家。我不是本地人，虽然在这个社区也住了好几年，但就是觉得融入不进去，没什么归属感。参与社区活动和社区事务以后，发现我的意见能够左右社区决策，社区的发展也有自己的一份功劳，我真正觉得自己也是社区的一员，对社区有了归属感。

访谈 15：（节选）

笔者：叔叔，现在咱们的垃圾分类志愿者服务队是什么情况，还在正常开展垃圾分类志愿服务吗？

志愿者 A：在开展，还是按照你之前帮我们列的排班表的形式进行小区巡视、点位督导，周末如果大家有时间也会做一些环境清理等比较大的活动。

笔者：居民反响怎么样？

志愿者 A：反响挺好的，居民现在很支持咱们的活动。大家都比较配合，我有时候走在小区里有人还会对我主动打招呼。有一些小孩子也愿意参与咱们的活动，跟着我们一起巡视小区。

笔者：活动效果怎么样，乱扔垃圾的人还多不多？

志愿者 A：比之前少了很多，现在巡视基本看不到乱扔垃圾的人，点位上不按规定堆放的垃圾也不多了。大部分人都很自觉，我觉得再过一段时间可能都不需要巡视了。

二 服务总结与反思

本书中的实践服务围绕社工如何运用专业理论及方法促进居民垃圾分类行为养成而展开。首先对垃圾分类和行为养成的相关文献及资料进行整理，为服务的开展提供指导；其次对样本社区展开实地调研，采用问卷调查、访谈法和观察法的方式对样本社区的基本情况进行了解；然后运用社会工作专业方法从意识提升、管理优化、监督加强等方面入手，促进居民参与垃圾分类；最后对服务达到的效果进行评估和反思。

本次社会工作实践综合运用小组、社区社会工作方法，通过多样化的活动方式提升居民的垃圾分类意识，并在服务过程中帮助社区加强了与居民的沟通，改进了管理方式，构建了常态化的志愿者队伍，加大了对社区居民垃圾分类的监督力度。评估发现，在项目实施的六个月中，通过持续性、高强度的垃圾分类宣传教育，社区内形成了良好的垃圾分类参与氛围，社会工作介入后居民的垃圾分类行为有了很大程度的改善，居民的分类意识、责任意识明显上升，对于垃圾分类投放行为更加规范，投放准确率明显提高，初步达成了促进居民垃圾分类行为养成的目标，社区凝聚力明显增强，居民的公共意识得以提升。

本次社工实践在促进居民垃圾分类行为养成方面具有真实效果。但在服务过程中，也存在一些问题和局限性。一是服务对象的局限性。在本研究开展的各项活动中，较为积极的参与人群是退休的老年人、儿童和部分全职妈妈。在外工作的人由于活动的时间和地点的限制无法参与活动，但他们也需要提升垃圾分类意识。二是活动设计和活动把控的局限性。由于笔者的社工经验不足，在服务设计时尽管保证了服务形式的多样性和内容的丰富性，但是有些活动环节未考虑服务群体的个人能力，如在一些老年人参与较多的活动中，部分活动设计过于复杂，导致老年人在活动过程中由于自身能力问题，看不懂活动参与的规则，所以要想保持活动的效果，社工需要花费更多的精力向他们反复解释活动规则，容易使活动超时，这不仅使社工的整体活动的服务效果大打折扣，也容易降低老年人对活动参与的积极性。面对有些居民活动中途离场的情况，社工也缺乏应对经验，不能让居民留下来。

针对实践中的问题，提出以下调整方案：一是丰富居民服务参与形式。本研究主要按照社区工作和小组工作的服务方法为社区居民提供服务，现有活动都要求居民在统一的时间和地点进行参与，一旦错过时间居民就错失活动参与的机会。在以后的服务中，社工可以加入个案工作，在服务对象空闲时间为服务对象提供上门服务；另外，现有的服务为保证服务效果，都是采用线下的宣传方式，社工可以针对无法来到活动现场的居民采用线上的宣传方式，增进他们参与活动的便利性。二是与督导紧密联系，注意服务对象的选择。实习督导可以为经验不足的社会工作者提供专业帮助，社工在开展活动之前，可以将服务计划与督导进行讨论，寻求督导的建议，以保证服务效果。社工也应注意在活动过程中总结服务经验，充实专业知识，以提升自己的专业能力。还应注意服务对象的选择和活动的适用性，服务开展之前，根据活动标准和要求，选择合适的服务对象抑或根据招募到的服务对象情况及时调整活动内容，使活动设计与服务对象相匹配。

第四节 结论与讨论

实践表明，社会工作在促进居民垃圾分类行为养成方面具有非常不错的效果，但仅仅依靠社会工作自身的力量不可能解决垃圾分类存在的所有问题。垃圾分类是一项系统工程，需要多方共同参与。正如目前学界众多学者提倡的垃圾分类的多元共治模式，政府、社区、居民也应承担自身责任，发挥应有作用。

政府作为垃圾分类政策制定方，应尽快建立完善的垃圾分类配套政策，现有的垃圾分类政策中尽管有相关的垃圾分类管理条例，对于各主体垃圾分类的责任义务进行了规定并制定了相应的处罚标准，但界定标准不清晰，在具体的执行过程中往往难以发挥作用，因而政府需要细化政策内容标准。社区作为垃圾分类的管理主体之一，在管理过程中不仅要保障垃圾分类规范化运行，加强对居民的教育和宣传，在管理方案上应考虑居民的实际需求，否则就会影响政策落地的效果。例如当前地方政府所采用的"垃圾分类定时定点投放"，本意是为了通过规律性的方式促进居民养成良好的分类习惯并降低基层的管理成本，但在实施过程中，此方案给部分居民造成了不便，时间和点位设置的不合理给居民增加了垃圾投放的障碍。因而社区在管理过程中，需要考虑居民实际需要，设计更加合理的管理方案。居民作为生活垃圾的主要来源方，在垃圾分类治理中具有不可推卸的责任，做好日常垃圾分类是每位公民应尽的义务。因而居民应该通过不断的自我提醒、自我约束、自我监督等方式转变思想观念，逐渐接受适应这种生活方式，自觉做好垃圾分类。总之，政府、社区、居民和社会组织应各司其职，互为补充，共同推动垃圾分类更好地开展。

社会工作作为一项助人的专业和职业，具有自己的专业理论和方法技巧，其在介入社区治理方面具有独特的优势。社会工作具有较强的资源协调与整合能力，能够团结多种力量、整合优化多种资源，这种资源整合能力加之专业理论和方法的指导，使社会工作在参与社区治理中不仅能够提供多样化的专业服务满足居民的精细化需求，还能够规避居委会行政性工作特点在社区治理中对居民造成的紧张感和压迫性。本次社会工作专业实践也表明，社会工作参与社区治理能够协调社区内各方关系，解决社区问题，满足社区需求和居民需求，提升社区自治水平，增强社区凝聚力，促进社区治理更好地发展。社会工作对社区治理的作用不容忽视，但社会工作作为社区治理的新生力量，在社区治理中的根基尚浅，尚不能深度嵌入社区治理，为此，政府、社区和社会工作应协同发力，确保社会工作深度融入社区治理，让社会工作在社区中迸发活力，推动社区治理发展。

一 政府层面：立法和政策保障

截至 2021 年 3 月，社会工作六年中有五次被写入政府工作报告，凸显了政府对社会工作的重视以及社会工作在社区治理中的重要性。但目前来看，现有的法律体系中未明确标明社会工作在社区治理中的权利和义务，社会工作在社区治理中能够做什么、应该做什么以及不能做什么的规定不明确。这使社会工作在社区治理中处于尴尬地位，参与社区治理的底气不足，不能深度嵌入社区，社会工作在社区治理中的优势无法显现。在居民垃圾分类行为养成项目中，一些社区的政治活动，社会工作者并没有很好地参与进去，如在垃圾分类议事会活动中社会工作者仅作为活动协办方主持活动，没有以社区一分子的身份参与垃圾分类事务的商议，无法提出自己的专业性观点。较低的薪酬福利与较高的工作强度的矛盾也在打击社会工作者参与社区治理的积极性。当前社会工作的筹资渠道比较单一，主要为政府购买，社会资本的力量参与不足，本次社会工作实践所依托的服务项目就属于社区独资购买项目，在项目开展过程中未有社会资金注入，社会工作者的主要薪资来源于项目资金，但项目资金需要优先保证活动开展，为填补薪资空缺，社会工作者往往要同时兼顾多个项目，分身乏术，社会工作者难以积极参与除项目之外的其他社区治理活动。因此，政府应为社会工作参与社区治理提供立法和政策保障。一是政府应完善相应的法律制度，确保社会工作在参与社区治理的过程中，能够依照相关法律规定，实现自己权利和义务的统一，凸显自己的专业优势。二是政府应提供相应的政策支持。首先，政府应提高对社会工作的支持力度，宏观调配资源，加大财政投入，建立健全社会工作参与社区治理的经费保障体系，提高社会工作者参与社区治理与社会服务的薪酬津贴和福利待遇，给予社会工作者更加完善的福利保障；其次，社会资本参与不足的主要原因是社会对社会工作的专业价值不了解，因此政府应尽快向社会普及宣传社会工作的专业价值，通过政策引导鼓励社会资本对社会工作机构进行投资建设，拓宽社会工作的筹资途径。通过各种立法和政策保障使社会工作有足够的资本和底气参与社区治理。

二 社区层面：本土化支持

作为社区内生的行政力量，社区居委会有强大的民众基础和号召力，参与社区治理具有较高的权威性和话语权，但社区居委会承担着较多的政府工作，行政性色彩较浓，并由于人力物力有限，无法过多满足社区居民的需求。而社会工作拥有专业性的理论指导和工作方法，能够充分利用各方资源提供多样化的服务满足社区居民的精细化需求。因此，社区居委会应该积极接纳社会工作参与社区治理，双方秉承共同的目标和愿景，相互尊重，彼此合作，尽彼此所能满足社区居民多样化需求，实现社区治理的目标。本次社会工作专业实践所依托的社会工作机构与服务社区是初期合作关系，居民垃圾分类行为养成项目为双方合作的第一个项目。社会工作机构作为外部力量进驻社区，在刚开始融入社区的过程中不太顺利，社区居委会利用自身优势为社会工作机构提供了"本土化"的支持与帮助。首先，社区居委会作为本土社区组织，掌握的社区信息和社区资源比较全面，与社会工作机构共享了社区信息资源，协助社会工作机构尽快了解社区情况和服务对象情况，提供场地和物资支持，确保社会工作专业服务质量和专业服务水平；其次，社区居委会给予社会工作机构更多的自主性，避免社会工作机构沦为居委会的附庸，确保社会工作能够发挥自身专业特色提供专业服务；最后社区居委会给予社会工作机构充分的信任，与社会工作机构在社区治理中建立平等协作的伙伴关系，相互尊重、相互理解、相互配合，实现信息交流、情感支持、资源共享等良性互动，在社区治理中相互补充形成合力，共同促进社区发展。

三 社会工作层面：自身建设与服务提供

社会工作参与社区治理还应该完善自身建设与服务提供。在完善自身建设方面，首先，社区工作者需要明确自身角色和功能。社会工作者通过多种角色参与社区治理，在居民垃圾分类行为养成项目中，社会工作者以服务提供者的角色为社区居民提供多样化的垃圾分类宣传服务，满足社区居民精细化的需求；以资源链接者的角色链接社区内外资源，实现社区资源整合；以关系协调者的角色，协调社区各方关系，促进社区关系和谐；以政策执行和倡导者的角色促进国家垃圾分类相关政策的落实和改进。其次，社会工作者需要提升自己的专业水平和专业能力。社会工作参与社区治理必须拥有较高的专业水平，通过专业教育培训和完善服务评估体系，提升专业技能，强化服务经验，增强实践技能，为社区活动提供专业指引和引导。本次社会工作促进居民垃圾分类行为养成实践中，社会工作者与督导联系紧密，积极听取督导意见，在服务提供方面，社会工作者积极听取居民反馈，针对居民需要和利益诉求开展更多的特色性、个性化的垃圾分类宣传活动，促进社会工作的本土化和深入化，提升工作效能，以服务成效达成与社区内生组织的信任与合作，在社区树立良好的专业形象，增强自身在社区中的公信力。此外，社会工作者还发挥在社区非政府组织中的引领作用，以志愿服务培育社区社会组织，通过垃圾分类志愿队伍组建和服务开展，形成"社工＋志愿者"的服务模式，扩大社区参与，壮大社区内的支持力量，最终达成了促进居民垃圾分类行为养成的目标。

参考文献

一 著作

[美]班杜拉:《社会学习理论》,陈欣银译,中国人民大学出版社2015年版。

丁元竹、江汛清:《志愿活动研究:类型、评价与管理》,天津人民出版社2001年版。

费孝通:《乡土中国》,天津人民出版社1992年版。

何雪松:《社会工作理论》(第二版),格致出版社2017年版。

李迎生:《社会工作概论》,中国人民大学出版社2003年版。

马洪路:《残疾人社会工作》,中国社会出版社2010年版。

沈杰:《志愿行动:中国社会的探索与践行》,人民出版社2009年版。

童敏:《社会工作理论》,社会科学文献出版社2019年版。

王思斌:《社会工作导论》,高等教育出版社2007年版。

徐永祥:《社区发展论》,华东理工大学出版社2000年版。

于晶利:《社会工作概论》,山东人民出版社2012年版。

郑杭生:《社会学概论新修》,中国人民大学出版社2013年版。

二 期刊

蔡禾、贺霞旭:《城市社区异质性与社区凝聚力——以社区邻里关系为研究对象》,《中山大学学报》(社会科学版)2014年第2期。

陈伟东:《社区行动者逻辑:破解社区治理难题》,《政治学研究》2018年第1期。

陈雅丽：《社区参与：社区发展的内在动力》，《党政干部论坛》2002年第11期。

褚照楠、林希玲：《社会学习理论视域下社会主义核心价值观的培育》，《保山学院学报》2018年第4期。

方亚琴、夏建中：《社区治理中的社会资本培育》，《中国社会科学》2019年第7期。

冯博雅、杨艳秋：《浅谈社工方法在志愿者培训中的应用——以一个"志愿服务游戏工作坊"为例》，《青年探索》2007年第4期。

冯健、吴芳芳、周佩玲：《郊区大型居住区邻里关系与社会空间再生——以北京回龙观为例》，《地理科学进展》2017年第3期。

高磊：《中国传统文化视域下的邻里关系重建》，《南通大学学报》（社会科学版）2013年第4期。

葛天任：《建国以来社区治理的三种逻辑及理论综合》，《社会政策研究》2019年第1期。

关信平：《公共性、福利性服务与我国城市社区建设》，《东南学术》2002年第6期。

桂勇、黄荣贵：《城市社区：共同体还是"互不相关的邻里"》，《华中师范大学学报》（人文社会科学版）2006年第6期。

河海兵：《我国城市基层社会管理体制的变迁：从单位制、街居制到社区制》，《管理世界》2003年第6期。

黄波：《关于社区志愿者队伍建设的若干问题》，《沈阳大学学报》（社会科学版）2013年第12期。

贾卫东、钱锐：《论大学生友善价值观的培育和践行》，《华北理工大学学报》（社会科学版）2020年第1期。

孔德福：《发挥社区社会组织在基层治理和公共服务中的积极作用》，《中国社会组织》2014年第8期。

李国庆：《社区类型与邻里关系特质——以北京为例》，《江苏行政学院学报》2007年第2期。

李国荣：《试论志愿者、志愿服务、志愿精神的内在底蕴》，《社科纵横》2009年第4期。

李晶晶：《班杜拉社会学习理论述评》，《沙洋师范高等专科学校学报》2009年第3期。

李楠、王磊：《深入解读社会主义核心价值观——友善价值观的传统价值和现代意涵》，《学术论坛》2015年第2期。

李婷玉：《社区发展与居民参与》，《湖北社会科学》2001年第12期。

李欣怡、李志刚：《中国大城市保障性住房社区的"邻里互动"研究——以广州为例》，《华南师范大学学报》（自然科学版）2015年第2期。

李增元、董晓宇：《现代开放型社会中的城市社区有效治理之道——基于A市"邻居节"的考察》，《甘肃行政学院学报》2019年第2期。

李珍刚、胡佳：《城市垃圾协同治理机制的构建》，《广西民族大学学报》（哲学社会科学版）2013年第5期。

梁莹：《绿色社区中的公民治理：绿色志愿者与社工的伙伴关系》，《江苏社会科学》2013年第4期。

林丽群：《当代大学生友善价值观培育探究》，《广西教育学院学报》2017年第1期。

刘建军、李小雨：《城市的风度：城市生活垃圾分类治理与社区善治——以上海市爱建居民区为例》，《河南社会科学》2019年第1期。

刘立为、赵晖：《论当代中国志愿禀赋的精神资源及其培育》，《理论月刊》2010年第9期。

刘庆健：《中国实施垃圾分类为何这么难》，《生态经济》2018年第1期。

刘诗贵：《践行友善与促进社会和谐》，《中共云南省委党校学报》2016年第3期。

柳礼泉、陈方芳：《社会主义核心价值观融入日常生活的机制和着力点探析》，《社会主义核心价值观研究》2016年第5期。

陆士桢：《弘扬志愿精神 推进社会治理现代化——学习习近平总书记志愿服务重要指示精神》，《中国社会工作》2019年第24期。

渠娴娴、曹甜甜、何娣等：《城市居民垃圾分类认知态度和行为的现状及影响因素探究》，《中国集体经济》2018年第11期。

沈建良、傅忠道：《志愿精神：先进文化的典范》，《北京青年政治学院学报》2004年第2期。

唐小华、李玲、周连香：《基于社会学习理论的社会主义核心价值观培育》，《教书育人》（高教论坛）2016年第24期。

王骥洲：《社区参与主客体界说》，《山东行政学院学报》2002年第5期。

王柯：《中国城市社区建设中居民参与状况研究》，《经济研究导刊》2016年第5期。

王名、杨丽：《社区治理的国际经验与启示》，《重庆社会科学》2011年第12期。

王思斌：《社会工作在创新社会治理体系中的地位和作用——一种基础—服务型社会治理》，《社会工作》2014年第1期。

吴东华、吴宁：《社会主义友善价值观的根本性质及培育探析》，《理论学刊》2019年第4期。

夏晓虹、李轶璇、孙大永：《积极培育和践行友善价值观》，《中国高等教育》2015年第8期。

肖群忠：《论中国古代邻里关系及其道德调节传统》，《孔子研究》2009年第4期。

谢添：《榜样教育在青少年思想政治教育中的有效运用》，《学理论》2018年第4期。

邢晓明：《城镇社区和谐邻里关系的社会学分析》，《学术交流》2007年第12期。

徐林、凌卯亮、卢昱杰：《城市居民垃圾分类行为影响因素研究》，《公共管理学报》2017年第1期。

徐延辉、兰林火：《社区能力、社区效能感与城市居民的幸福感——社区社会工作介入的可能路径研究》，《吉林大学社会科学学报》2014年第11期。

闫文鑫：《现代住区邻里关系的重要性及其重构探析——基于社会交换理论视角》，《重庆交通大学学报》（社会科学版）2010年第3期。

杨贵华：《社区共同体的资源整合及其能力建设——社区自组织能力建设路径研究》，《社会科学》2010年第1期。

杨卡：《新城住区邻里交往问题研究——以南京市为例》，《重庆大学学报》（社会科学版）2010年第3期。

杨敏：《公民参与、群众参与与社区参与》，《社会》2005 年第 5 期。

杨敏：《作为国家治理单元的社区——对城市社区建设运动过程中居民社区参与和社区认知的个案研究》，《社会学研究》2007 年第 4 期。

杨雪峰、王淼峰、胡群：《垃圾分类行动困境、治理逻辑与政策路径》，《治理研究》2019 年第 6 期。

杨竹：《城市贫困邻里：陌生人还是共同体？——基于贵阳市保障房小区的实证调研》，《社会工作与管理》2019 年第 2 期。

张宝锋：《城市社区参与动力缺失原因探源》，《河南社会科学》2005 年第 4 期。

张婷：《论友善》，《延边党校学报》2015 年第 2 期。

郑建君：《推动公民参与基层治理：公共服务提升与社会秩序维护》，《甘肃社会科学》2017 年第 2 期。

周建国：《关系强度、关系信任还是关系认同——关于中国人人际交往的一种解释》，《社会科学研究》2010 年第 1 期。

《中共中央关于全面深化改革若干重大问题的决定》，《人民日报》2013 年 11 月 16 日第 1 版。

孙伟，《加强和创新社会管理（新思想 新观点）》，《人民日报》2012 年 11 月 5 日第 7 版。

《中共中央关于加强党的执政能力建设的决定》，《人民日报》2004 年 9 月 27 日第 1 版。

《中共中央关于坚持和完善中国特色社会主义制度 推进国家治理体系和治理能力现代化若干重大问题的决定》，http：//www.xinhuanet.com/politics/2019－11/05/c_1125195786.htm，2019 年 11 月 5 日。

新华社，《中共中央 国务院关于加强和完善城乡社区治理的意见》，http：//www.gov.cn/zhengce/2017－06/12/content_5201910.htm，2017 年 6 月 12 日。

中华人民共和国中央人民政府，《国务院办公厅关于转发国家发展改革委住房城乡建设部生活垃圾分类制度实施方案的通知》，http：//www.gov.cn/zhengce/content/2017－03/30/content_5182124.htm，2017 年 3 月 30 日。

附　　录

一　"城市居民友善价值观培育的社会工作支持"的相关附录

附录1　调查问卷

亲爱的居民：

您好！为了更好地了解居民友善价值观的培育现状，以问卷的形式收集数据、分析问题。本次问卷调查的数据对我们的研究具有一定的指导意义，希望居民们能腾出你们宝贵的时间认真填写，答案不分对与错，只需要按照自己的想法填写即可。感谢居民们的配合与支持！

××社会工作服务中心

1. 您的性别：

   A. 男　　　　　　　　　B. 女

2. 您的年龄［填空题］_____

3. 您的学历（包括在读）：

   A. 初中及以下　　　　　B. 高中/中专

   C. 大专　　　　　　　　D. 本科及以上

4. 您的职业：

   A. 国家公务员或党群、企事业单位中高级管理人员

   B. 社区专职干部　　　　C. 专业技术人员

   D. 私营企业主　　　　　E. 个体经营者

   F. 市场销售等商务人员　G. 办公室职员

   H. 农民或林牧渔业劳动者

I. 产业工人和服务行业服务员（工厂、建筑工地）

J. 在读学生　　　　　　　　　K. 无业

L. 退休　　　　　　　　　　　M. 其他

5. 您入住该社区已有多少年？

A. 1 年及以下　　　　　　　　B. 1—3 年（包括 3 年）

C. 3—5 年（包括 5 年）　　　　D. 5—10 年（包括 10 年）

E. 10 年以上

6. 您能完整地理解友善价值观这个概念吗？

A. 能完全理解　　　　　　　　B. 能理解，但概念模糊

C. 理解不了

7. 您认为当代居民的友善价值观：

A. 十分强烈　　　　　　　　　B. 基本具有但不强烈

C. 比较淡薄　　　　　　　　　D. 匮乏

8. 您认为友善是不是居民必备的素质？

A. 是，而且几乎所有居民都能够做到时刻友善

B. 是，但很难让每一个居民都做到时刻友善

C. 不重要，可有可无

D. 不是，这是政府需要关注的，与我们无关

9. 您认为您周围的友善氛围怎样？

A. 很好　　　　　　　　　　　B. 较好

C. 一般　　　　　　　　　　　D. 较差

E. 很差

10. 您认为友善的对象应包括：[多选题]

A. 自己　　　　　　　　　　　B. 父母

C. 认识的人　　　　　　　　　D. 陌生人

E. 自然万物

11. 您认为以下行为属于友善的是：[多选题]

A. 珍爱生命　　　　　　　　　B. 友好待人，乐于助人

C. 爱护动植物，爱护公共设施　D. 惩罚打击犯罪分子和邪恶势力

E. 尊重身边每一个人

F. 对人无条件地好，包容他人的任何行为

G. 对自己喜欢的人做错事选择原谅，对自己不喜欢的人做错事绝不原谅

12. 我能够正确认识到自己的负面情绪，懂得如何排解负面情绪：

  A. 完全符合   B. 比较符合

  C. 一般符合   D. 不太符合

  E. 完全不符合

13. 接受社区服务人员的服务我会主动表示感谢，对其态度友善、尊重：

  A. 完全符合   B. 比较符合

  C. 一般符合   D. 不太符合

  E. 完全不符合

14. 在公交车上有人不小心踩到自己，我通常会不在意，一笑了之：

  A. 完全符合   B. 比较符合

  C. 一般符合   D. 不太符合

  E. 完全不符合

15. 在公交车上会主动为老弱病残孕等不方便的人让座：

  A. 完全符合   B. 比较符合

  C. 一般符合   D. 不太符合

  E. 完全不符合

16. 在公共场合遇见绿植或宣传栏倒地，我通常会主动扶起：

  A. 完全符合   B. 比较符合

  C. 一般符合   D. 不太符合

  E. 完全不符合

17. 您觉得自己在践行友善方面做得：

  A. 非常好   B. 比较好

  C. 基本过关   D. 有待加强

  E. 非常不好

18. 您所在社区是否举办过关于友善价值观的专题教育活动、公益活动、文体活动等？

A. 经常举办 B. 偶尔举办

C. 从未举办过 D. 不清楚

19. 您所在的社区主要通过以下哪些方式进行友善价值观培育：[多选题]

 A. 网络、报纸、微信、公示栏等宣传阵地

 B. 专题讲座、座谈会、宣传教育活动

 C. 文艺演出、大众健身等文体活动

 D. 参观博物馆、红色旅游等实践参观活动

 E. "文明小区"便民服务等公益活动

 F. 志愿实践活动

 G. 其他

 H. 社区没有开展过此类活动

20. 对于社区开展的文化活动，您能否从中感受到尊重、宽容待人、助人为乐、与人为善的精神？

 A. 能，而且受益匪浅 B. 或多或少

 C. 几乎没有

21. 如果社区开展友善价值观实践活动，您会：

 A. 非常愿意参加 B. 比较愿意参加

 C. 视情况而定 D. 不太愿意参加

 E. 不参加

22. 您对于目前社区开展的价值观培育服务中友善讲解的态度：

 A. 愿意听 B. 太深奥，想听但听不懂

 C. 照本宣科，不想听 D. 无所谓

 E. 从未开过

23. 您认为造成部分居民友善价值观缺失的原因是：[多选题]

 A. 社会环境的影响 B. 缺少必要的制度保障

 C. 社区培育工作不到位 D. 学校或家庭教育的缺失

 E. 自身重视不足 F. 其他

24. 您希望在社区生活中通过以下哪种方式进行友善培育：[多选题]

 A. 网络、报纸、微信、公示栏等宣传阵地

B. 专题讲座、座谈会等教育活动

C. 文艺演出、大众健身等文体活动

D. 参观博物馆、红色旅游等实践活动

E. "文明小区"便民服务等公益活动

F. 志愿实践活动

G. 精神文明创建活动

H. 居民守则、规章制度等

I. 其他

25. 您希望社区开展哪些内容的友善价值观培育服务：[多选题]

A. 趣味内涵讲解活动　　　　B. 身边榜样征集活动

C. 心理调适或压力释放活动　D. 人际互动技巧学习活动

E. 邻里助人活动　　　　　　F. 环境改善活动

26. 您对当代居民友善价值观的培育有哪些更好的意见或建议？[填空题]

附录2　访谈提纲

1. 与社区党群服务中心同工访谈提纲

（1）社区居民参与服务情况。

（2）社区居民喜爱参与的服务类型或内容。

（3）社区以往社会主义核心价值观或友善价值观培育活动开展情况。包括频率、活动内容、活动形式、居民参与情况及反馈。

（4）居民对类似价值观培育服务的实际需求。

（5）价值观培育工作的问题、建议及困难。

2. 与社区工作站工作人员访谈提纲

（1）社区整体情况。

（2）社区社会主义核心价值观或友善价值观培育相关硬件宣传设施建设情况。

（3）社区社会主义核心价值观或友善价值观培育工作开展情况。

（4）价值观培育工作的建议及困难。

3. 与社区居民访谈提纲

（1）您知道社会主义核心价值观的内容吗？您对友善价值观的理解是什么？

（2）您观察到身边有哪些非友善行为？

（3）您感觉您所在的社区氛围如何？您期望生活在一个怎样的社区氛围中？

（4）您参加过哪些友善价值观培育活动（包括频率、活动内容、是否达到友善价值观培育的目的、您是否愿意再参与）？如果没参与过，询问原因。

（5）您希望社区开展哪些形式或内容的友善价值观培育活动？

附录3　小组活动策划书

1. 小组名称："友善大作战"——居民互动学习小组

2. 内容简介：此次小组计划邀请社区内12位社区居民参与，通过社工引导组员认识、理解友善的内涵及外延；将友善价值观操作化为多个指标，融入自身情绪协调、人际交往互动、社区环境互动的过程中，让组员逐渐认识到友善价值观的重要意义；由组员制定适合自身家庭的友善行为打卡目标，相互监督，记录自己的友善行为进行线上友善行为打卡，让组员开始理解、认识及践行友善行为，逐渐养成友善的行为习惯。组员间相互影响，作为彼此的友善榜样，共同践行友善。

3. 目的与目标

目的：帮助居民对友善价值观形成全面的理解认知，提升居民对友善价值观的价值认同，提升居民自我情绪调节能力、人际交往能力和环境改善意识，促进友善待人、友善待己和友善待物的行为践行。

目标：（1）提升居民对友善价值观全面化的理解认知。小组成员增加对友善内涵及外延的认识。（2）提升居民对友善价值观的价值认同。小组成员对于友善待人、友善待己、友善待物的认同感增加。（3）促进居民友善价值观的行为践行。小组成员增强对自身负面情绪的感知、掌控和调节能力，学会正确的自我情绪调节方式；小组成员学会正确的人际互动技巧；促进小组成员进行社区环境维护。

4. 评估指标：80%的组员制定出正确的友善行为目标；80%的组员学会两种自我情绪调节方式；80%的组员学会一种人际交往互动的技巧；80%的组员学会一种节约资源的技巧；80%的组员坚持进行为期一周的友善打卡。

5. 对象及名额：12位社区居民

6. 日期及时间：××月××日××时

7. 地点：社区党群服务中心活动室

8. 招募及宣传手法：通过党群服务中心微信公众号、居民微信群和居民QQ群等线上途径进行活动招募和宣传。

9. 小组活动具体安排

活动节数	活动目标	活动目的	活动内容、形式
第一节"初来乍到，请多指教"	促进组员间的初步了解，帮助组员初步建立信任关系	说明小组的主要目标，社工以及组员之间的相互认识	工作人员进行自我介绍并介绍整个小组的计划；成员画一个自己最喜欢的动物，轮流介绍自己
		破冰游戏，增强对彼此的了解，拉近组员之间的距离	破冰游戏：将组员画有动物的纸写上名字，统一收集起来，再随机分发，让组员按自己拿到的卡片去找相应的组员，并坐在该组员身边
		制定小组契约	与小组组员共同讨论小组规范，请小组组员记录，制定契约书。组员在契约书上签字，将契约书贴在活动室醒目的位置，直到小组活动结束
		总结活动、布置小组作业	组员分享小组感受；工作者总结本次小组成果，约定下次活动时间；布置小组作业：你对友善的理解，选出3个词语

续表

活动节数	活动目标	活动目的	活动内容、形式
第二节"你知道吗？"	澄清组员对友善片面、模糊的认识，构建对友善的完整理解，提升组员对友善的价值认同	暖身回忆、巩固上次活动	组员在社工的引导下回忆上次活动内容
		加深组员间的熟悉程度	热身游戏：手机定时炸弹。分组，由工作人员设置时间，在该时间内，两队组员交替向队员提问并传递手机，在提问前必须先呼唤出对方的名字，最后手握手机炸弹的组员被淘汰。游戏共分为三轮，剩余人数最多的一组获胜
		帮助组员正确理解认知友善价值观，提升组员对友善价值观的认同	社工通过故事导入引出友善，引导组员分享自己认为的友善，引发成员对友善价值观内涵进行感知和讨论；社工邀请组员观看友善价值观宣传视频，归纳对友善的理解，介绍友善价值观培育的重要意义；引导组员就身边的不友善事件，进行话题讨论
		巩固组员对友善价值观的理解认知和价值认同，布置小组作业	总结本次活动的主要内容，提升组员对友善的新认识，听取各组成员的感受和意见；布置作业：关于友善待己——在日常生活中你最常用的情绪调节的方式，预告下次小组活动内容
第三节"情绪连连看"	增强组员对自身情绪的感知、掌握和调适能力，促进友善待己践行	暖身回忆、巩固上次活动内容	工作人员与组员一起回顾上节小组活动内容，引出本次小组活动内容
		学会识别正面和负面情绪，判断自己的情绪，正确认识自己	热身游戏：情绪连连看；准备六套关于情绪的图片，由组员分组进行连连看，邀请组员介绍图片上的情绪并说明自己出现这种情绪的可能情境
		促进组员间的沟通，了解组员常用的情绪调节的方式	组员分享上次小组作业，分享自己最常用、有效的情绪调节方式并说明该方法的优势。工作人员注意总结归纳，避免出现重复分享内容

续表

活动节数	活动目标	活动目的	活动内容、形式
第三节"情绪连连看"	增强组员对自身情绪的感知、掌握和调适能力,促进友善待己的践行	介绍情绪调节方式,提升组员自我情绪调节能力	工作人员介绍情绪调节方法,组员进行模拟练习。合理宣泄法:寻找适当的场合、时间、对象,不要强行束缚自己的情绪,合理宣泄;情绪转移法:寻找适当、健康的方式,宣泄情绪(如运动、吃甜点)或远离当前环境,找个安静的地方缓解情绪;自我赞美法:注意放松自我的心情,组员可以相互赞扬,促进彼此自我满足;呼吸练习法:保持微笑,深呼吸后放空想法默数10秒
		总结回顾已结束的活动,引导组员进行自我情绪调节,促进友善待己的践行	工作者总结,发放情绪记录表,安排组员记录下一周情绪变化情况以及调节情况,巩固本次小组成效
第四节"你好,谢谢!"	增加组员人际交往互动能力,增强组员对友善价值观的认同,促进组员在日常生活中友善待人	暖身回忆、巩固上次活动	工作人员与组员一起回顾上次小组活动内容,分享情绪记录情况,引出本次小组内容
		增强组员人际交往互动能力,提升组员对友善价值观的认同	人际互动情境扮演:列举各种人际互动场景(如邻里见面、邻里求助、日常购物、乘坐公共交通等),分组对其进行表演,邀请组员分享在角色扮演中的感受,人际互动应注意什么
		增强组员人际互动能力	引导组员思考人际互动中友善或不友善的行为表现和语言,按照情感色彩从重到轻进行排列,最后进行组内分享
		总结回顾已结束的活动,促进组员友善待人的践行	工作者总结本次小组活动学习的内容,活动的目标,邀请组员分享感受;布置小组作业:见到邻居、服务人员态度友善、亲和,主动采取助人行动等友善待人行为

续表

活动节数	活动目标	活动目的	活动内容、形式
第五节"学无止境"	缓解组员对人际交往的不信任，促进组员间信任、友善相处，树立生活榜样	暖身回忆、巩固上次活动	工作人员与组员一起回顾上节小组内容，引出本次小组内容
		缓解组员对人际交往的不信任，促进组员间信任、友善相处	信任游戏：信任拐杖，两人组合，一人扮演"盲人"，另一人扮演"拐杖"，牵着"盲人"跨越模拟障碍物，抵达指定终点，并分享感受
		巩固组员对友善价值观的认知，提升组员对友善价值观的认同	共同分享小组作业，讨论友善带来的改变，重新审视自我对友善价值观的认知，树立友善待人的理性信念
		树立组员身边的友善榜样	我眼中的你：选出组内自己认为的友善榜样，分享其让人感到友善的原因，在组内梳理友善榜样
		巩固现阶段的小组成果，布置小组作业	工作者总结本次小组学习的内容、活动的目标，总结组员的分享；布置小组作业：关于友善待物—观察日常不爱护环境、公共设施的行为
第六节"守护我们的美好家园"	增强居民友善待物意识，促进居民践行友善待物	暖身回忆、巩固上次活动	工作人员与组员一起回顾上节小组内容，引出本次小组内容
		增进组员间的沟通互动，活跃小组气氛	热身游戏：工作人员准备四个垃圾桶和写好各种常见垃圾的纸条，组员分组比拼哪队垃圾分类最准确
		增进组员间的沟通互动，增强居民友善待物意识	共同分享小组作业，组员间交流见到的不爱护环境、公共设施等不友善行为；分享日常节约资源的生活妙招，工作人员及时做好总结反馈
		巩固现阶段的小组成果，促进居民践行友善待物	工作者总结本次小组学习的内容、活动的目标，总结组员的分享；布置小组作业：参与组员本周至少尝试1种节约资源的生活妙招

续表

活动节数	活动目标	活动目的	活动内容、形式
第七节"打卡大作战"	促进组员践行友善待己、友善待人、友善待物	回顾上节活动的内容	工作人员引导回顾上次小组活动内容，分享上次小组作业完成情况
		活跃小组气氛，增强组员间的交流与互动	进行"解人绳"游戏（组员围成一个圆，随意与他人握手，双手不可与同一人相握，组成"人结"。组员在不松开双手的情况下通过跨越、转绕解开"人结"）
		促进组员践行友善待己、友善待人、友善待物	邀请组员分享对友善内涵、外延的理解；社工向组员说明友善行为打卡表绘制方法及打卡规则；邀请组员制订属于自身的专属友善行为打卡目标，绘制出友善行为打卡表格；社工邀请组员分享自己的友善打卡表
		巩固现阶段的小组成果及提前处理离别情绪	总结本次活动目标，告知组员下次将是最后一次小组活动，整理组员的离别情绪
第八节"完美的句号"	巩固小组成果，促进组员践行友善，建立组员间的社区邻里支持网络，处理离别情绪	回顾整个小组活动的内容	工作人员引导回顾整个小组活动的内容
		缓解离别的气氛	互动游戏：唱反调。工作者下指令，参与者作出与指令相反的动作，则算成功，反之被淘汰
		分享活动感受，巩固小组成果	组员逐一分享打卡情况、行为是否真正有所变化、整个小组活动的感受及收获，谈谈自己印象最深刻的一件事情或某一环节；社工总结活动内容，对认真进行打卡的组员予以表扬并发放奖励
		建立组员间的社区邻里支持网络	每位组员将对其余组员的优点评价、祝愿写在卡纸上。填写完毕后进行交换。帮助组员延续已形成的交流网络，建立良性互动
		进行小组结果反馈，结束小组	组员填写意见反馈表，工作人员宣布小组活动结束，表达对组员的祝福

10. 预计困难及解决方案

预计困难：招募不到组员；活动时间冲突；成员持续参与动力不强。

解决方案：加强前期线上宣传，可考虑直接给以往参与社区活动的居民打电话进行活动宣传及招募；寻求社区工作站或社区党委的帮助，发动更多的人进行宣传招募；提前做好通知工作，在活动举行前进行确认，核实参与人员。如若时间发生冲突，在征得组员的同意下，将时间做微小调整，并及时做好通知工作；与组员说明最好持续参与完全部课程，每节课向大家说明下节课程安排，并给予参与完全程的组员奖励。

11. 物资清单及经费预算

物资名称	规格	数量	备注
小组报名表	张	1	中心自制
小组签到表	张	8	中心自制
小组反馈表	张	15	中心自制
卡纸	份	3	中心已有
签字笔	支	15	中心已有
彩笔	套	7	中心已有
友善价值观宣传视频	份	1	中心自制
清洁工具	份	15	中心已有
小组奖品	份	15	自行购买，用作奖励

附录4　社区活动策划书

1. "友善知多少"——友善价值观线上宣传活动

（1）内容简介：此次活动计划邀请100位社区居民参与，通过观看友善价值观宣传视频、参与友善价值观知识问答等环节让社区居民了解友善价值观内涵和重要性，澄清居民以往对友善价值观模糊和片面的认知，完善居民对友善价值观的理解认知。

（2）目标：80%的参加者增进对友善价值观的理解。

（3）对象及名额：100位社区居民。

（4）日期及时间：××月××日××时

（5）地点：线上平台互动（防疫期间不能开展线下聚集性活动，利用线上平台）。

（6）招募及宣传手法：通过党群服务中心微信公众号、居民微信群和居民QQ群等线上途径进行活动招募和宣传。

（7）活动具体安排

环节目标	内容	物资
线上宣传活动准备	线上微信群、微信公众号活动宣传；视频、微信公众号编辑及相关材料准备	友善价值观宣传视频
说明活动相关内容，引导居民参与友善价值观线上宣传活动	通过微信公众号发布友善价值观线上宣传活动活动签到、活动内容及主要环节介绍	
让居民认识到友善的重要性，学习掌握到一定关于友善价值观内涵及重要性相关的知识	邀请居民观看友善价值观宣传视频	友善价值观宣传视频
督促居民认真观看宣传视频，了解友善的重要性，学习到关于友善价值观内涵及重要性相关的知识	邀请居民参与友善价值观线上知识问答	友善价值观知识问答、活动奖品
活动总结	社工进行活动总结，根据答题情况发布获奖名单，引导成员在评论区分享活动感受及收获，并从中了解居民对友善价值观培育服务的建议及期许；通知居民领取奖品，随机抽取居民填写意见反馈表	活动奖品、意见反馈表

（8）预计困难及解决方法

预计困难：活动参与人数较少。

解决方法：加强活动前期线上宣传，可考虑直接给以往参与社区活动的居民打电话进行活动宣传及招募；寻求社区工作站、社区党支部或物业帮助，发动更多人员帮助宣传推广。

（9）物资清单

物资名称	规格	数量	备注
活动物资领取表	张	1	中心自制
笔	支	20	中心已有
活动反馈表（线上版）	份	1	中心自制
活动奖品	份	100	自行购买，用作奖励

2. 寻找身边的友善之星活动

（1）内容简介：此次活动计划通过观看友善价值观宣传视频、由居民自行推荐身边的友善之星（以视频、照片加以文字介绍等形式）等环节进一步巩固社区居民；引导居民根据对友善的理解和认知，寻找身边的友善之星，提升对友善价值观的价值认同，学习榜样身上的友善，树立贴近居民生活的友善榜样，营造生活化的友善学习氛围。

（2）目标：80%参加者表示认识到友善价值观的重要性。

（3）日期及时间：××月××日××时

（4）地点：线上平台互动（防疫期间不能开展线下聚集性活动，利用线上平台）。

（5）招募及宣传手法：通过党群服务中心微信公众号、居民微信群和居民QQ群等线上途径进行活动招募和宣传。

（6）活动具体安排

环节目标	内容	物资
征集活动准备	居民微信群、微信公众号活动宣传；视频、微信公众号编辑及相关材料准备	友善价值观宣传视频
说明活动相关内容，引导居民参与友善之星征集活动	通过微信公众号发布活动签到、活动内容及主要环节介绍	

续表

环节目标	内容	物资
让居民认识到友善的重要性，学习到关于友善价值观内涵及重要性相关的知识	邀请居民观看友善价值观宣传视频	友善价值观宣传视频
引导居民寻找身边友善之星，加深对友善的理解认知的同时，树立贴近居民生活的榜样	引导社区居民寻找身边的友善之星，以视频、照片附于文字说明向其余居民介绍自己寻找到的友善榜样	活动奖品
活动总结	社工整理居民提供的友善之星资料，在微信公众号中进行宣传；根据友善之星招募情况，发布获奖名单，引导成员在评论区分享活动感受及收获，并从中了解居民对友善价值观培育服务的建议及期许；通知居民领取奖品，随机抽取居民填写意见反馈表	活动奖品、意见反馈表

（7）预计困难及解决方法

预计困难：征集活动参与人数较少。

解决方法：加强活动前期线上宣传，可考虑直接给以往参与社区活动的居民打电话进行活动宣传及招募；寻求社区工作站、社区党支部或物业帮助，发动更多人员帮助宣传推广。

（8）物资清单

物资名称	规格	数量	备注
活动物资领取表	张	1	中心自制
笔	支	20	中心已有
活动反馈表（线上版）	份	1	中心自制
活动奖品	份	20	自行购买，用作奖励

3. "守护我们的美好家园"——社区治理先锋健身器材清洁活动

（1）内容简介：根据社区环境调研，居民普遍反映目前社区存在公共设施无人打理、小广告乱张贴、宠物粪便处理不及时等环境问题，此次活动计划邀请20位社区居民参与社区环境治理，通过组织社区居民对社区公共场所的健身器材进行清洁，一方面促进居民友善待物的践行，另一方面改善社区环境。

（2）目标：促进居民践行友善待物行为，引导居民参与到社区治理中。

（3）测量目标：80%的参加者至少参与清洁1处社区公共场所的健身器材。

（4）对象及名额：20位社区居民。

（5）日期及时间：××月××日××时

（6）地点：社区4处公共健身区。

（7）招募及宣传手法：通过党群服务中心微信公众号、居民微信群和居民QQ群等线上途径进行活动招募和宣传。

（8）活动具体安排

时间	环节目标	内容	物资
9：00—9：10	准备清洁工具，并携带至目的地	社工整理好事先预备的物资；参与人员在党群服务中心集合，由社工分为4组带上工具分别前往指定地点	清洁用具、保护用品、相机
9：10—9：25	参与者到达目的地	社工及参与居民到达指定地点集合；现场分工，互相介绍	
9：25—10：10	清洁健身器材，促进居民践行友善待物	居民分工清洁社区公共区域的健身器材；拍摄现场清洁的照片	清洁用品、相机
10：10—10：30	分享总结	社工将组员统一集合至社区小广场，组织大家休息，分享志愿服务的感受；合影留念	相机

(9) 预计困难及解决方法

预计困难：活动参与人数较少；突发天气状况，不能正常开展活动。

解决方法：加强活动前期线上宣传，可考虑直接给以往参与社区活动的居民打电话进行活动宣传及招募；寻求社区工作站、社区党支部或物业帮助，发动更多人员帮助宣传推广；提前查询天气预报，确保活动当天气候良好；如遇突发天气，延迟活动时间，及时通知参与居民。

(10) 物资清单

物资名称	规格	数量	备注
活动报名表	张	1	中心自制
活动签到表	张	1	中心已有
活动反馈表	张	20	中心自制
笔	支	20	中心已有
抹布	个	20	中心已有
扫把簸箕	份	20	中心已有
清洁剂	瓶	10	中心已有
矿泉水	瓶	30	自行购买，作为活动物资
义工服	个	20	中心已有
一次性口罩	个	30	自行购买，作为活动物资

4. "守护我们的美好家园"——社区治理先锋小广告清除活动

(1) 内容简介：根据社区环境调研，对于仍旧存在的小广告清除需求，社会工作者继续组织20位社区居民进行社区楼栋内外墙小广告清除活动，促进居民友善待物的践行，吸引更多的居民参与到友善待物的践行中，改善小广告对社区环境治理的负面影响。

(2) 目标：促进居民践行友善待物行为，引导居民参与到社区治理中。

(3) 测量目标：80%的参加者至少清除20处小广告。

（4）对象及名额：20位社区居民。

（5）日期及时间：××月××日××时

（6）地点：社区内某小区楼栋。

（7）招募及宣传手法：通过党群服务中心微信公众号、居民微信群和居民QQ群等线上途径进行活动招募和宣传。

（8）活动具体安排

环节目标	内容	物资
参与者集合	参与居民到楼栋长服务站门口集合	铲子、喷壶、义工服
现场分工	现场分工，两人一组，共分为10组；每2组负责1个巷道，4把铲子，4个喷壶	分工表和以上工具
清除小广告，促进居民友善待物	社工及居民分区域进行清除小广告工作	清洁工具
分享总结	清理完成后，在社区工作站门口集合，分享清理的广告数量和照片；征求改善意见，分享服务的感受；合影留念	相机

（9）预计困难及解决方法

预计困难：活动参与人数较少；突发天气状况，不能正常开展活动。

解决方法：加强活动前期线上宣传，可考虑直接给以往参与社区活动的居民打电话进行活动宣传及招募；寻求社区工作站、社区党支部或物业帮助，发动更多人员帮助宣传推广；提前查询天气预报，确保活动当天气候良好；如遇突发天气，延迟活动时间，及时通知参与居民。

（10）物资清单

序号	物资名称	规格	数量	备注
1	活动报名表	张	1	中心自制
2	活动签到表	张	1	中心已有
3	活动反馈表	张	30	中心自制
4	笔	支	30	中心已有

续表

序号	物资名称	规格	数量	备注
5	铲子	个	40	中心已有
6	喷壶	个	20	中心已有
7	矿泉水	瓶	50	自行购买,作为活动物资
8	义工服	个	30	中心已有
9	一次性口罩	个	30	自行购买,作为活动物资

二 "城市居民志愿精神培育的社会工作支持"的相关附录

附录1 调查问卷

尊敬的先生/女士:

您好!我们是××社会工作服务社的工作人员,承接了志愿者服务综合管理项目,我们正在进行一项关于志愿服务状况的调查,目的是了解××市市民参与志愿服务的需求及现状。对于您填写的任何资料进行保密,敬请您真实填写。衷心感谢您对我们工作的支持!

××社会工作服务中心

1. 您的性别:[单选题]

A. 男　　　　　　　　　　B. 女

2. 您的年龄段:[单选题]

A. 18岁以下　　　　　　　B. 18—25岁

C. 26—30岁　　　　　　　D. 31—40岁

E. 41—50岁　　　　　　　F. 51—60岁

G. 60岁以上

3. 文化程度:[单选题]

A. 小学及以下　　　　　　B. 初中

C. 高中　　　　　　　　　D. 大专

E. 本科及以上

4. 您目前的状态:[单选题]

A. 学生 B. 在职人员
C. 离退休人员 D. 其他_____

5. 您目前从事的行业：[单选题]

A. 餐饮酒店 B. 房地产
C. 服装 D. 教育培训
E. 计算机网络 F. 新闻媒体出版
G. 批发零售 H. 医疗服务
I. 金融行业 J. 政府机关
K. 社会工作 L. 其他行业

6. 您是否愿意参加志愿服务活动：[单选题]

A. 是 B. 否

7. 不愿意参与志愿服务活动的原因是：[多选题]

A. 时间受限 B. 经济因素
C. 家人不支持 D. 法律的保护力度不足

8. 如果参加志愿服务，你愿意选择的活动类型是：[多选题]

A. 助老助残（上门帮助孤老与残疾人）

B. 扶幼（义务家教、家庭教育指导）

C. 帮困（帮困助学、捐赠）

D. 解惑（医疗咨询、法律咨询、知识讲座、就业指导）

E. 文化娱乐（组织社区文体团队）

F. 便民服务（义务家电维修、医疗服务）

G. 参与社区治安（值班巡逻）

H. 环境保护（小区绿化和卫生）

9. 您愿意参与志愿服务活动的原因是：[多选题]

A. 为社会发展做贡献 B. 锻炼自己
C. 参加志愿服务获得证书及证明 D. 结交朋友
E. 希望传递正能量，奉献爱心 F. 觉得好玩、新鲜
G. 其他 _____

10. 您是否参加过志愿服务活动：[单选题]

A. 是 B. 否

11. 您没有参加志愿服务活动的原因是：[多选题]

   A. 没有时间　　　　　　　　B. 不知道活动信息

   C. 缺乏意义　　　　　　　　D. 不知道参与途径

   E. 志愿服务的种类不适合自己选择

   F. 害怕接触一些负面、消极的人和事

   G. 亲友不支持

   H. 没有信心去应付工作及服务技能

   I. 其他_____

12. 您平时参与哪种类型的志愿服务活动：[多选题]

   A. 为贫困人群提供帮助　　　B. 会展活动服务

   C. 为青少年提供心理辅导　　D. 帮助福利慈善机构服务

   E. 环保服务　　　　　　　　F. 帮助外来务工人员的服务

   G. 突发事件应急服务　　　　H. 妇女、儿童权益保护服务

   I. 社会调解与社会治安　　　J. 医院公益救护的护工服务

   K. 帮助孤、寡、残障人的服务　L. 其他_____

13. 您一般利用什么时间参加志愿服务：[多选题]

   A. 周一至周五　　　　　　　B. 双休日

   C. 法定节假日（包括寒暑假）　D. 只要需要，任何时间都可以

14. 每次参与志愿服务的平均服务时长是：[单选题]

   A. 2 小时及以下　　　　　　B. 2—4 小时

   C. 4—8 小时　　　　　　　　D. 8 小时以上

15. 您参加志愿服务活动的频率：[单选题]

   A. 一年 0 次　　　　　　　　B. 一年 1—3 次

   C. 一年 4—6 次　　　　　　　D. 一年 7—10 次

   E. 一年 10 次以上

16. 您主要是通过什么渠道获得志愿服务的信息：[多选题]

   A. 志愿者网站

   B. 学校团委、学生会、志愿服务社团

   C. 工作单位或相关部门（如单位工会、团委）

   D. 社会工作机构

E. 朋友、同学或其他志愿者　　　F. 其他_____

17. 您在参与志愿服务活动的过程中的收获是：[单选题]

　　A. 提高实践能力　　　　　　B. 增强正能量

　　C. 提高社交技巧　　　　　　D. 扩展人际网络

　　E. 获得满足感　　　　　　　F. 其他_____

18. 您认为志愿者在能力上应有何要求：[单选题]

　　A. 必须有知识

　　B. 可以没有知识，但要进行服务前培训

　　C. 可以没有知识，也可以不进行培训

19. 您认为参与志愿服务活动是否有必要提供下列各项保障：[多选题]

　　A. 签订相关协议，明确志愿者的责任意识与相关权利

　　B. 对志愿者的管理、监督

　　C. 为志愿者提供相关培训、指导

　　D. 对志愿者志愿服务活动提供评估和奖励

　　E. 提供正式的志愿服务证明

　　F. 为志愿者提供基本补贴（如交通补贴等）

　　G. 为志愿者提供的人身保险

　　H. 无所谓，没必要

　　I. 其他_____

20. 在志愿服务活动中，您最担心什么：[多选题]

　　A. 自己的志愿行为不被尊重和认可

　　B. 实际服务内容与想象不同

　　C. 组织能力不足，服务中没有充分发挥自己的能力

　　D. 信息不畅，处于被动地位

　　E. 其他_____

21. 对于志愿者培训的重要性，您认为：[单选题]

　　A. 重要　　　B. 一般　　　C. 不重要

22. 您认为自己有需要参加志愿者培训吗：[单选题]

　　A. 有需要　　　　　　　　　B 不需要

23. 您希望接受培训的类别：[多选题]

A. 志愿者工作操守　　　　　B. 志愿者工作职责及相关权益

C. 志愿者服务岗位相关技能　D. 自我心理调适

E. 其他_____

24. 您认为多久组织一次培训较为合适：[单选题]

A. 两周一次　　　　　　　　B. 每月一次

C. 每季度一次　　　　　　　D. 半年一次

E. 其他_____

25. 您认为培训应该安排在什么时间：[多选题]

A. 周一至周五白天　　　　　B. 周一至周五晚上

C. 双休日上午　　　　　　　D. 双休日下午

E. 无所谓，看课程安排　　　F. 其他_____

26. 您比较喜欢以下哪种方式：[多选题]

A. PPT 讲授方式　　　　　　B. 小组讨论、分享

C. 实战训练　　　　　　　　D. 情境模拟

E. 其他_____

附录2　访谈提纲

1. 与社区书记访谈提纲

（1）本社区的基本情况？社区中目前存在哪些社会组织？

（2）社区曾经开展过哪些志愿服务？

（3）您认为在本社区开展志愿精神培育存在哪些方面的问题？社区的需求？

（4）您认为目前政府对于社区和社区志愿精神培育的重视程度如何？

（5）您认为社区能够在志愿精神培育过程中提供哪些帮助？

（6）您认为目前社区开展的志愿服务存在哪些不足？应该如何改进？

（7）您希望社区志愿者日后能够在社区建设上发挥怎样的作用？

2. 与同工访谈提纲

（1）您知道的社区志愿服务有哪些？

（2）社区志愿服务居民参与度如何？

(3) 居民对志愿精神认可度如何？践行度如何？
(4) 居民与社区关系如何？
(5) 您认目前社区内开展的志愿服务如何？有什么需要改进的？

3. 与社区居民访谈提纲

(1) 您对志愿精神的了解程度？
(2) 您对志愿精神的认可程度？
(3) 您认为社区志愿者是做什么的？应该具备哪些基本的能力？
(4) 您是否愿意参与社区志愿服务？原因是什么？
(5) 您认为社区在日常服务中有什么需要改进的？

附录3　小组活动策划书

名称	目的	形式	内容
第一节 你我初相识	组员之间互相认识，社工与组员共同认识小活动的性质	开场白 自我 介绍	(1) 对组员的到来表示热情的欢迎，并向组员介绍自己和自己的机构。 (2) 组员们依次进行自我介绍。 (3) 社工对此次小组开展的意义、目的以及活动安排、注意事项和具体时间进行说明
	组员间相互认识、熟悉	连连看	(1) 每位组员在白纸上写下自己的名字，写完后组员依次进行自我介绍，包括姓名、年龄、兴趣爱好。 (2) 组员自我介绍完毕后，社工将写有名字的白纸收到一起，并将顺序打乱。 (3) 社工举起带有名字的白纸，让组员指出白纸上名字的组员是谁，并说出该组员的兴趣。指错人或者说错兴趣的组员被淘汰，最后获胜的组员获得小礼品一份

续表

名称	目的	形式	内容
第一节 你我初相识	强化组员之间的了解和信任，促进小组契约的形成，从而搭建专业的小组活动关系	建立小组契约	（1）组员分享自己对小组的期待。 （2）组内讨论小组应该有哪些纪律。 （3）组员分享讨论的结果。 （4）根据讨论的结果，社工与组员一起制定小组契约
	帮助组员大致了解志愿精神总体内涵	学习志愿精神	（1）组员讨论自己印象中的志愿精神。 （2）社工为组员讲解志愿精神的四个内涵
	对本次小组活动的内容进行回顾，了解小组成员在活动中的感受并保证下次活动如期举行	活动总结	回顾今天的活动，分享心得感悟，最后对组员的疑问进行解答。安排下次活动。同时做好调查回收工作
第二节 弘扬志愿服务——奉献	介绍此次小组活动的目的与意义	上节回顾	（1）社会工作者同组员一起对第一次小组活动内容进行回顾。 （2）社工自我介绍，并介绍此次小组活动的流程、主题等
	活跃气氛，引导小组成员再次互相熟悉，营造活跃的气氛	放声歌唱	（1）社会工作者播放《学习雷锋好榜样》的歌曲，并请组员们一起歌唱。 （2）组员们交流分享歌唱此歌曲的感受
	掌握组员对于奉献精神的了解程度，引导组员思考奉献精神	谈谈心里话	（1）请组员们一起讨论自己眼中的奉献精神。 （2）小组讨论完毕后，工作者请组员进行发言，分享自己关于奉献的经历
	帮助组员正确认知奉献精神	理解奉献精神	社工为组员进行奉献精神是什么、意义等方面的专业讲解，树立正确认知
	在榜样作用的引导下增强对奉献精神的认知和认同	榜样的力量	（1）社工为组员播放影片《离开雷锋的日子》。 （2）组员分享自己在观看影片之后的感受以及对于奉献精神新的理解。 （3）组员提出新的疑惑，社工进行解答

续表

名称	目的	形式	内容
第二节 弘扬志愿服务——奉献	对本次小组活动的内容进行回顾，了解小组成员在活动中的感受并保证下次活动如期举行	小组总结	（1）社工带领组员总结今天的活动内容。 （2）社工邀请组员们分享参与此次小组活动的感受及意见。 （3）社会工作者向组员介绍下次小组活动的时间、内容，并邀请组员们参加
第三节 弘扬志愿精神——友爱	帮助组员回顾上节内容	上节回顾	（1）工作者邀请2名组员分享上一节的小组所学内容。 （2）社工对组员的回答进行补充，带领组员一起回顾上节内容。 （3）向组员介绍本次小组活动内容
	活跃气氛	欢乐回顾	社会工作者以轻音乐为活动背景，营造较为舒适放松的空间，引导小组成员分享自己在上节活动觉得有趣的画面
	明确友爱精神的内核，树立对友爱精神的认知和认同	友爱伴同行	（1）社工提出关于友爱的问题，引起组员思考。 （2）组员带着思考观看电影《友爱》，提出自己的问题。 （3）组员对之前的问题进行组内讨论，并分享。 （4）社工进行总结
	帮助组员在实践中增强对友爱精神的认知和认同，并在模拟环节进行强化，并践行友爱精神	情境模拟	（1）社工给出模拟场景和模拟事件，组员根据学习到的友爱精神进行处理。 （2）社工带领组员进行复盘，帮助组员正确认识自己行为中的不友爱因素
	帮助组员了解本次活动内容，并保证下次活动如期举行	活动总结	（1）组员在社工的带领下回顾本次活动内容。 （2）社工告知组员下次小组活动的时间、地点以及内容

续表

名称	目的	形式	内容
第四节 弘扬志愿精神——互助	帮助组员回顾上节活动内容	上节回顾	（1）工作者邀请2名组员分享上一节内容。 （2）社工对组员的回答进行补充，带领组员一起回顾上节内容。 （3）社工就本次活动内容进行说明
	活跃现场气氛，帮助小组成员融入小组。在潜移默化中帮助组员了解互助的重要性	森林大冒险	（1）社工在活动开始之前利用桌椅板凳在室内打造各种障碍。 （2）组员在进入会议室之前每两人组成搭档，其中一人被蒙住眼睛，由搭档带领其进入会议室，并按照指定路线完成在各种障碍间的穿越，期间任何人不可以用语言交流。 （3）组员们分享感受。 （4）社工总结，引出互助的重要性
	观看影片，帮助组员认识互助精神	影片观看	（1）社工带领组员观看抗疫影片《不想说再见》。 （2）工作者邀请组员分享自己观看影片之后的感受。 （3）社工进行总结
	帮助组员回顾在疫情中团结互助，增强对互助精神的理解和认同	疫情中的温暖	（1）社工自我披露，分享自己的互助事情，引导组员参与。 （2）社工邀请组员分享自己在疫情期间帮助别人和被别人帮助的真实事例。 （3）社工结合身边的真实事例进行互助精神的讲解
	社工带领组员回顾当天的内容，巩固学习成果	小组总结	（1）社工同组员对本次的活动内容进行回顾。 （2）社工邀请小组成员分享参与此次小组活动的感受及对小组的意见。 （3）告知组员下次活动的时间、地点和内容

续表

名称	目的	形式	内容
第五节 弘扬志愿 精神—— 进步	对上节活动内容进行回顾。向组员介绍此次活动的内容和流程	上节回顾	（1）社工邀请2名组员分享上一节内容所学的知识。 （2）社工对组员的回答进行补充，带领组员一起回顾上节内容。 （3）社工向组员介绍此次活动内容
	活跃现场气氛，帮助小组成员融入小组，引出"进步"主题	游戏数7	（1）社工介绍游戏：组员任意一人开始，从1开始往后数数，逢7、含7和7的倍数都不说话，用敲桌子代替。 （2）组员分享游戏感受。 （3）社工总结，提出关于进步的思考：何为进步、如何进步
	直观感受进步的意义和内涵	榜样的力量	（1）社工邀请社区优秀志愿者进行自我分享，向组员介绍自己在志愿服务中获得的改变和进步。 （2）组员与志愿者一起讨论，分享自己对于进步的看法
	帮助组员更好地认识进步精神，增强居民参与志愿服务的积极性	进步新认识	（1）组员分享自己讨论之后对于进步精神的新理解新认识。 （2）社工进行总结，明晰什么是进步和怎么进步。 （3）帮助组员解答困惑
	社工带领组员回顾今天的内容，巩固学习成果。告知组员下次活动是最后一次小组活动	小组总结	（1）社工同组员对本次的活动内容进行回顾。 （2）社工邀请小组成员分享参与此次小组活动的感受及对小组的意见。 （3）社工提前告知组员下次小组活动是本次小组活动的最后一次活动，邀请组员参加

续表

名称	目的	形式	内容
第六节 聚散终有时	对上节活动内容进行回顾。向组员介绍此次活动的内容和流程	上节回顾	（1）社工邀请2名组员分享上一节内容。 （2）社工对组员的回答进行补充，带领组员一起回顾上节内容。 （3）社工向组员介绍此次活动内容，并介绍今天是本次小组的最后一次活动
	帮助组员在实践过程中践行志愿精神，提升志愿服务参与能力	实践志愿精神	（1）社工带领组员前往社区日照中心。 （2）组员在日照中心进行一次志愿服务活动，主要是为在日照中心的老年人提供餐食服务，并去居家养老的对象家提供送餐服务。社工提醒组员要将所学融合进去
	帮助组员正确认知志愿精神在志愿服务提供过程中发挥的作用，帮助其更好地践行志愿精神	实践分享	（1）社工邀请组员分享自己当天完成的工作，自我剖析在志愿服务过程中的不足，以及自己做得好的地方，分享自己的感受。 （2）社工对组员的实践进行总结和分析，对于做得不好的地方加以改正，对于做得优秀的地方予以表扬鼓励，帮助组员更好地认识自己的行为。 （3）社工对此次实践活动进行总结
	结束小组，处理组员的离别情绪	聚散终有时	（1）社工对整个小组工作进行总结，说明此次小组即将结束，安抚组员情绪。 （2）社工为每名组员颁发证书。 （3）社工通过多媒体将本次小组工作所有的影像资料进行播放，回顾小组活动，进行全体合影。 （4）社工与组员告别

附录4 社区活动策划书

1. "志愿服务进社区"有奖竞答活动

（1）活动目标

总目标：参与者了解志愿精神的内涵；参与者提高对志愿服务的认同，增强参与积极性；在居民和社区中形成效应，营造良好的志愿服务社区氛围。

具体目标：通过此次小组活动，至少为50名居民进行志愿精神的教育与宣传；参与活动的居民中80%掌握志愿精神内涵。

（2）活动基本情况

日期：××月××日

时间：15：00—17：00

地点：×社区文化广场

主办单位：×社区；XC社会工作服务中心

工作人员：3名社工，3名志愿者

招募、宣传方式：在社区微信群、QQ群发布消息；社区宣传栏发布公告；向居民口头宣传。

（3）活动准备及分工安排

	工作内容	工作人员	地点	注意事项
前期准备	活动方案设计及撰写	1名社工、3名志愿精神学习小组组员	社会工作服务中心	
	游戏及试题设计	1名社工		
	活动宣传	1名社工		
	物资准备（制作易拉宝、准备条幅、宣传册等）	1名社工		
	提前在微信群再次通知居民	1名社工		
	进行人员分工	1名社工		

续表

现场流程及分工	信息登记、签到、发放宣传册	1名社工、3名志愿者	
	介绍机构		
	介绍机构、活动目的、内容、规则等	×××负责主要讲解 ×××负责活动拍照	社区文化广场	就活动规则进行演示，准备好游戏道具
	工作者引导居民学习志愿精神，积极参与游戏	3名志愿者协助社工，维持秩序		注意维持现场秩序，保障安全，灵活处理现场情况
	志愿者在咨询区为大家答疑，帮助成为注册志愿者	3名志愿者帮助居民注册		志愿者协助社工
	派发活动反馈表	全体人员		
	活动总结，感谢居民参与	全体人员		
	整理场地	全体人员		

（4）物资及经费预算

所需物品	数量	单位	备注
横幅	1	条	提前网上定做
相机	1	部	拍照
志愿精神宣传册	70	本	提前网上打印
四个区域的易拉宝	4	张	打印
抽签桶	1	个	中心已有
签到表	70	页	中心已有
活动反馈表	20	份	打印
志愿者马甲	5	件	中心已有
奖品（笔、精品本子）	40	份	提前购买

（5）预计困难及应对措施

预计困难：参与人数过多，参与人数过少，现场秩序混乱。

应对措施：居民分批加入游戏，控制流量提前加大宣传力度；志愿者与社工做好分工，维持好现场秩序。

- 有奖竞答规则

参与人员抽签回答问题，回答正确可以领取小奖品一份，之后可以选择继续回答问题，连续答对3题可换取大奖，若答错则获得小奖品。答题之前可通过展板和宣传册做准备，答题期间不可查阅资料。

2. "法律为志愿护航"社区宣传活动

（1）活动目标

参与者增强对志愿者保护相关法律法规的了解，增强维权意识；80%的参与者掌握志愿者保护和维权的法规；参与者提高对志愿服务的认同，增强参与积极性。

（2）活动基本情况

日期：××月××日

时间：15：00—17：00

地点：×社区党群服务中心会议室

主办单位：×社区；XC社会工作服务中心

工作人员：1名义工老师，3名社工，4名志愿者

招募、宣传方式：在社区微信群、QQ群发布消息；社区宣传栏发布公告；向居民口头宣传。

（3）活动准备及分工安排

	工作内容	工作人员	地点	注意事项
前期准备	活动方案设计及撰写	1名社工	社会工作服务中心	
	义工招募	1名社工		
	活动宣传	1名社工		
	物资准备（条幅、音响、PPT等）	1名社工		
	提前通知并与义工确认时间、在微信群再次向居民通知	1名社工		

续表

	工作内容	工作人员		可留下居民的联系方式
现场流程及分工	签到		会议室	
	介绍机构和义工老师	1名社工、2名志愿者		提前测试好投影等设备。社工维持现场秩序
	介绍活动目的、内容等	1名社工		
		1名社工		
	义工与居民互动，为大家讲解《志愿服务条例》相关内容，分为讲解和答疑两个环节	义工负责讲解和答疑 1名社工负责拍照 1名社工协助义工教师，维持秩序		
	派发活动反馈表	1名社工、4名志愿者		
	活动总结，感谢居民参与	全体人员		

（4）物资及经费预算

所需物品	数量	单位	备注
横幅	1	条	提前网上定做
相机	1	部	拍照
投影、话筒	1	台	中心已有
《志愿服务条例》资料页	40	页	打印
笔	20	根	中心已有
签到表	70	页	中心已有
活动反馈表	20	份	打印
志愿者马甲	5	件	中心已有
饮水机	1	台	中心已有
纸杯	1	包	中心已有

（5）预计困难及应对措施

预计困难：参与人数过少，现场秩序混乱，义工老师临时缺席。

应对措施：提前加大宣传力度，志愿者与社会工作者做好分工，维持好现场秩序；第一时间通过各种渠道通知居民活动改期，社工将另行通知。

三 "城市居民社区公共事务参与动力提升的社会工作支持"的相关附录

附录1 调查问卷

亲爱的居民：

您好！我是FN社区党群服务中心的社会工作者。本次调查旨在了解居民社区参与动力的现状，为您所在的社区建设提供参考。本次调查采用不记名形式，问卷中的问题请您根据个人实际情况填写，我们将对您的回答进行严格保密，对您的支持表示衷心感谢！

××社会工作服务中心

指导语：请按照问题的具体要求，根据您的实际情况填写，若无其他要求，均为单选题，请您在您所选择的选项上画"□"。

1. 您的性别：

    A. 男　　　　　　　　　　B. 女

2. 您的年龄：　　　　（周）岁

3. 您的婚姻状况：

    A. 已婚　　　　　　　　　B. 未婚

4. 您的户籍所在地：

    A. 本地　　　　　　　　　B. 外地

5. 您的文化程度：

    A. 小学及以下　　　　　　B. 初中

    C. 高中　　　　　　　　　D. 大学

    E. 硕士　　　　　　　　　F. 博士

6. 您在本社区居住的时间：

    A. 1年以下　　　　　　　 B. 1—3年

    C. 3—5年　　　　　　　　D. 5年以上

7. 您的住房类型:

   A. 自有房　　　　　　　　　B. 租房

8. 您的职业:

   A. 公职人员（公务员、国有企业/事业单位职员，如教师等）

   B. 民企/外企公司职员　　　　C. 工人

   D. 学生　　　　　　　　　　E. 自由职业

   F. 军人　　　　　　　　　　G. 离退休人员

   H. 下岗/待业人员　　　　　　I. 农民工

   J. 其他（请注明）

9. 每月的总收入约为:

   A. 3000 元以下　　　　　　　B. 3000—5000 元

   C. 5000—7000 元　　　　　　D. 7000—10000 元

   E. 10000 元以上

10. 您认为参与社区治理的主体是:（多选题）

    A. 政府　　　　　　　　　　B. 社区

    C. 辖区单位　　　　　　　　D. 业委会

    E. 社区组织　　　　　　　　F. 居民

11. 您如何看待居民参与社区公共事务:（多选题）

    A. 需要花费较多的时间和精力

    B. 居民参与没有被重视，往往流于形式且无意义

    C. 社区建设是政府的事，与个人无关

    D. 居民对社区参与及参与的事务缺乏了解

    E. 对居民参与社区事务不了解

12. 您认为居民参与社区事务对解决实际问题的作用:

    A. 非常显著　　　　　　　　B. 比较显著

    C. 一般　　　　　　　　　　D. 不太显著

    E. 非常不显著

13. 您认为参与社区事务的作用包括哪些:（多选题）

    A. 了解政府政策　　　　　　B. 沟通邻里关系

    C. 维护自身利益　　　　　　D. 体现自身价值

14. 您认为居民参与社区公共事务对于个人和社区的发展会有怎样的效果：（多选题）

   A. 丰富个人生活，利于社区发展

   B. 仅丰富个人生活，对社区发展没有影响

   C. 不利于个人及社区发展

   D. 对个人及社区发展没有影响

15. 您认为目前城市社区建设中居民参与的态度是

   A. 非常积极   B. 比较积极

   C. 一般   D. 不太积极

   E. 非常不积极

16. 您认为居民参与社区事务存在哪些不足：（多选题）

   A. 居民参与的权利没有保障

   B. 缺乏居民意识、参与意识

   C. 缺乏参与必备的信息

   D. 具体的参与制度安排缺乏可操作性

   E. 居民参与能力较弱

   F. 参与社区事务难以满足自身需求

17. 您认为如何提高居民的社区参与度：（多选题）

   A. 加大宣传力度，提高居民的社区意识

   B. 社区工作站及时联系居民

   C. 行政机构减少干涉，充分发挥居民自治

   D. 设置多样化的社区活动以满足居民需求

18. 您是否愿意参与社区活动

   A. 是   B. 否

19. 您愿意参与社区事务的原因是：（多选题）

   A. 关心社区发展   B. 维护居民利益

   C. 实现自我价值   D. 兴趣爱好

   E. 丰富业余生活   F. 从众心理

   G. 被迫参加   H. 其他

20. 您最愿意参与的社区事务包括哪些：（多选题）

A. 选取社区居民代表　　　　B. 讨论政府政策

C. 评议社区干部　　　　　　D. 举报违法行为

E. 参与公共事务的讨论会议　F. 参与公益活动

G. 社区的互助合作　　　　　H. 参与救助弱势群体的志愿服务

I. 社区文体活动　　　　　　J. 社区治安及卫生

21. 您所在社区的社区活动发起者通常是：

A. 居委会组织　　　　　　　B. 居民小组发起

C. 其他社会组织开展　　　　D. 居民自发组织

22. 您参与社区活动的频次是：

A. 每周一次及以上　　　　　B. 每月一次

C. 每季一次　　　　　　　　D. 每年一次

E. 无

23. 您是否了解目前所在城市/社区：

A. 是　　　　　　　　　　　B. 否

24. 您较多参与哪方面的社区活动：（多选题）

A. 社区经济　　　　　　　　B. 社区教务

C. 社区卫生　　　　　　　　D. 社区文体

E. 社区福利　　　　　　　　F. 社区治安

G. 社区服务　　　　　　　　H. 无

25. 您通过哪些渠道了解社区各项信息、事务及活动：（多选题）

A. 社区网站　　　　　　　　B. 社区宣传栏

C. 居委会通知　　　　　　　D. 居民相互告知

26. 当前社区开展的各项服务活动能否满足居民的需求：

A. 能够满足全部需求　　　　B. 能够满足大部分需求

C. 一般　　　　　　　　　　D. 仅能满足小部分需求

E. 完全无法满足自身需求

27. 您参与社区事务的身份是：

A. 组织者　　　　　　　　　B. 参与者

C. 观众　　　　　　　　　　D. 没参与过

问卷结束，再次感谢您的支持与配合！

附录2 访谈提纲

1. 与社区工作人员访谈

(1) 社区基本情况（总人口、性别比例、基础设施等）；

(2) 社区目标及服务理念；

(3) 社区与居民互动情况；

(4) 社区目前开设的服务项目以及计划；

(5) 社区发展的优势及困境。

2. 与社区社会工作者访谈

(1) 当前为社区居民提供的服务包括哪些以及具体内容；

(2) 居民的社区参与情况（参与人数、频次、年龄、性别、时间等）；

(3) 社区组织的数量以及发展情况；

(4) 社区、社会工作者、居民三者的关系。

3. 与社区居民访谈

(1) 是否了解社区工作站及社会工作者的服务理念；

(2) 是否了解并愿意参与当前社区开展的各项事务；

(3) 居民社区参与的基本情况（参与内容、频次、类型、时间）；

(4) 对参与过的社区服务的满意程度及改进意见，期望并愿意参与的社工服务类型。

附录3 小组活动策划书

1. 居民社区参与知识学习小组活动策划书

活动主题	学习小组	活动形式	线上小组
小组节数	6	负责社工	
目标人群	社区居民	计划招募人数	8
服务目标	(1) 促进小组成员的人际沟通，协助组员获取社会治理相关知识。 (2) 协助组员认识到居民参与的重要性，提升组员社区参与意识		
达标水平	(1) 小组成员之间能够进行良好的沟通。 (2) 小组成员了解并熟知社区治理相关知识。 (3) 小组成员能够认识到社区参与的重要性，参与意识得到提升		

续表

活动主题	学习小组	活动形式	线上小组	
招募计划	（1）设计宣传海报及宣传板在社区内走访宣传。 （2）通过微信公众号及社区网站进行活动宣传。 （3）通过电话及邀请的方式进行活动成员招募			
节数	时间	活动事项/流程	所需物资	备注
第一节	13：30—14：30	本节目标： 社工以及小组成员之间相互熟悉了解。 引导小组成员了解小组活动的目标、内容及意义，与小组成员共同确定小组契约书	/	/
	13：30—13：40	环节一　签到、介绍活动流程 小组成员签到。 社会工作者介绍小组目标、内容及意义，使居民对小组活动进行全面了解。 介绍本单元小节活动内容及流程	签到表 签字笔	/
	13：40—13：50	环节二　暖场活动：认人接龙 每个组员介绍自己的姓名、年龄、喜好，并复述前一个组员的表述，依次接龙。例如，社工第一个介绍自己说："我是×××，今年××岁，最喜欢××××。"下一个组员就要说："他是×××，今年××岁，最喜欢××××。我是×××，今年××岁，最喜欢××××。"如果其中一个人失败，整场接龙就要重新来过，直到接龙顺利完成	/	/
	13：50—14：15	环节三　我和我的家园 社工引导组员用彩笔在纸上画出组员自己心目中美丽社区家园的模样（活动所需用品在活动前单独发放给每个组员），在组员完成绘画后，由社工引导组员描述理想居住环境和现实居住环境的共同点以及差别	大白纸 签字笔	/
	14：15—14：25	环节四　签订小组契约 社工带领小组成员共同订立小组契约，并引导小组成员发表对小组的期待与看法	/	/
	14：25—14：30	环节五　分享交流 社工引导居民发表对本次活动的感想，总结本次小组活动并预告下一节活动内容	/	/

续表

节数	时间	活动事项/流程	所需物资	备注
第二节	13:30—14:30	本节目标： 社工以及小组成员之间相互熟悉了解。 提升居民对所在社区的认知	/	/
	13:30—13:40	环节一 签到、介绍活动流程 小组成员签到。 社会工作者介绍小组目标、内容及意义，使居民对小组活动进行全面了解。 介绍本单元小节活动内容及流程	签到表 签字笔	/
	13:40—14:15	环节二 社区现状大探讨 社工引导居民探讨FN社区当前存在的优缺点，组员以自身经历为例，讲述自己与社区之间的经历，不断发现和反思当前社区的现状	/	/
	14:15—14:25	环节三 分享交流 社工引导居民发表对本次活动的感想，总结本次小组活动并预告下一节活动内容	/	/
	14:25—14:30	环节四 家庭作业 组员利用业余时间了解我国当前社区治理相关问题	/	/
第三节	13:30—14:30	本节目标： 促进组员间的相互交流。 为组员讲解社区治理相关知识，引导组员提升对社区的了解，认识居民在社区治理中的主体地位	/	/
	13:30—13:40	环节一 签到、介绍活动流程 小组成员签到。 社会工作者介绍小组目标、内容及意义，使居民对小组活动进行全面了解。 介绍本单元小节活动内容及流程	签到表 签字笔	/

续表

节数	时间	活动事项/流程	所需物资	备注
第三节	13：40—14：15	环节二　知识讲解。社区发展历程及社会治理相关知识 通过PPT演示的方式为组员讲解从原本的包揽型社区到现在的自治型社区（与了解社区演变的组员互动），以及我党在十八大、十九大中对社区治理的描述，为组员讲解社区治理的目标、内容及意义，以及社区治理的参与主体和参与方式，提升组员对社区治理的了解和认知	/	/
	14：15—14：25	环节三　分享交流 社工引导居民发表对本次活动的感想，总结本次小组活动并预告下一节活动内容	/	/
	14：25—14：30	环节四　家庭作业 小组成员需要在业余时间对本次小组学习的内容进行复习和巩固，加深对社区治理的理解	/	/
第四节	13：30—14：30	本节目标 促进小组成员的交流。 协助小组成员了解社区资源种类并发现本社区资源	/	/
	13：30—13：40	环节一　签到、介绍活动流程 小组成员签到。 社会工作者介绍小组目标、内容及意义，使居民对小组活动进行全面了解。 介绍本单元小节活动内容及流程	签到表 签字笔	/
	13：40—13：55	环节二　社区资源知多少 社工为组员讲解社区资源分类，以社区的现有资源进行举例说明	/	/
	13：55—14：15	环节三　绘制社区资源图 社工引导居民绘制社区资源图，将提前绘制的社区资源图为组员展示，讲解其中的内容和要点，引导组员思考社区的现有资源并绘制社区资源图	签字笔 白纸	/

续表

节数	时间	活动事项/流程	所需物资	备注
第四节	14：15—14：25	环节四　分享交流 社工引导居民发表对本次活动的感想，总结本次小组活动并预告下一节活动内容	/	/
	14：25—14：30	环节五　家庭作业 小组成员需要在业余时间对本次小组学习的内容进行复习和巩固，勤加练习对社区资源图绘制的掌握	/	/
第五节	13：30—14：30	本节目标 协助组员了解社区组织的类型，以及如何培育社区组织。 提升组员社区组织培育能力，促进组员社区参与	/	/
	13：30—13：40	环节一　签到、介绍活动流程 小组成员签到。 社会工作者介绍小组目标、内容及意义，使居民对小组活动进行全面了解。 介绍本单元小节活动内容及流程	签到表 签字笔	/
	13：40—14：15	环节二　社区组织相关知识教学 社工向组员讲解社区组织的含义、成立社区组织的意义和重要性，以及如何培育社区组织，通过实例讲解帮助组员更好地理解社区组织相关内容	/	/
	14：15—14：25	环节三　分享交流 社工引导居民发表对本次活动的感想，总结本次小组活动并预告下一节活动内容	/	/
	14：25—14：30	环节四　家庭作业 小组成员需要在业余时间对本次小组学习的内容进行复习和巩固	/	/

续表

节数	时间	活动事项/流程	所需物资	备注
第六节	13：30—14：30	本节目标 巩固小组成员所学习的相关知识。 对小组内容进行回顾。 处理离别情绪，小组结束	/	/
	13：30—13：40	环节一 签到、介绍活动流程 小组成员签到。 介绍本单元小节活动内容及流程	签到表 签字笔	/
	13：40—14：10	环节二 回顾小组历程以及目标达成情况 通过PPT的形式将组员在过往社区活动中的表现展示给大家。引导组员共同讨论小组目标达成情况，包括是否了解社区演变、社区治理、社区资源以及社区自组织培育的相关知识和方法	/	/
	14：10—14：30	环节三 交流分享，处理离别情绪 社工带领小组成员对六次小组活动进行回顾，引导组员对自身在小组活动中学习到的能力和经验进行分享，并不断巩固自身学习到的知识和能力。最后，社工引导处理离别情绪，进行临别祝福并总结分享	/	/

	物资名称	数量	单位	备注
活动物资	横幅	1	条	自己制作
	活动报名表	8	份	中心打印
	签到表	1	份	中心打印
	签字笔	1	盒	中心物资
	评估反馈表	8	份	中心打印
	白纸	10	张	中心物资

评估方法	观察法、问卷法、访谈法
预计困难	应对措施
小组成员难以适应活动节奏	依据组员的现状合理调整活动进程

2. 居民社区参与能力学习小组活动策划书

活动主题	学习小组		活动地点		党群服务中心	
小组节数	6		负责社工			
目标人群	社区居民		计划招募人数		8	
服务目标	(1) 促进小组成员人际沟通，提升小组成员团队合作能力及责任意识。 (2) 提升居民组织及策划服务活动的能力					
达标水平	(1) 小组成员之间能够进行良好的沟通和协作。 (2) 小组成员能够单独或合作策划服务活动					
招募计划	(1) 设计宣传海报及宣传板在社区内走访宣传。 (2) 通过微信公众号及社区网站进行活动宣传。 (3) 通过电话及邀请的方式进行活动成员招募					
节数	时间		活动事项/流程		所需物资	备注
第一节	13:30—14:30		本节目标： 社工以及小组成员之间相互熟悉了解。 引导小组成员了解小组活动的目标、内容及意义，与小组成员共同签订小组契约书		/	/
	13:30—13:45		环节一 签到、介绍活动流程 小组成员签到。 社会工作者介绍小组目标、内容及意义，使居民对小组活动进行全面了解。 介绍本单元小节活动内容及流程		签到表 签字笔	/
	13:45—14:00		环节二 破冰游戏：识人接龙 所有组员围坐成一圈，每个组员介绍自己的姓名、年龄、喜好，并复述前一个组员的表述，依次接龙。例如，社工第一个介绍自己说："我是×××，今年××岁，最喜欢××××。"下一个组员就要说："他是×××，今年××岁，最喜欢××××。我是×××，今年××岁，最喜欢××××。"如果其中一人失败，整场接龙就要重新来过，直到识人接龙顺利完成		/	/
	14:00—14:20		环节三 签订小组契约 社工带领小组成员共同订立小组契约，并引导小组成员发表对小组的期待与看法		大白纸 签字笔	/
	14:20—14:30		环节四 分享交流 社工引导居民发表对本次活动的感想，总结本次小组活动并预告下一节活动内容		/	/

续表

节数	时间	活动事项/流程	所需物资	备注
第二节	13：30—14：30	本节目标： 继续深入小组成员间的交流互动。 提高组员的团队协作能力	/	/
	13：30—13：35	环节一　签到、介绍活动流程 小组成员签到。 社会工作者介绍本单元小节活动内容及流程	签到表 签字笔	/
	13：35—13：50	环节二　暖场活动：单臂解"锁" 首先将组员分为两组，每组四人（一名社工参与），将提前准备好的两段绳索分别发给两组，每根绳索上面有四个"扣"，要求每组的四名组员在没人仅用一只手的情况下将绳索上面的四个"扣"全部解开（不可用身体其他部位接触绳索），用时最短的小组获胜	绳子	/
	13：50—14：15	环节三　登上"诺亚方舟"：暖对凝聚力提升活动 由七名小组成员以及一位社工共八人进行两两分组，为每组分发一个长30厘米，宽20厘米的小型"诺亚方舟"，要求每组四名成员共同单脚站立在"方舟"之上，身体其他部位不可接触地面或其他辅助物，最先完成的小组获胜	彩纸	/
	14：15—14：25	环节四　分享交流 社工引导居民发表对本次活动的感受与建议	/	/
	14：25—14：30	环节五　家庭作业 由两名小组成员进行下一节游戏活动的策划（社工在必要的时候提供指导和协助），主题为团队沟通及协作，活动时间设定在30分钟之内（下一活动的两名策划者由本次游戏活动失败小组抽签进行，剩余两人进行下一节活动策划）	/	/

续表

节数	时间	活动事项/流程	所需物资	备注
第三节	13：30—14：30	本节目标： 继续深入小组成员间的交流互动。 提高组员的团队协作能力	/	/
	13：30—13：35	环节一　签到、介绍活动流程 小组成员签到。 社会工作者介绍本单元小节活动内容及流程	签到表 签字笔	
	13：35—13：45	环节二　暖场活动：组员演唱《同一首歌》	/	/
	13：45—14：15	环节三　无敌风火轮：团队协作提升活动 组员利用彩纸和胶带制作一个可以容纳六个人的封闭式大圆环，全体组员站在圆环里面，一边走一边推动大圆环	彩纸 剪刀 胶带	/
	14：15—14：25	环节四　分享交流 社工引导居民发表对本次活动的感想与建议	/	/
	14：25—14：30	环节五　家庭作业 由两名小组成员进行下一节游戏活动的策划（社工在必要的时候提供指导和协助），主题为团队沟通及协作，活动时间设定在30分钟之内（上一节小组活动失败小组的另外两名成员准备下一节活动）	/	/
第四节	13：30—14：30	本节目标： 继续深入小组成员间的交流互动。 提高组员的团队协作能力	/	/
	13：30—13：35	环节一　签到、介绍活动流程 小组成员签到。 社会工作者介绍本单元小节活动内容及流程	签到表 签字笔	
	13：35—13：40	环节二　暖场活动 组员歌曲演唱——《万水千山总是情》	/	/
	13：40—14：10	环节三　竹竿提水：团队合作能力提升活动（小组成员组织策划） 由七名小组成员以及一位社工共8人进行两两分组，四名组员站成一排共同手持两根长竹竿，使用竹竿将前方的十瓶矿泉水移动到指定区域，两个小组依次进行，用时最短者胜利。如若两组都未能完成，那么在规定时间内，移动矿泉水数量最多的小组获胜	竹竿 矿泉水	/

续表

节数	时间	活动事项/流程	所需物资	备注
第四节	14：10—14：25	环节四　分享交流 社工引导居民发表对本次活动的感想与建议	/	/
	14：25—14：30	环节五　家庭作业 由两名小组成员进行下一节游戏活动的策划（社工在必要的时候提供指导和协助），主题为团队沟通及协作，活动时间设定在30分钟之内（下一节活动的两名策划者进行抽签选择）	/	/
第五节	13：30—14：30	本节目标： 继续深入小组成员间的交流互动。 提高组员的团队协作能力	/	/
	13：30—13：35	环节一　签到、介绍活动流程 小组成员签到。 社会工作者介绍本单元小节活动内容及流程	签到表 签字笔	/
	13：35—13：45	环节二　暖场活动：歌曲演唱	/	/
	13：45—14：15	环节三　驿站传书：团队协作能力提升活动 全体组员排成一排，由社工将一张写有信息的卡片交给第一个组员，第一个组员通过表演或其他方式将信息传递给下一个组员（不可以说出该信息），直至最后一个组员将收到的信息写在纸上，与起始信息相比较（每人介绍信息的时间不超过1分钟）	签字笔 白纸	/
	14：15—14：30	环节四　分享交流 社工引导居民发表对本次活动的感想与建议	/	/
第六节	13：30—14：30	本节目标： 巩固小组成员所获得的参与能力。 对小组内容进行回顾。 处理离别情绪，小组结束	/	/
	13：30—13：35	环节一　签到、介绍活动流程 小组成员签到。 社会工作者介绍本单元小节活动内容及流程	签到表 签字笔	/

续表

节数	时间	活动事项/流程	所需物资	备注
第五节	13:35—14:05	环节二 歌曲合唱——《我和我的祖国》 （由于第3、4、5节活动中组员普遍对歌曲的反响热烈，因此在此次活动前，社工临时修改了本节小组的活动内容，将原本的互动游戏修改为歌曲合唱，由于前几节活动中有部分组员已经过合唱的基础，因此为本次活动7名组员现场练习合唱会有一定帮助。） 在一名组员的带领下，所有小组成员共同练习合唱——《我和我的祖国》，规定时间30分钟，要求合唱的音量、音色等统一	/	/
	14:05—14:30	环节三 交流分享 社工带领小组成员对六次小组活动进行回顾，引导组员对自身在小组活动中学习到的能力和经验进行分享，并不断巩固自身学习到的知识和能力。最后，社工引导处理离别情绪，进行临别祝福并总结分享	/	/
活动物资	物资名称	数量	单位	备注
	横幅	1	条	自己制作
	活动报名表	8	份	中心打印
	签到表	1	份	中心打印
	签字笔	1	盒	中心物资
	评估反馈表	8	份	中心打印
	绳子	1	根	中心物资
	彩纸	20	张	中心物资
	剪刀	1	个	中心物资
	胶带	1	个	中心物资
	白纸	10	张	中心物资
	竹竿	1	根	中心物资
	矿泉水	1	提	中心物资
评估方法		观察法、问卷法、访谈法		
预计困难		应对措施		
小组成员难以适应活动节奏		依据组员的现状合理调整活动进程		

附录4 社区活动策划书

1. 活动主题：防控"新冠"，人人有责——疫情防控知识讲座

2. 活动目标

（1）使服务对象了解并提升防控"新冠"病毒的知识和能力。

（2）提升服务对象交流互动的能力。

（3）提升服务对象进行社区参与的认知和意愿。

3. 活动基本情况

日期：××月××日

时间：13:30—15:30

地点：线上视频形式

服务对象及人数：FN社区居民共20人

宣传方式：网络通知，电话邀请，宣传栏展示

4. 活动准备及分工安排

（1）活动筹备

工作内容	工作人员	时间	注意事项
方案撰写	1名社工		注意活动形式和时间选定
招募义工	1名社工		与义工商定活动时间、形式及内容
活动宣传	1名社工		由于疫情关系，尽量避免多人聚集现场报名
物资准备	1名社工		物资准备齐全，切忌遗漏

（2）活动现场流程及分工

时间	工作内容	工作人员	地点	注意事项
13:30—13:35	网络签到	1名社工	/	/
13:35—13:45	介绍本次活动内容、流程及义工老师	1名社工	/	/
13:45—14:55	义工老师开始知识讲座	义工老师以及1名社工进行协助	/	社工注意维持现场秩序 社工注意维持现场秩序
14:55—15:20	分享交流及答疑解惑	全体人员	/	/
15:20—15:30	总结分享与评估	全体人员	/	/

5. 物资及经费预算

所需物品	数量	单位	备注
横幅	1	条	自己制作
相机	1	部	/
签到表	2	份	中心提供
签字笔	2	支	中心提供
活动反馈表	20	份	中心提供

6. 预计困难及应对措施

预计困难	应对措施	备注
服务对象不会应用视频设备	提前将线上活动流程提供给服务对象	/
活动当天活动秩序较为混乱	提前与服务对象沟通活动应遵守的规范	/
活动当天义工老师临时有事无法出席	活动前24小时与义工老师联系并再次确定活动时间	/

四 "商品房社区邻里关系改善的社会工作支持"的相关附录

附录1 调查问卷

尊敬的居民：

您好！目前ZY社区党群服务中心正在开展一项关于社区居民邻里关系的问卷调查，旨在更好地了解社区邻里关系现状、促进邻里间的积极交往。本次调查无须填写姓名，答案也没有正确错误之分，所有结果只用于统计分析。请您根据自己的实际情况，在每题的答案中选择一个打钩，或者直接在_____中填写。您的回答将代表众多与您一样的城市居民，为实现社区更好的服务提供现实依据与参考。谢谢您的支持与合作！

××社会工作服务中心

1. 您的年龄：

   A. 18—35 岁　　B. 36—55 岁　　C. 55 岁以上

2. 您的性别：

   A. 男　　　　　　　　　　B. 女

3. 您的文化程度：

   A. 小学及以下　B. 初中　　　C. 高中　　D. 本科及本科以上

4. 您的户籍所在地为：

   A. 本地户籍　　B. 非本地户籍

5. 总的来说，您与邻里的关系如何？

   A. 很不好　　　B. 不太好　　　C. 一般

   D. 比较好　　　E. 很好

6. 平常在生活中遇到困难和麻烦时，您找谁帮忙最多：（请按重要程度选 3 项）

   A. 自己　　　　B. 配偶　　　　C. 子女　　　　D. 儿媳（女婿）

   E. 其他亲戚　　F. 邻居　　　　G. 朋友

   H. 同事　　　　I. 花钱雇人　　J. 其他

7. 每个人都会有心情的低谷，您有心事的时候会向谁倾诉：（请按重要程度选 3 项）

   A. 自己　　　　B. 配偶　　　　C. 子女

   D. 儿媳（女婿）E. 其他亲戚　　F. 邻居

   G. 朋友　　　　H. 同事　　　　I. 其他

8. 你在这里住了几年：＿＿＿＿＿＿＿＿

9. 空闲时间您主要干些什么？（请选择最主要的 3 项）

   A. 种花养草　　B. 打牌（麻将）C. 看电视、听广播

   D. 读书看报　　E. 健身　　　　F. 电脑（上网）

   G. 参加聚会　　H. 串门聊天　　I. 其他

10. 您在住处附近大概认识多少户人家？

    A. 0 户　　　　B. 1—5 户　　　C. 6—10 户

    D. 11—15 户　　E. 16—20 户　　F. 20 户以上

11. 与您家经常有来往的邻居有几户？

A. 0 户　　　　B. 1—5 户　　　C. 6—10 户　　D. 10 户以上

12. 您对隔壁（或对门）邻居家里的下列情况清楚吗？（每行选一个格打勾）

	完全清楚	大部分清楚	小部分清楚	不清楚
共有几个人				
在哪里工作				
个人性格特点				

13. 您常到隔壁（或对门）邻居家里串门、聊天或娱乐吗？
　　A. 从不　　　　B. 很少　　　　C. 偶尔　　D. 经常
14. 您觉得周围邻居的综合素质如何？
　　A. 相当高　　　B. 还可以　　　C. 一般
　　D. 较差　　　　E. 很差
15. 您是否愿意与周围的邻居来往？
　　A. 很愿意　　　B. 比较愿意　　C. 一般、无所谓
　　D. 不太愿意　　E. 很不愿意
16. 有人说，远亲不如近邻。您同意这种说法吗？
　　A. 很同意　　　B. 比较同意　　C. 不清楚
　　D. 不太同意　　E. 不同意
17. 对目前的这种邻里交往现状是否满意？
　　A. 很满意　　　B. 较满意　　　C. 无所谓
　　D. 不太满意　　E. 很不满意
18. 请根据您的实际情况，在下列每行中选择一项打钩。

	经常	有时	很少	从不
当你遇到邻居时是否打招呼				
你是否经常帮邻居捎带东西				
你是否找邻居借过东西				
你是否经常找邻居聊天				

19. 半年来，您家同隔壁左右、楼上楼下的邻居发生过矛盾吗？
A. 没发生过　　　　B. 偶尔发生　　　C. 经常发生

20. 如果发生过矛盾，主要是下列哪种原因引起的呢？
A. 性格不合　　　　B. 卫生问题　　　C. 噪声问题
D. 生活空间的争夺　E. 其他

21. 如果邻里间发生了矛盾，您会_____？
A. 主动劝解　　　　B. 相互不理睬　　C. 争吵几句就适可而止
D. 武力解决　　　　E. 其他

22. 在您看来，近五年来邻里关系有没有变化？
A. 有很大改善　　　B. 有些改善　　　C. 差不多
D. 比原来差一些　　E. 比原来差了很多

问卷到此结束，谢谢您的配合，祝您生活愉快！

附录 2　访谈提纲

1. 与社区社工的访谈提纲

（1）目前党群服务中心针对邻里开展的主要服务内容。

（2）服务实施主体以及服务形式。

（3）邻里关系提升服务取得的效果。

（4）社区居民组织有哪些？开展活动的频率、主要形式以及效果？

（5）社区党委对社工开展服务的支持如何？

2. 与社区工作站工作人员访谈提纲

（1）目前社区的大致情况（包括社区软硬件设施、社区人口构成、文化氛围等内容）。

（2）社区邻里关系具体情况（包括邻里矛盾处理、邻里节服务开展情况）。

（3）社区党委对提升社区居民邻里关系的态度。

（4）社区居民通过哪些方式进行邻里交往？

3. 与社区党员志愿者访谈提纲

（1）目前对邻里关系的看法。

（2）过往进行邻里志愿服务的经历（包括时长、主要内容、对邻里互助的看法）。

（3）参与邻里互助的意愿。

（4）参与志愿服务过程中的困惑与困难。

4. 与社区居民访谈提纲

（1）与邻居的关系如何？（包括认识程度、交往情况等）

（2）是否有过邻里矛盾，处理方式是什么样的？

（3）邻里交往意愿。

（4）参与社区活动的意愿。

（5）愿意参加什么类型的社区活动？

附录3　小组活动策划书

1. 小组综述

（1）小组名称：暖心同行计划——"邻里同行"小组

（2）小组性质：成长小组

（3）小组开展原因

通过前期的社区邻里关系调研，目前商品房社区邻里之间的关系逐渐冷漠，而其中的原因之一是社区居民对邻里关系不再重视，从意识层面忽略了邻里和谐的培养。人们缺乏对邻里关系的正确认识、抑或不知如何处理现代的邻里关系，导致邻里之间存在隔阂与矛盾，因此开展"邻里敲敲门"小组，旨在打开参与者的心门，促进社区居民之间的交流，提升社区居民处理邻里关系的能力，增强邻里互信与互助，最终实现社区的邻里关系和谐。

（4）理论依据

社会互动理论：通过社会互动，人们形成各种社会关系，结成社会群体，形成了复杂的社会结构。社会互动的维度分为向度、深度、广度和频度，通过分析社区居民之间社会互动的维度，可知近年来我国的经济发展与社会转型促使社区共同体衰微，居民邻里关系发生巨大的变化，社会互动变得浅层化，因此试图通过提供互动机会，促进小组成员进行社会交往，加深邻里之间的交往频度、了解程度、互助程度等。

（5）小组目的及目标

小组目的：增进居民之间的认识和了解，建立和谐、熟悉、信任的邻里关系

小组目标：

目标1 组员间能够相互认识、熟悉，了解对方的姓名、大致住址和其他基本情况；

目标2 组员除了认识小组内部成员，还能认识其他2—3户邻居；

目标3 增强组员之间的相互信任程度，互助意愿增强。

（6）小组详情

小组日期：××月××日

小组时间：15：00—16：30

小组地点：社区党群服务中心

小组对象：有提升邻里关系需求的居民

小组人数：8人

合作对象或单位：社区工作站

（7）活动的评估方法

观察法：在小组活动过程中，观察小组成员参与活动的情况并进行记录。通过记录检视活动进程的执行情况及效果。

问卷法：通过服务对象活动意见反馈表反馈，检视服务满意度和服务成效。

（8）可预见的困难及应对方法

预计困难：时间跨度较长，服务对象半途而废；小组活动过程中服务对象参与不积极。

应对方法：尽量选择大家合适的时间；制定小组契约，如若请假需要提前告知；积极引导服务对象参与小组，关注服务对象在小组过程中的表现。

2. 小组详细计划

（1）小组筹备阶段

时间	主要内容	负责人分工	物资
	撰写计划书和经费申请		
	准备小组相关物资		
	宣传与招募、确定小组成员		
	确定场地、提前通知		

（2）小组开展阶段

	日期	××月××日	时间	15：00—16：30	地点	社区党群服务中心
	目标	认识组员；了解小组活动目标；订立小组规则					
	时间	环节	内容			物资
第一节 邻居你好！	14：30—15：00	签到	引导服务对象有序签到			
	15：00—15：05	社工自我介绍	工作员自我介绍，并介绍此次小组活动的主要目的与内容			
	15：05—15：15	破冰小游戏	组员之间进行自我介绍，初步建立关系。介绍接龙：组员介绍自己姓名、大致住址，下一位接着介绍上一位的基本信息与自己的，以此类推……			
	15：15—15：40	建立小组契约	社工与组员共同探讨小组规范，订立小组规则，澄清组员对小组的期待，答疑解惑			
	15：40—16：05	邻里真情寄语	社工为每人分发一张卡片，组员写下自己对这次小组、组员的愿望，写完之后向组员们相互分享，最后由社工收回寄语卡			
	16：05—16：20	总结	社工对第一次活动作总结，并告知下次聚会时间和大致内容			

续表

	日期	××月××日	时间	15：00—16：30	地点	社区党群服务中心
	目标		深入了解组员；情绪分享			

	时间	环节	内容	物资
第二节 邻里·敞开心扉	14：30—15：00	签到	引导服务对象有序签到	
	15：00—15：05	回顾	社工带领大家回顾上一节服务内容	
	15：05—15：45	深入了解	社工邀请小组成员对邻里之间的矛盾进行讨论，每人轮流回答，鼓励大家多发言，并指定组员记录主要的邻里矛盾。社工鼓励居民们相互分享面对居民矛盾时解决问题的方法	
	15：45—16：10	学会沟通	社工讲述沟通的重要性以及情绪管理技巧，引导组员认识情绪；发现自身情绪；学会适度表达情绪	
	16：10—16：20	分享	组员分享学习后的感受	
	16：20—16：30	总结	社工总结此次内容并布置小组任务：尝试和曾经有过矛盾的邻居沟通，如果没有过邻里矛盾的，可尝试和与不太熟悉的邻居进行深入交流	

	日期	××月××日	时间	15：00—16：30	地点	社区党群服务中心
	目标		学习邻里矛盾的处理方式			

	时间	环节	内容	物资
第三节 邻里相处之道	14：30—15：00	签到	引导服务对象有序签到	
	15：00—15：05	回顾	社工带领大家回顾上一节服务内容	
	15：05—15：30	作业分享	小组组员对上次小组布置的任务进行分享，谈论与邻居沟通的感悟	
	15：30—16：10	情境扮演	邻里相处之道。社工与组员共同设定情境，让组员轮流扮演角色，如处理公共区域垃圾纠纷；邻居遇上困难时如何处理等情境	
	16：10—16：20	分享	社工引导小组成员联系现实生活，组员分享情境扮演的感受	
	16：20—16：30	总结	社工总结此次活动内容，并告知下次活动内容，告知组员提前做好准备	

续表

	日期	××月××日	时间	15:00—16:30	地点	社区党群服务中心
	目标		认识1—2户邻居，与邻居相互了解、熟悉			
	时间	环节	内容			物资
第四节、第五节 邻里敲敲门	14:50—15:00	签到	引导4名服务对象有序签到			
	15:00—15:10	分组	2名社工分别引导2名组员到组员家中做客，主动敲开邻居的门，要求邻居来自家做客，增进邻里感情			
	15:10—15:45	做客任务	小组成员在家中畅聊，话题由两人共同决定，社工仅担当观察和记录的角色，并帮助两位拍照留念			相机
	15:45—16:20	邻里敲敲门	小组成员共同邀请邻居来到家中做客，说明此次邀请原因（为避免邻居不在家，提前告知组员小组活动内容，组员可提前邀请邻居）			相机
	16:20—16:30	总结	社工总结此次活动内容，并告知下次活动内容			
	日期	××月××日	时间	15:00—16:30	地点	社区党群服务中心
	目标		回顾小组过程、目标达成情况；处理离别情绪			
	时间	环节	内容			物资
第六节 邻里，不说再见	14:50—15:00	签到	引导服务对象有序签到			
	15:00—15:10	回顾	社工总结过去小组历程，协助组员一起回顾活动			
	15:10—15:45	真情分享	向组员发放第一次聚会时组员写的寄语卡，帮助组员回顾此次小组目标是否完成，组员最初的愿望是否完成，由组员分享感受			
	15:45—16:10	节目表演	组员可自行结对表演节目，或者为组员送上祝福寄语或者贺卡等			
	16:10—16:20	微笑告别	社工总结此次活动内容，并告知组员，小组活动虽然已经结束，但组员之间的联系还在继续，邻里之间的感情不会变化			相机

（3）小组总结阶段

时间	主要内容	负责人	物资
活动日当天	撰写通讯宣传信息		/
活动日当天	召开小组总结分享会议		/
活动结束后一周内	撰写小组总结等文书资料		/

3. 经费预算

类别	项目	小计（元）
活动用品	活动水果及点心	
	互动游戏道具一批	
总计		

附录4　社区活动策划书

1. 活动综述

（1）活动名称："畅享书海"邻里书友会

（2）活动详情

活动日期：××月××日

活动时间：15:00—16:30

活动地点：社区党群服务中心

活动对象：社区居民

活动人数：16人

是否收费：否

（3）活动理念/理论架构

活动开展的原因：随着我国城市社区的不断发展，传统街坊社区、单位制社区的亲密、互助的邻里关系逐渐弱化，邻居间热情地打招呼，逢年过节互相串门、互相帮忙的现象已经不再，如今社区邻里关系更趋向于表面化与浅层化，再加之疫情影响，社区居民长时间缺乏互动，社区成为一个冷漠的关系体；经过调查研究，尽管ZY社区的部分居民群体积极进行社区参与，但多局限于本地居民，且已经形成了固定的交往圈，与非户籍居民存在壁垒，非户籍居民的社区参与受到一定排斥，体现了社区缺乏包容的公共交往平台。因此本次活动尝试通过开展社区邻里书友会活动，希望能够丰富居民的日常生活，以"积极""乐观"为主题的书友会拉近彼此之间的距离，感受到邻里之间的支持。

理论依据：社会互动理论。通过社会互动，人们形成各种社会关系，结成社会群体，形成了复杂的社会结构。社会互动的维度分为向度、深度、广度和频度，通过分析社区居民之间社会互动的维度，可知近年来居民邻里关系发生巨大的变化，社会互动变得浅层化，因此试图通过提供互动机会，促进小组成员进行社会交往，加深邻里之间的交往频度、了解程度、互助程度等。书友会形式让居民在一个安全的氛围里放松戒备心理，敞开心扉，加深了邻里之间的了解。

（4）活动目的及目标

目的：通过"积极""乐观"为主题的书友会拉近邻里之间的联系，感受彼此的支持。

目标：

目标一 在老师带领下，能够与两户以上家庭进行话题讨论；

目标二 在世界咖啡屋环节，与小组伙伴共同完成一幅主题画，体会合作的意义。

（5）合作对象或单位：社区工作站

（6）活动的评估方法

观察法：在活动过程中，观察参与者参与活动的情况并进行记录。通过记录检视活动进程的执行情况及效果。

问卷法：通过服务对象活动意见反馈表的反馈，检视服务满意度和服务成效。

（7）可预见的困难及应对方法

预计困难：天气原因，无法开展；服务对象文化水平相差较大，活动过程中参与不积极。

应对方法：留意天气预报，如果无法开展，改期开展。并及时通知服务对象改动后的时间；积极引导服务对象参与活动，与讲师协调讲课内容,关注服务对象现场表现。

2. 活动流程

(1) 活动筹备阶段

时间	主要内容	负责人分工	物资
	撰写活动计划书和活动经费申请		
	联系讲师资源		
	招募活动服务对象,确定报名人数		
	确定活动物资及购买物资		
	确定活动现场分工,熟悉活动流程		

(2) 活动开展阶段

时间	环节	主要内容	负责人与分工	物资
14:00—14:50	布置场地	拉横幅,装饰场地;设置签到处,摆放好相关物资;调试好活动设备,包括麦克风等		横幅、装饰品、桌布、U盘
14:50—15:00	活动签到	为前来参加活动的服务对象测量体温,并引导他们保持相对的距离;督促参加人员签到		体温枪、签到表
15:00—15:10	开场	社工开场,介绍活动的流程、目的;社工说明活动中注意事项		/
15:10—15:40	读书分享	讲师利用舒缓的音乐导入,放松服务对象情绪,吸引服务对象的兴趣,随后开始分享文学作品,并阅读片段,观看视频		音乐、视频
15:40—16:00	朗读	讲师带领服务对象选择性朗读文学作品,体会积极乐观的生活态度		文学材料

续表

时间	环节	主要内容	负责人与分工	物资
16:00—16:25	世界咖啡屋环节	在讲师带领下共同为小组取名、绘画组员符号、送上对彼此未来的祝福,最后完成小组主题画。社工引导服务对象进行活动总结分享		大纸、彩笔若干
16:25—16:35	发放满意度调查表和活动宣传品	发放满意度调查表;发放活动小礼品和签收表		问卷、活动礼品、签收表

(3)活动总结阶段

时间	主要内容	负责人与分工	物资
	撰写新闻稿		
	召开活动总结会		
	撰写活动总结等文书资料		

3. 经费预算

类别	项目	小计
横幅	260元/条	
讲师费用	800元/节	
装饰品	展板,206元/张	
	玻璃多肉,18元/个×5	
	桌布,31元/张×4	
活动宣传品	晴雨伞,39.9元/把×25	
水果茶歇	鲜切水果,26元/份×30	
总计		

五 "城市居民垃圾分类行为养成的社会工作支持"的相关附录

附录1 调查问卷

亲爱的居民朋友：

您好！我们是××社会工作服务中心社工，为更好地为您提供垃圾分类相关服务，我们正在您所在小区进行调研，希望能得到您的支持与配合。本次调查采用不记名方式填写，调查结果仅做研究使用，我们对您填答的情况将严格保密，请您不要有任何顾虑。请在您选择的答案上打"√"，谢谢您的支持与合作！

××社会工作服务中心

1. 您的性别：
A. 男　　　　　　　　　B. 女
2. 您的年龄段：
A. 20岁以下　　　　　　B. 21—40岁　　　　　　C. 41—60岁
D. 61岁以上
3. 您的受教育程度：
A. 小学及以下　　　　　B. 中学　　　　　　　　C. 大专
D. 本科　　　　　　　　E. 研究生及以上
4. 您的政治面貌是：
A. 中共党员或预备党员　B. 共青团员　　　　　　C. 普通群众
5. 您在社区的角色是：
A. 社区干部　　　　　　B. 社区志愿者　　　　　C. 普通居民
6. 您对垃圾分类的看法：
A. 环境保护的必不可少举措，我认为很有必要
B. 环境保护的重要举措，我认为比较有必要
C. 环境保护的可有可无举措，我认为一般
D. 环境保护的不重要举措，我认为比较没必要
E. 环境保护的多余举措，我认为很没必要

7. 您对垃圾分类价值和意义有多少了解？
A. 非常了解　　　　　B. 比较了解　　　　　C. 一般
D. 比较不了解　　　　E. 完全不了解

8. 您对垃圾分类政策有多少了解？
A. 非常了解　　　　　B. 比较了解　　　　　C. 一般
D. 比较不了解　　　　E. 完全不了解

9. 您对垃圾分类标准和方法有多少了解？
A. 非常了解，并十分清楚如何分类
B. 比较了解知道大部分如何分类
C. 了解一般大致清楚如何分类
D. 不太了解也不太清楚如何分类
E. 完全不了解，完全不清楚

10. 您是通过哪些途径了解垃圾分类？
A. 电视、广播　　　　B. 报纸、书籍　　　　C. 朋友、家人
D. 网络　　　　　　　E. 社区、居委会　　　F. 从未了解

11. 您倒垃圾一般选择什么时段？
A. 早上　　　　　　　B. 中午　　　　　　　C. 下午
D. 晚上　　　　　　　E. 无规律

12. 您是否愿意进行社区垃圾分类？
A. 非常愿意　　　　　B. 比较愿意　　　　　C. 一般
D. 不太愿意　　　　　E. 非常不愿意

13. 您日常会进行垃圾分类的频率是？
A. 每次都会　　　　　B. 经常　　　　　　　C. 看情况
D. 偶尔　　　　　　　E. 从不

14. 以下各种原因对促使您进行垃圾分类的影响力度？

题项		完全同意	比较同意	一般	比较不同意	完全不同意
社区加大宣传力度	我更愿意进行垃圾分类	5	4	3	2	1
社区对垃圾分类有奖励措施		5	4	3	2	1
社区对垃圾分类有惩罚措施		5	4	3	2	1
垃圾分类知识储备更充足		5	4	3	2	1
知晓垃圾分类的意义和好处		5	4	3	2	1
社区居民都参与		5	4	3	2	1
家人和朋友参与		5	4	3	2	1
社区制定了垃圾分类的居规民约		5	4	3	2	1
及时的垃圾分类收运服务		5	4	3	2	1
垃圾箱的设置很合理方便		5	4	3	2	1
垃圾分类督导员能力充足		5	4	3	2	1

15. 您是否需要垃圾分类相关培训？

A. 是　　　　　　　　B. 否

16. 您的垃圾分类行为是否需要监督？

A. 是　　　　　　　　B. 否

17. 您认为目前垃圾分类存在的问题主要涉及哪些方面？（多选题）

A. 分类意识　　　　　B. 分类设施　　　　　C. 社区管理

D. 宣传力度　　　　　E. 其他（请注明）_____

18. 您对社区垃圾分类有什么建议？

_____

附录2　访谈提纲

1. 社区工作人员访谈提纲

（1）当前社区垃圾分类开展情况（宣传推动、设施投放、管理监督）如何？

（2）居民垃圾分类的行为表现出什么特点，有什么问题？

（3）希望社会工作者可以怎么做？

（4）通过社会工作服务，社区垃圾分类开展情况是否有变化，有哪些变化？

2. 社区居民访谈提纲

（1）社区垃圾分类存在什么问题，哪些地方需要改进？

（2）自身垃圾分类的态度、认知、行为。

（3）希望社会工作者能够提供什么帮助？

（4）通过社会工作服务，社区垃圾分类开展情况是否有变化，有哪些变化？

（5）参加活动后，个人有什么收获和改变？

3. 志愿者访谈提纲

（1）是否需要志愿培训，需要哪些培训？

（2）参加垃圾分类志愿服务的收获和感受。

（3）对于垃圾分类工作有哪些建议和意见？

（4）活动过程中居民反应如何？

（5）个人在志愿服务中的具体表现。

（6）活动开展一段时间后，活动效果怎么样，居民有无变化、社区垃圾分类整体氛围有无变化？

4. 垃圾分类督导员访谈提纲

（1）居民垃圾分类行为现状。

（2）垃圾分类督导工作的困境。

（3）注意到的居民垃圾分类的改变。

（4）对自身督导能力的评价。

5. 物业人员访谈提纲

（1）物业主要负责的垃圾分类工作有哪些？

（2）当前工作的开展情况。

（3）工作存在的难点。

附录3 小组活动策划书

1. 小组概述

活动主题	垃圾分类专项学习小组	活动地点	社区活动室
小组节数	6	负责社工	/
目标人群	社区居民	计划招募人数	8
服务目标	（1）帮助小组组员意识到垃圾分类的重要性，使其有较高的垃圾分类行为意向，环保意识和公共意识也得到提升。 （2）组员对于垃圾分类知识掌握程度较好，熟知垃圾分类标准和内容、垃圾处理运行系统、社区垃圾分类运行流程等，垃圾分类的准确度提高。 （3）组员垃圾分类的准确性与持续性增加，逐渐在没有监督的情况下形成自觉进行垃圾分类的行为习惯		
达标水平	（1）100%的小组成员有垃圾分类的意识，愿意进行垃圾分类。 （2）90%的小组成员能够掌握基本的垃圾分类知识。 （3）80%的小组成员能够自觉进行垃圾分类，并初步形成垃圾分类行为习惯		
招募计划	（1）招募时间：××月××日 （2）招募方式：电话、网络招募 （3）招募要求：社区居民（18岁以上） （4）义工参与：领域专家一名、志愿者若干 （5）工作人员：机构社工 （6）其他事项：无		

2. 小组计划

	活动环节	活动目的	活动内容
第一次小组活动	环节一	成员对小组活动的开展有大体了解	社工介绍小组基本情况，告知成员本次小组活动的主题、性质、内容、时间、次数等
	环节二	加强社区成员间沟通了解，减少成员陌生感，帮助成员尽快融入小组	开展击鼓传花自我介绍游戏，给予社区成员主动表达的机会，加强社区成员间沟通交流

续表

第一次小组活动	环节三	了解小组成员的垃圾分类态度、行为、知识掌握程度情况	邀请成员填写垃圾分类前测问卷
	环节四	增强居民对垃圾分类的必要性和重要性的认识	社工展示关于环境污染的图片，引导成员诉说感受，并在组内讨论环保的重要性。通过讨论环境保护的重要性向居民讲明垃圾分类的必要性和重要性
	环节五	让社区成员在游戏中增长垃圾分类知识	垃圾分类连连看：将垃圾图片与垃圾类别进行配对
	环节六	成员参与活动的积极性。巩固居民学习到的垃圾分类知识。了解活动开展情况和效果	社工进行活动总结，对表现突出的成员进行表扬。社工引导小组成员分享本节小组的整体感受与建议。邀请成员填写活动满意度评估表。社工预告下节活动的时间和内容
第二次小组活动	环节一		简单回顾上节活动内容和情况
	环节二	增强组员垃圾分类专业知识	讲解生活垃圾投放具体方法
			邀请居民观看垃圾分类宣传片
	环节三	游戏中提高参与垃圾分类的实操能力	垃圾分类脑力大作战：居民随机领取5个垃圾分类小卡片，并投掷到对应的垃圾桶中，每投掷正确一个可得1分。垃圾分类套圈圈：参与者从工作人员手中抽取2张垃圾种类卡片并领取5个圈圈，套中抽取种类的垃圾水瓶各1个，每套中1个并分类正确，可得1分
	环节四	增强成员的自我效能感和自信心以及活动参与积极性。巩固学习到的垃圾分类知识。了解活动开展情况和效果	社工进行活动总结，对表现突出的成员进行表扬。社工引导小组成员分享本节小组的整体感受与建议。进行活动总结，布置家庭作业，要求成员回家后对自己的家庭成员进行垃圾分类指导，并拍照保存。邀请成员填写活动满意度评估表。社工预告下节活动的时间和内容

续表

第三次小组活动	环节一		简单回顾上节活动内容和情况，检查组员作业完成情况，开展热身小游戏
	环节二	让组员了解垃圾分类政策，提升组员的垃圾分类认知	介绍全国以及苏州市生活垃圾分类开展情况。解读苏州市垃圾分类政策
	环节三	游戏中增强垃圾分类技能	垃圾分类诊断师：参与者选择一个自己擅长的垃圾分类有关的问题小纸杯，对该分类小纸杯中的10个问题进行回答，答对一题得1分，对得分前三名进行奖励
	环节四	提升成员的自我效能感和自信心以及参与活动的积极性。了解活动开展情况和效果	社工进行活动总结，对表现突出的成员进行表扬。社工引导小组成员分享本节小组的整体感受与建议。邀请成员填写活动满意度评估表。社工预告下节活动的时间和内容
第四次小组活动	环节一		简单回顾上节活动内容和情况
	环节二	小组成员学会运用网络App帮助自己更好地进行垃圾分类	社工介绍几款垃圾分类查询App，并教组员使用
	环节三	巩固成员垃圾分类的能力，帮助成员在趣味中深化生活垃圾分类知识与能力	垃圾分类大转盘
	环节四	了解活动开展效果	社工进行总结发言。邀请成员填写活动满意度评估表。社工预告下节活动的时间和内容
第五次小组活动	环节一		简单回顾上节活动内容和情况
	环节二	进一步强化居民的环保意识。体会督导工作的辛苦，扩大活动影响范围	督导员的一天：小组成员通过对督导员工作的体验，感受督导工作的不易；在督导工作中也影响更多居民参与垃圾分类
	环节三	扩大活动影响范围，为接下来的活动做准备	从成员中招募垃圾分类志愿者
	环节四	巩固活动效果。了解活动开展情况	社工引导小组成员分享本节小组的整体感受与建议。邀请成员填写活动满意度评估表。社工预告下节活动的时间和内容

续表

第六次小组活动	环节一		简单回顾上节活动内容和情况
	环节二	帮助组员认识到自我改变,使其体会到垃圾分类的成就感,增强自我效能 收集成员对社区垃圾分类开展工作的建议	邀请成员分享参与活动后的变化。 提出对社区垃圾分类工作开展的建议
	环节三	手工制作中体会到垃圾资源化的意义,强化垃圾分类意识	环保DIY变废为宝:环保笔筒制作
	环节四	具体了解居民参与小组活动后的垃圾分类认知和行为等的改变情况	邀请居民填写垃圾分类行为后测问卷
	环节五	了解活动开展情况。 促进居民持续参与垃圾分类活动	社工进行总结发言。邀请成员填写活动满意度评估表。告知居民小组活动结束,处理组员离别情绪,并邀请居民积极参与社区活动

附录4 社区活动策划书

1. "党建引领垃圾分类,便民服务温暖人心"垃圾分类主题便民活动

(1) 活动目的

本次活动旨在发挥党员先锋作用,更好地带动群众参与垃圾分类,共同营造"垃圾分类,人人参与"的社区氛围。通过垃圾分类宣传和趣味游戏强化居民垃圾分类意识,引导社区居民正确地进行垃圾分类,提升居民参与积极性。绿色便民活动整合社区资源,建立社区便民志愿服务机制,倡导志愿精神,方便居民生活。

(2) 活动情况

活动时间:××月××日

活动地点:D小区文化广场

活动形式：线下活动
主办单位：×社区
承办单位：××社会工作服务中心
服务对象及招募计划：辖区内居民约100人
宣传方式：微信群、电话等线上宣传为主

（3）活动内容及流程

活动时间	活动环节	活动内容	物资准备
8：40—9：00	签到	引导居民签到，做好活动准备工作	签到板、签字笔
9：00—9：05	主持开场	主持人宣读开场词	主持稿
9：05—9：15	党员致辞	党员宣誓致辞并在承诺墙上签名	致辞书、签字笔
9：15—10：45	垃圾分类宣传	（1）垃圾分类宣讲：向居民分发垃圾分类宣传折页和倡议书，引导居民在背景板上签名。（2）志愿者招募：进行志愿者招募。（3）游戏闯关：垃圾分类棋步走、创意垃圾分类投壶游戏、垃圾分类大转盘。（4）"我心中的美丽家园"创意绘画	垃圾分类宣传资料、游戏道具、游戏卡券、计分章、画笔、画布
	便民活动	居民按需领取便民服务卡券后即可参与口腔检查、血糖血压测量、磨刀、理发等便民活动	便民活动卡券
10：45—1：00	颁奖环节	根据居民活动参与情况颁发奖品	奖品
11：00—1：20	活动评估和活动收尾	随机选取居民进行问卷调查和访谈，评估活动成效，整理现场，活动结束	活动评估表

(4) 人员分工

NO.	工作内容	负责人
1	活动通知、人员召集、便民志愿者对接、场地确认	社工
2	垃圾分类宣讲摊、志愿者招募	社工、志愿者
3	统筹、秩序维持	社工
4	签到	志愿者
5	便民服务	便民志愿者
6	奖品采购	社工
7	奖品签收	社工
8	游戏1	社工
9	游戏2	社工
10	游戏3	社工
11	绘画	志愿者
12	游戏卡券发放和奖品兑换	社工、志愿者
13	拍照摄影	社工、志愿者

(5) 物资准备

NO.	物资内容	数量
1	体温枪	3个
2	活动横幅	1份
3	志愿者马甲	10件
4	游戏道具	4套
5	海报	1套
6	手持板	1套
7	宣传单页	200份
8	椅子	10个
9	桌子	1张
10	透明胶、剪刀	1套
11	喇叭	1个
12	台卡	8个

续表

NO.	物资内容	数量
13	游戏券	1 套
14	游戏章	3 个
15	背景墙	1 个
16	颜料	1 套
17	画笔	20 支
18	纪念品（垃圾分类钥匙扣）	50 个
19	一等奖：分类垃圾桶	20 套
20	二等奖：环保袋	30 个
21	三等奖：分类垃圾袋	40 套
22	参与奖：毛巾	50 条
22	急救医疗箱	1 个

（6）评估方式

满意度问卷测评、观察法、访谈法

（7）风险预案

所有参与活动的社工都要进行急救培训，掌握基本的急救常识，并长期进行训练，保证其在工作中能够应对突发意外事件。同时，发生意外情况一定要及时送往医院，不可随意处置。

2."垃圾分类，你我同行"垃圾分类知识趣味讲座活动

（1）活动目的

本活动通过向居民传输垃圾分类知识，增强居民规范投放垃圾意识，纠正垃圾乱扔的不良行为。通过先进个人的事迹分享，向社区居民树立榜样，提升居民参与垃圾分类的积极性。

（2）活动情况

活动时间：××月××日

活动地点：D小区新时代文明实践站二楼会议室

活动形式：线下活动

主办单位：×社区居委会

承办单位：××社会工作服务中心

服务对象及招募计划:辖区内居民约70人

宣传方式:微信群、电话等线上宣传为主

(3)活动内容流程

活动时间	活动环节	活动内容	物资准备
13:00—3:30	签到	引导居民签到,做好活动准备工作	签到表、签字笔
13:30—4:30	讲座	宣讲专家通过垃圾分类PPT、垃圾分类宣传片等进行垃圾分类宣讲	主持稿
14:30—4:40	活动答疑	社工和宣讲专家共同解答居民疑惑	/
14:40—5:00	榜样学习	垃圾分类先进个人向居民分享个人事迹、彼此互动交流	致辞书、签字笔
15:00—5:40	游戏互动	击鼓传花+垃圾分类大转盘、垃圾分类知识有奖问答	游戏道具、奖品
15:40—6:00	总结评估,活动收尾	社工进行活动总结,随机选取居民进行问卷调查和访谈,了解活动开展效果,整理现场,活动结束	活动评估表

(4)人员分工

NO.	工作内容	负责人
1	活动通知,人员召集、场地确认	社工
2	签到	志愿者
3	拍照	社工
4	现场秩序	志愿者
5	主持	社工
6	讲座	专家
7	互动问答	社工+专家
8	经验交流与分享	垃圾分类先进个人
9	奖品发放	社工

(5) 物资准备

NO.	物资内容	数量
1	横幅	1个
2	茶歇，小零食	1份
3	签到板、签字笔	1套
4	体温枪	1支
5	志愿者马甲	3件
6	奖品	50份
7	矿泉水	3大包
8	急救医疗箱	1个

(6) 评估方式

满意度问卷测评、观察法、访谈法

(7) 风险预案

所有参与活动的社工都要进行急救培训，掌握基本的急救常识，并长期进行训练，保证其在工作中能够应对突发意外事件。同时，发生意外情况一定要及时送往医院，不可随意处置。

3. "我是小小绘画家"垃圾分类居规民约绘画活动

(1) 活动目的

本次活动旨在通过"影响孩子，带动家庭，辐射社区"的方式，通过绘画创作的形式，加深亲子家庭对垃圾分类居规民约的了解，进而带动整个家庭分类意识的提升，并逐渐由家庭辐射到社区，推动整个社区的垃圾分类参与。

(2) 活动情况

活动时间：××月××日

活动地点：D小区新时代文明实践站三楼社工活动室

活动形式：线下活动

主办单位：×社区居委会

承办单位：××社会工作服务中心

服务对象及招募计划:亲子家庭15组
宣传方式:微信群、电话等线上宣传为主
(3)活动内容及流程

活动时间	活动环节	活动内容	物资准备
13:00—13:30	签到	引导亲子家庭签到,做好活动准备工作	签到表、签字笔
13:30—13:40	热身游戏	邀请亲子家庭参与游戏"萝卜蹲"	
13:40—14:00	小讲座	垃圾分类知识普及和讲解,社区垃圾分类居规民约讲解,亲子朗读背诵垃圾分类顺口溜	/
14:00—14:40	创意绘画	绘画老师介绍本次绘画主题和要求,在绘画老师指导下,亲子共同作画	绘画工具
14:40—15:10	颁奖环节	奖项评选和颁奖	奖品
15:10—15:30	总结评估,活动收尾	社工进行活动总结,随机选取亲子家庭进行问卷调查和访谈,了解活动开展效果,整理现场,活动结束	活动评估表

(4)人员分工

NO.	工作内容	负责人
1	活动通知,人员招募、物资准备、场地确认	社工
2	签到	社工
3	拍照	社工
4	现场秩序	社工
5	主持	社工
6	垃圾分类宣讲	社工
7	绘画指导	专业绘画老师
8	画作评选	专业绘画老师
9	奖品发放	社工

(5) 物资准备

NO.	物资内容	数量
1	横幅	1 个
2	茶歇，小零食	1 份
3	签到板、签字笔	1 套
4	体温枪	1 支
5	绘画工具	20 套
6	奖品	20 份
7	矿泉水	2 大包
8	急救医疗箱	1 个

(6) 评估方式

满意度问卷测评、观察法、访谈法

(7) 风险预案

所有参与活动的社工都要进行急救培训，掌握基本的急救常识，并长期进行训练，保证其在工作中能够应对突发意外事件。同时，发生意外情况一定要及时送往医院，不可随意处置。

4. 垃圾分类居民议事会

(1) 活动目的

为优化社区垃圾分类的管理方式，增进居民与社区的沟通，召开垃圾分类议事会。邀请居民代表、居委会代表和物业代表等共同协商社区垃圾分类事务。

(2) 活动情况

活动时间：××月××日

活动地点：×社区党群服务中心三楼会议室

活动形式：线下活动

主办单位：×社区居委会

承办单位：××社会工作服务中心

参与人员：居民代表 18 位、物业代表 2 位、社区工作人员 1 位

（3）活动内容及流程

活动时间	活动环节	活动内容	物资准备
13：00—13：30	签到	引导参与成员签到	签到表、签字笔
13：30—13：40	活动开场	社工介绍活动开场	
13：40—14：00	工作介绍	社区工作人员介绍社区垃圾分类工作开展情况和工作计划	/
14：00—15：00	问题协商	居民、物业、居委会代表共同协商解决社区垃圾分类相关问题	/
15：00—15：30	总结评估，活动收尾	社工对本次会议进行活动总结，随机选取居民代表进行问卷调查和访谈，了解活动效果，整理现场，活动结束	活动评估表

（4）人员分工

NO.	工作内容	负责人
1	活动通知，人员招募、物资准备、场地确认	社工
2	签到	社工
3	拍照	社工
4	现场秩序	社工
5	主持	社工
6	工作介绍	社区工作人员
7	问题协商	三方代表

（5）物资准备

NO.	物资内容	数量
1	横幅	1个
2	茶歇，小零食	1份
3	签到板、签字笔	1套
4	矿泉水	2大包

（6）评估方式

满意度问卷测评、观察法、访谈法

（7）风险预案

所有参与活动的社工都要进行急救培训，掌握基本的急救常识，并长期进行训练，保证其在工作中能够应对突发意外事件。同时，发生意外情况一定要及时送往医院，不可随意处置。

5."志愿服务我先行"垃圾分类志愿服务活动

（1）活动目的

招募居民组建垃圾分类志愿服务队，通过志愿服务的参与，提升志愿者自身的垃圾分类意识和公共意识，巩固垃圾分类行为习惯。扩大垃圾分类的宣传队伍进而影响垃圾分类的宣传范围，让更多居民知晓垃圾分类。通过在垃圾分类投放时段，志愿者协助督导员对居民垃圾分类行为进行指导，提升居民垃圾分类投放准确率。通过在垃圾分类点位关闭时段，由志愿者在小区内进行巡视，加大对居民垃圾分类行为的监督力度，改善居民乱扔垃圾的不良行为。公共区域清洁，美化社区环境。

（2）活动情况

活动时间：××年××月××日（周×）下午5：30

活动地点：D小区

活动形式：线下活动

主办单位：×社区居委会

承办单位：××社会工作服务中心

服务对象及招募计划：志愿者15名

宣传方式：微信群、电话等线上招募为主

（3）活动内容流程

活动时间	活动环节	活动内容	物资准备
16：00—16：30	签到	志愿者签到，做好活动准备工作	签到表、签字笔
16：30—17：00	活动培训	向志愿者培训相关志愿服务技巧	/
17：00—17：10	人员分工	对志愿者进行分组和活动安排	/

续表

活动时间	活动环节	活动内容	物资准备
17：10—18：10	入户宣传、小区巡视	志愿者扫楼行动：每组两人，在小区内进行垃圾分类入户宣传，向居民分发垃圾分类宣传单页，宣传垃圾分类知识。在垃圾分类投放点位关闭时段进行社区巡视，对居民不按规定投放垃圾行为进行劝阻，并向其宣传正确的垃圾分类知识	垃圾分类宣传资料、矿泉水、防暑降温包
18：10—19：30	环境清洁、点位督导协助	对小区内的环境进行清洁，清理小区草坪、路面上的垃圾同时呼吁居民定时投放垃圾，不要乱扔垃圾。在督导点协助督导员工作，对居民垃圾分类行为进行指导和纠正	矿泉水、清扫工具、防暑降温包等
19：30—20：00	总结评估，活动收尾	随机对志愿者和居民进行问卷调查或访谈，了解活动开展效果和改进意见，整理现场，活动结束	活动评估表

（4）人员分工

NO.	工作内容	负责人
1	活动通知、人员招募、物资准备、场地确认	社工
2	签到	社工
3	拍照	社工、志愿者
4	现场秩序	社工
5	主持	社工
6	志愿者培训	社工
7	入户宣传	社工、志愿者
8	小区巡视	社工、志愿者
9	点位督导协助	社工、志愿者
10	小区环境清洁	社工、志愿者

（5）物资准备

NO.	物资内容	数量
1	横幅	1个
2	签到板、签字笔	1套
3	体温枪	1支
4	矿泉水	2大包
5	急救医疗箱	1个
6	防暑降温包	20份
7	志愿者马甲、工作牌	20套
8	垃圾分类倡议书、宣传册、承诺书等宣传资料	100套（共300张）
9	清洁工具	10套（物业借用）

（6）评估方式

满意度问卷测评、观察法、访谈法

（7）风险预案

天气炎热，注意避免参与者中暑，注意参与者安全问题，准备充足的防暑降温物资和应急医疗物资。

后 记

　　社区承载着每一位居民的幸福感、安全感，是居民守望相助的共同家园。社区治理的目标是"让社区成为居民最放心、最安心的港湾"，居民既是放心、安心的主体，也是社区治理的主体之一。作为社区服务的直接需求者和服务质量的主要评价者，社区居民对社区服务的认知和认同是评估居民方方面面需求是否得到真正满足的重要指标，只有居民的日常难题、生活烦恼得到满意的解决，居民的需求才能得到有效的满足，社区才能真正成为居民的幸福家园。《中共中央、国务院关于加强基层治理体系和治理能力现代化建设的意见》明确指出，要"坚持共建共治共享，建设人人有责、人人尽责、人人享有的基层治理共同体"，这就要求在社区治理中要想尽办法让居民有效地参与到家园的建设中，真正做到人人有责、人人尽责、人人享有，这是摆在所有社区工作者面前的亟待解决的问题。《"十四五"城乡社区服务体系建设规划》指出，加强城乡社区服务体系建设，是立足新发展阶段，不断夯实国家治理体系和治理能力基础的重大举措，是贯彻新发展理念，不断满足人民群众对更高生活品质新期待的重要途径……。社区治理不仅要突出服务导向，更要通过服务提升居民的参与能力，真正形成"党组织领导的自治、法治、德治相结合的城乡基层治理体系"。本书的研究始于对社区治理的思考，受研究条件所限，将研究地域限定在城市社区。社区治理涉及治理主体、客体等相关要素，居民既是社区治理的受益者，也是社区治理的主人翁，如何在社区治理中充分调动居民的积极性，提升居民参与社区治理的动力、能力是本研究思考的出发点。本研究充分发挥专业社会工作服务的优势和功能，通过专业理论的指导为居民提供服务，以居民参与社区治理的需求评估为基础，了解社区及居民的需求和困境，分析问题的成因，挖掘服务对象潜能，链接能够运用的资源，纾解居民困境，提升居民社区参与的动力、能力，提出对策建议，更大程度地发挥社会工作的专业性、社会性。

《城市居民参与社区治理的社会工作支持研究》由本人和指导的研究生共同完成，本人提出总体设计和研究框架，并指导研究生分别围绕"居民友善价值观培育""居民志愿精神培育""居民社区公共事务参与动力提升""商品房社区邻里关系改善""居民垃圾分类行为养成"等专题展开研究，通过长达半年的社区实践，从不同层面验证社会工作服务促进居民参与社区治理的有效性，探索社会工作服务的有效路径及模式。本书第一章由邸焕双和参与实践的研究生共同完成，第二章由邸焕双、马双完成，第三章由邸焕双、蒋慧慧完成，第四章由邸焕双、张继远完成，第五章由邸焕双、聂坤完成，第六章由邸焕双、景鑫完成，全书由邸焕双修订、统稿。

非常感谢中国社会科学出版社的孔继萍老师，是您的包容、理解和极其负责的工作态度使本书能够得以顺利出版。

本书的出版得到了长春理工大学基地扶持专项和美亚联创研究院专项基金的支持，在此表示深深感谢！

邸焕双
2023 年春于长春